Journalism and Communication Review (Volume XIII)

北大新闻与传播评论（第十三辑）

重现日常生活

数字、人文与传播

北京大学新闻与传播学院　编

REPRODUCING DAILY LIFE

Digitization, Humanization and Communication

北京大学出版社
PEKING UNIVERSITY PRESS

图书在版编目(CIP)数据

重现日常生活:数字、人文与传播/北京大学新闻与传播学院编.—北京:北京大学出版社,2023.5

(北大新闻与传播评论)

ISBN 978-7-301-34020-2

Ⅰ.①重… Ⅱ.①北… Ⅲ.①传播学—文集 Ⅳ.①G206-53

中国国家版本馆 CIP 数据核字(2023)第 086633 号

书　　名　重现日常生活：数字、人文与传播
CHONGXIAN RICHANG SHENGHUO：SHUZI、RENWEN YU CHUANBO

著作责任者　北京大学新闻与传播学院　编

责任编辑　董郑芳

标准书号　ISBN 978-7-301-34020-2

出版发行　北京大学出版社

地　　址　北京市海淀区成府路 205 号　100871

网　　址　http://www.pup.cn

新浪微博　@北京大学出版社　@未名社科-北大图书

微信公众号　ss_book

电子信箱　ss@pup.pku.edu.cn　dzfpku@163.com

电　　话　邮购部 010-62752015　发行部 010-62750672
编辑部 010-62753121

印 刷 者　三河市北燕印装有限公司

经 销 者　新华书店
650 毫米×980 毫米　16 开本　22 印张　280 千字
2023 年 5 月第 1 版　2023 年 5 月第 1 次印刷

定　　价　119.00 元

目录
CONTENTS

数字技术与社会治理

传播史观与媒介研究

生命传播

国际传播

传播理论与专题研究

数字技术与社会治理

▶ 数字拟态环境的生成：算法把关形塑网络信息环境

▶ 基层治理中的技术“生产”过程——以疫情防控中的技术与主体关系为例

▶ 从《人民日报》想象农村信息化：信息传播技术何以嵌入中国乡村发展？

数字拟态环境的生成：算法把关形塑网络信息环境

胡　泳　王治钧*

摘要：“把关人”作为把关理论的核心概念，在不同技术时代拥有不同身份。在当下的大数据智能传播时代，算法正日益成为新的把关人。传统的媒体把关人可以通过对新闻信息的筛选、编辑和呈现营造拟态环境，对受众实施社会控制。而当算法成为新把关人后，拟态环境的概念、人与信息的关系等都会随之发生转变。本文聚焦算法把关与网络信息环境的核心议题，探讨算法把关对网络信息环境的形塑以及对人与信息的中介作用，并在李普曼“拟态环境”的基础上，提出“数字拟态环境”概念，以突出算法把关的特殊中介性。

关键词：算法把关；信息环境；拟态环境；数字拟态环境

“把关”（gatekeeping）是指在信息流通中的关口或节点，按照特定规范对信息加以控制。该理论最早由社会心理学家库尔特·勒温（Kurt Lewin）根据家庭主妇采购食材的习惯提出。其后经戴维·曼宁·怀特（David Manning White）、约翰·T. 麦克

* 胡泳，系北京大学新闻与传播学院教授、博士生导师；王治钧，系新华社瞭望智库研究员。

内利（John T. McNelly）、帕梅拉·J. 休梅克（Pamela J. Shoemaker）等学者的发展，把关理论实现了从“把关过程研究”向“把关人社会建构能力研究”的转变，把关行为影响受众认知的重要性得到凸显。[1]

“把关人”（gatekeeper）作为把关理论的核心概念，在不同技术时代拥有不同身份。例如，大众传播时期的把关人局限于媒体机构从业者。网络传播时代的把关人将网络服务提供者、网络用户等涵盖其中。而在当下的大数据智能传播时代，算法正日益成为新的把关人。

传统的媒体把关人可以通过对新闻信息的筛选、编辑和呈现营造拟态环境，对受众实施社会控制。那么当算法成为新的把关人时，拟态环境又将发生何种变化？人与信息的关系，是否会因算法而改变？本文聚焦算法把关与网络信息环境的核心议题，探讨算法把关对网络信息环境的形塑以及对人与信息的中介作用。

一、算法把关文献综述

“算法把关”（algorithmic gatekeeping）的概念是把关理论（Gatekeeping Theory）的新发展。把关理论需要跟进描述算法作为数字空间中信息选择者的崛起。泽伊内普·蒂费克奇（Zeynep Tufekci）将算法把关定义为“不透明的算法计算工具通过动态地过滤、突出、抑制或以其他方式完全或部分地发挥编辑作用的过程”[2]。我国学者王茜将“算法把关”总结为“算法进行的‘所有形式的信息控制’，包括选择、聚合、分类、排序、过滤、组织、呈现、推荐”[3]。综合上述定义可见，算法把关具有规则黑箱性和形式多样性的特点，凡涉及算法对信息实施控制的行为，均可归为算法把关。当然，国内外其他学者也曾用“算法选择”（algorithms selection）、“算法规制”（algorithms regulation）、“算法过滤”（algorithms filtering）、“算法管策”（algorithms curation）等概念，从不同角度切入研究算法对信息的控制，在此也可一并纳入算法把关的研究范畴。

塔尔顿·吉莱斯皮（Tarleton Gillespie）提道：“我们不能仅将算法视为代码的结果，还应将其视为最新的、由社会建构的、由机构管理的机制。”[4]“算法把关”是一个统合性概念，关于它的研究议题可以大致分为两类，即机制研究和影响研究。

机制研究主要着眼于探讨算法如何重构了传统把关理论、算法如何参与信息的各个流通环节，以及算法把关具有何种价值偏向。算法绝非价值中立，尽管算法已经应用到信息流通的各个领域，但它依然会受到人类社会价值判断的根本性影响[5]。比如，微博以时新性、流行性、互动性和导向正确四个价值要素为把关过程的核心[3]；脸谱网（Facebook）的 News Feed 拥有包括朋友关系、内容质量等在内的 9 种价值选择因素[6]；脸谱网的算法聚焦社会关系，而谷歌强调信息的覆盖面与秩序[7]。价值偏向搭配算法的低可见性（visibility），使用户难以觉察其施加的影响。

在影响研究方面，研究者关注算法把关的潜在后果。一部分研究者围绕伊莱·帕里泽（Eli Pariser）提出的“过滤气泡”[8]和卡斯·桑斯坦（Cass Sunstein）提出的“群体极化”[9]概念，探讨算法把关对现实社会的重构问题。算法建构的现实存在增强个性化、商业化、不平等性和威慑力的倾向[10]，在新闻传播领域的算法把关更可能导致“信息茧房”“黄色新闻潮”“阅读内容失控”等问题[11]。另一部分研究者关注算法作为一种决策代理机制，如何在一般意义上主导了人们的日常生活实践。例如，戴维·别尔

（David Beer）讨论了算法功能如何在社会世界中得到有力的部署，从而在社会秩序过程中发挥作用[12]。亦有学者指出，社会中日益普遍的算法引发了一些基本问题，涉及数据治理、算法透明度、自动化算法决策的法律和伦理框架，以及算法自动化本身的社会影响[13]。加速的技术进步导致了快速且往往无法预见的实际后果。这些后果既包括对人类进步的潜在好处，也涵盖对市民社会的意外影响，而这一切仍然在不断发展之中，需要持续的辩论以及令算法得到更好应用的政策来指导技术的前行。

综合两类研究议题可以发现，现有关于算法把关的研究多关注算法的特定影响和选择逻辑层面，即算法在把关的过程中，将按照既定逻辑对信息进行筛选，而不同算法模型将带来不同的影响。这类论述均忽略了信息环境这个大背景。李普曼指出，"毫无疑问，在社会生活的层面上，人类对环境的适应必须通过'虚构'（fiction）这一媒介来完成"[14]15。这提示我们，信息对个人的影响以及人对现实的作用，都需要依托大的信息环境。因此，对算法与网络信息环境的探讨，有着填补既有论述空缺的必要性。

如果我们承认，传统媒体的把关过程正逐渐转移到新的信息中介机构的算法管理上，那么我们就会发现，算法把关为信息的传递增加了新一层的复杂性，把关者更多地被视为信息的中间人，在组织、社区或专业情境中收集和传播信息，中介和网络成员之间通常存在很强的联系。在今天的数字信息环境中，我们需要对把关有一种新的理解，因为"把关人"与"把关客体"（the gated）的角色都已经变得更加重要。通过将信息环境引入算法把关的研究，我们可以为未来的信息控制和传播研究提供一个不同的框架，从而扩展已有的把关研究。

二、拟态环境的由来及其在信息时代的延伸

自二十世纪四五十年代的数字革命以来，从机械和模拟电子技术向数字电子技术的转变，导致电子计算机得到突飞猛进的发展，人类社会开始由工业社会迈向信息社会。在信息社会中，信息活动成为经济活动的重要组成部分，从事信息工作的职业优势得以彰显，信息成为编织生产生活的重要纽带，一个全新的传播环境——网络信息环境——被建构出来。

传播学中最早系统探讨人与环境关系的理论可以追溯到沃尔特·李普曼（Walter Lippmann）提出的“拟态环境”（pseudo-environment，更准确的译法是“伪环境”）。1922年，李普曼出版了《舆论》一书。他认为，拟态环境存在于人与其所处的环境之间，这个环境是人们为了对环境的适应而虚构出来的[14]15。

李普曼运用格雷厄姆·沃拉斯（Graham Wallas）的政治学和西格蒙德·弗洛伊德（Sigmund Freud）的心理学来说明多种拟态环境的特征，这些拟态环境与外部世界截然不同。沃拉斯在《政治中的人性》中，论述了公众对周围环境的理解。他指出，宇宙给公众带来了无穷无尽的感觉和回忆，每一种感觉和回忆都互不相同，在这些感觉和回忆之前，除非人们能够选择、认识和简化，否则将无力思考或行动。因此，人必须创建实体，作为其推理的素材。这样，沃拉斯表明了公众没有能力了解他们的环境。呈现给他们的刺激太多，使他们无法获得精确的理解。[15]

李普曼也受到弗洛伊德的影响，特别是《梦的解析》的影响，他将其利用到有关“拟态环境”的论述之中。李普曼以“外部世界和脑中画面”为题的一章作为《舆论》一书的开始，指出

拟态环境是个人在他或她的头脑中所创造的画面。“我们必须格外注意一个共同因素的存在，那就是人与其所处的环境之间存在的那个拟态环境。人的所有行为都是针对这一拟态环境做出的。不过，这些行为（behavior）如果是具体的行动（acts），其产生的后果就不是作用于催生了这些行为的拟态环境，而是作用于那个实实在在承载了这些行动的真实环境了。”[14]18

拟态环境是媒介通过对象征性事件或信息进行选择、加工、重新加以结构化之后，向人们提示的环境。相比于现实环境，拟态环境是现实的局部，更是一种非常态的、动态的现实。这是因为，媒体机构往往只会选择新奇的、非常态的、变化中的事件进行报道，所以拟态环境是一种介于人与真实环境间的偏差化的信息环境。可以说，拟态环境所提出的“楔入人与现实中间的‘虚构’”概念，成为其后传播学发展的根基，诸如“议程设置”“第三人效果”等经典经验主义学派理论，均是基于“媒体能通过营造拟态环境而影响受众”这一大前提。而媒体机构对现实环境信息的局部处理，正是本文所讨论的“把关行为”。

在过去的数十年里，数字技术从根本上改变了人们接触和使用信息的方式。互联网使人们能够以极低的成本创造并与大量受众分享内容，社交媒体模糊了个人和大众传播之间的界限，搜索引擎使人们能够广泛、即时和自由地获取大量信息。人们以前所未有的规模和水平与他们的信息环境互动。

过去，个人和他们的信息环境之间的关系可以沿着两个关键的维度来考察：“接触”和“参与”。接触是指个人与信息内容之间的接触，参与则是指个人与他们所接触的信息之间的互动。然而数字技术模糊了这些概念之间的界限，并极大地改变了信息环境，使个人能够以前所未有的轻松方式生产、寻找或分享信息内容。我们可以将此种数字化作用之下的信息环境称为“网络信息环境”。

在更广泛的文献中，“信息环境”一词经常在没有事先定义的情况下被使用，并且根据使用环境的不同而被赋予不同的含义。早期，“信息环境”被定义为信息寻求者基于对信息的需求而进行信息检索、信息获取、信息传递、信息共享等的系统，这个定义是从专业信息处理工作的角度给出的，比较狭窄。随着信息处理成为各行各业中必不可少的运作环节，研究者开始根据行业需求定义信息环境。比如，在军事上，罗伯特·科德雷（Robert Cordray）认为，“信息环境的概念建基于这样一个认识，即信息和信息系统的存在和扩散创造了一个独特的操作层面或环境。作为有形要素（有形信息系统和网络）和无形要素（信息和决策）的结合，信息环境既是军事行动的资源，也是武装部队运作的媒介”[16]。在美国参谋长联席会议 2014 年的一份文件中，“信息环境”被定义为“收集、处理、传播信息或对信息采取行动的个人、组织和系统的集合”[17]。与早期的定义相比，这个定义的内涵和外延都扩大了。

我国学界对信息环境的关注始于 1984 年，对“信息环境”概念的探讨则晚于这一时间。张新华认为，所谓信息环境或称信息生态，是指一个国家、一个地区，乃至全球范围内信息的生长、传播、利用等环节的相互关系的宏观表现形式，或宏观平衡、协调状态。[18]岳剑波认为，信息环境是社会环境的一个重要组成部分。所谓“信息环境”，是一个意义十分宽广的概念，它是指与人类信息活动有关的一切自然、社会和心理因素的总和。信息环境系统是由多要素组成的复杂系统，这些要素是：信息、信息人、信息技术、信息政策。[19]谢俊贵认为，信息环境是一种特殊的社会环境，它是指社会中的个人、群体或组织可能接触的由信息设施、信息资源、信息机构、信息活动、信息内容，以及有关的信息制度等综合构成的一种人类信息化生存与发展环境。[20]

显然，我国学者对信息环境的定义基本采取宏观面向，大约由于受20世纪90年代以来信息社会和信息高速公路的思潮影响，研究者倾向把“信息环境”等同于“信息生态”，即各类信息主体、信息活动及其信息产物的总和。这样的定义取向对本文来说过于宽泛，且无论中美的研究者，都没有考虑到前述的“网络信息环境”的新变化。

为了更好地界定本文讨论的“网络信息环境”，我们需要回溯“信息”的含义演进。“信息”这一术语，同“信息环境”一样，本身一直缺乏一个统一的定义。创立了信息论的克劳德·香农（Claude Shannon）承认：“信息这个词在信息论的一般领域被不同的作者赋予了许多不同的含义。很可能其中至少有一些会被证明在某些应用中足够有用，值得进一步研究和永久承认。我们很难期待一个单一的信息概念能够令人满意地解释在此一般领域（general type）中的众多可能的应用。”[21]

对研究者来说，一个相关的概念化来自符号学领域，它关注的是广泛的生物、工程和社会系统中的符号和信号。符号学家将信息理解为符号的意外、新颖的内容[22,23]。这意味着“信息”的概念有两个方面，既指作为符号的物体，也指识别该符号的新颖性的认知过程[24]。正是为此，我们才可以从接触信息和参与信息这两个层面来分析人与信息环境的关系。

更进一步地，卢西亚诺·弗洛里迪（Luciano Floridi）提出了一个被广泛使用的“信息”的一般定义，它建立在信息作为“文本+内容”的符号学概念之上，将信息概念化为“数据+意义”。[25]具体地说，弗洛里迪认为信息内容由格式良好的数据组成。句法上有效，并且有意义，亦即语义上有效。例如，一篇新闻文章构成了信息，因为它是由数据（单词）组成，遵循语法规则并向读者传达意义。而“环境”则可以被定义为一个人的物理、社会和数字环境，特别是这些环境中能够影响个人行为的方面。

按照弗洛里迪的说法，我们可以将“信息环境”定义为“由所有的信息过程、服务和实体构成，因此包括信息代理人及其属性、互动和相互关系”[26]。值得注意的是，代理人包括了个人和组织。一方面，个人可以处理他们通过社会传播或媒体接触到的信息，并与之互动。他们也可以通过自己生产或分享信息内容，来塑造和贡献于他们的信息环境。他们可以单独行动，也可以作为一个群体行动，无论这样的行动是经协调的还是自发的。另一方面，组织包括新闻机构和其他机构，它们构建和传播信息；也包括数字平台，特别是社交网络，它们促进个人之间以及个人和组织之间的信息交流。

信息环境是动态的，随着技术革新以及社会和政治环境的变化而变化。审视信息环境对个人和群体的影响，意味着审视这一环境如何影响个人和群体行为，以及个人和群体在嵌入其中时如何与环境互动，并在相互之间发生互动。[27,28]

与更广泛的文献相比，我们在本文中采用的“信息环境”的定义最接近政治学和传播学中使用的定义。然而，我们扩大了它作为新闻媒介环境的常见用法，其中包括社会信息传播以及数字信息平台和社交媒体。我们并不将我们考虑的信息限制在政治相关的信息上，同时明确地不使用该术语来描述市场中促使企业做出决策的信息，或企业内部用于指导和管理组织的信息。

在李普曼提出“拟态环境”之时，以上所说的“网络信息环境”还不存在。自李普曼的时代以来，人类的头脑并没有发生多大改变，但显然，媒体格局已经发生了巨大变化：尽管李普曼对现实与有关现实的看法之间的差异富有远见，但他无法预料电子媒体的出现，以及其后的新媒体在塑造“我们头脑中的画面”方面不断增长的作用。随着广播和电视、有线电视和卫星技术的兴起，以及互联网、移动通信和社交媒体的“三重革命”[29]的发生，世界缩小为一个地球村，暴露在大规模生产的新闻和娱乐的流动中，“中介世界”的概念变得更加现实和强大。

网络信息环境是拟态环境在信息时代的延伸。我们可以说，李普曼的作品是在一个“模拟拟态环境”的时代发表的，从那时起已经过去了一百年。现在，我们生活在数字时代，面对一个充斥着“数字拟态环境”的世界。但若回归拟态环境的理论源头便会发现，“拟态环境”是把关行为的结果，而有关“信息环境”的种种定义，并未涉及把关环节。

既然现实环境在信息时代有了信息环境的变形，把关人在信息时代增加了算法把关的新角色，与拟态环境相对应的以网络媒介为中介的虚构环境自然也有了新的变体。我们认为，这种新变体正是算法把关在中介人与信息的关系后产生的必然结果。

三、算法把关形塑“数字拟态环境”

根据李普曼的说法，“真实的环境在总体上过于庞大、复杂，且总是转瞬即逝，令人难以对其深刻理解，我们实在没有能力对如此微妙、如此多元、拥有如此丰富可能性的外部世界应付自如"[14]15，所以，拟态环境是一种进化的把戏，是为了抵御日益复杂的压力而组织的。

在李普曼看来，信息的拟态环境部分地依赖一种选择，最终依赖一堵墙。为了让拟态环境叠加或取代现实环境，需要一定的对此一现实予以缩减、改造和事先操纵的程序。在李普曼的考虑中，宣传、信息部门和代理人等，在很大程度上发挥了这种作用。这也就是传统媒体时代的把关人。

然而，在数字拟态环境中，我们应该考虑的不是一堵墙，而是一个过滤器：由于各种类型的行动者现在拥有极强的能力来向各个方向发送讯息，并且他们经常使用这种能力，结果流通的讯息数量呈指数增长。这就产生了两个需求：过滤掉流通中的大多数讯息（无论其价值如何）以集中更易于管理的子集的需求（通过算法、社交媒体或其他方式满足），以及对用于搜索特定讯息的工具的需求（通过搜索引擎和越来越多的应用来满足）。满足这两种需求的过滤器可以被理解为一个知识和权力装置结合的点，算法在其中发挥了主导性的作用，通过场景化的做法，从根本上扩展了数字拟态环境。

自推荐算法出现以来，有关算法与信息环境的讨论经常涉及"信息茧房""信息孤岛""过滤气泡""回音室效应"等概念，有学者更提出智能推送算法是制造"信息回音室"的罪魁祸首[30]。推送算法的过滤机制似乎使得个人接触的信息空间更加狭小和单一化，倾向创造更多的绝缘社区和公共领域中的孤立子集。[31]这类论述往往最终走向"网络巴尔干化"和"群体极化"的结论。可是，导致这种结局的，却是算法工程师的美好承诺：信息在算法把关下的传播是平等的和去中心化的，用户能够基于个人偏好不断训练算法，最后获得"个性化"的信息。

事实上，信息在充分开放的网络环境中的传播机会始终并不均等，算法在信息传播中发挥调节作用也绝非完全依靠用户偏好。例如，脸谱网的动态消息 NewsFeed 的算法被称为“边际排名”（EdgeRank），它依靠三个主要因素：亲密度（affinity）、权重（weight）以及时效（time decay）。亲密度的衡量标准是用户和发帖者的亲疏远近，如果对方是用户的兄弟或者密友，那么帖子的内容就会获得较高的评分。权重由一个公式确定，它能基于用户的兴趣爱好和过往的行为预测用户回复特定帖子内容的可能性。时效考虑的是帖子的发布时间，越近发布的帖子优先级越高。算法根据这些指标得出一个分数，这当中涉及大量计算机科学方面的技术。一个帖子会不会出现在用户的动态消息里，或者它会出现在用户动态消息的什么位置，就取决于上述因素是如何进行加权的。这三个因素决定了每一个潜在帖子的评分，而各个因素发挥作用的大小在很大程度上是由脸谱网控制的。在任何给定的时间里，EdgeRank 的算法都可能发生改变，让一个因素的重要性压过另一个。

在脸谱网上，尽管理论上以滚动的方式可以持续查看数千个帖子，但人们一次只能浏览一小部分内容，因此争夺最高排名是一场残酷的竞争，它由一个评分系统来决定，不受任何人工的控制。脸谱网喜欢宣称自己不做任何编辑选择，每个人的偏好决定了他们的个性化订阅中会展现什么内容。但其实，用户想看到的东西只是脸谱网想让用户看到的。多年来，脸谱网不断迭代这套“边际排名”算法，由算法决定哪些帖子的排名最高。不过，这个系统变得日趋复杂，最终进化成了一个包含 10 万多个指标的大杂烩[32]。

中国的互联网平台同样如此。2018 年，在“今日头条”公司的算法架构师曹欢欢展示的算法原理中，把关维度包含内容、用户特征、环境特征三个变量。[33]其中，推荐算法将“流行度”“趋势”“最常讨论”视为较高级别来优先推荐。[34]然而，在何为“趋势”“流行度”的内容评价方面，并未公布明确标准。在此情况下，算法将价值取向和偏见寓于“黑箱”之中，塑造出一个与个人偏好若即若离的数字拟态环境。

此种网络信息环境，融合了现实环境、算法逻辑以及用户个人特征，基于算法对大数据库的实时分析，突破了以往“拟态环境”的片面性和局部性，仿真出声称无限逼近客观真实的“符号真实”[35]。

数字拟态环境具有以下特征：

第一，信息以标签形式高度聚合。吴国盛认为：“人类先天本能的缺失，是我们技术的真正起源。”[36]人类需要依靠技术赋能，实现改变现实的远景，并完成社会发展的目标。推荐算法产生于信息过载的背景下，算法肩负着“降熵”的重要使命。算法推荐的核心逻辑便是促进信息聚合、提高信息配置效率。

目前主流的内容推荐算法主要是一种语义算法。其核心思想是将语义知识融合到推荐过程中，基于对内容的标签化分类和对用户的分类，进行两者之间的匹配。具体可分为基于语义的内容推荐算法、基于语义的协同过滤推荐算法、基于语义的混合推荐算法以及基于语义的社会化推荐算法。[37]

其中，“标签”（label）是算法推荐的关键。算法须依据既有编码逻辑对信息中的有用特征进行提取、分类，并为该信息打上一个标签，以便进一步处理。如此，无论是用户数据还是内容信息，最终都将被划入无数聚合性的数据集。算法对标签化信息的处理配置能有效制衡网络环境中的信息过载，从而令用户得以高效获取信息。

第二，信息与微观现实紧密连接。人类的信息分发模式迄今为止经历了三个主要的发展类型：倚重人工编辑的媒体型分发、依托社交链传播的关系型分发、基于智能算法对信息和人匹配的算法型分发。[35]这三种分发模式彼此补充，相互结合，越来越深地实现了信息与个人的微观现实的连接。

在由媒体担任主要把关人时期，由于媒体倚重资深记者和编辑进行信息的专业化处理和加工，因此它需要解决社会共性需求，而无暇顾及人的个性化、高场景度的信息需求。当社交关系开始扮演把关人时，它极大地激活了大众传播时代被忽视的“长尾信息”，将我们关注的好友的选择作为指南，以帮助我们寻找到感兴趣的东西。“无社交不传播”的说法可以被看作社交把关成功流行的印证。但是，社交关系把关并未能实现信息的有效适配，而算法把关正着力于此，意在实现对海量信息价值的重新评估和有效适配。

算法收集海量内容数据、环境数据以及用户行为数据，同时分析内容特征、环境特征和用户特征，可以在移动场景和私密场景中为用户提供个性化的信息服务。短视频用户常调侃各类美食视频“白天刷不到，晚上逃不掉”，正反映出算法能依据现实场景实现信息个性化推荐。零食制造商 Mondelez 发现，当它投资数字广告时，所获回报比电视广告高 25%。在谷歌和脸谱网上投放的广告效果尤其好，比普通数字广告的回报高出 40%。这些科技巨头与广告主共享数据，因此能够更好地了解客户。例如，谷歌的数据向 Mondelez 显示，人们倾向在早晨上网搜索更健康的零食，而随着时间的推移，到了一天的晚些时候，则倾向搜索更放纵的食物。[38]这些例子无不说明，算法可以营造出与现实场景紧密结合的数字拟态环境，无限接近用户当下的现实需求。

第三，算法逻辑构成数字拟态环境的第一准则。斯科特·拉什（Scott Lash）说："在一个媒体和代码无处不在的社会，权力越来越存在于算法之中。"[39]就像当年媒体是拟态环境的权力中心一样，算法在今天是数字拟态环境的权力中心。

作为数据与人工智能的节点，算法在新闻内容的生产和分发环节起着关键的逻辑控制作用，在信息的准入、准出方面发挥着重要的过滤作用，在检索、分类方面发挥着记录和判定作用。从表面上看，算法可以做到对信息进行整合和高效配置，实质上则是，隐藏在算法背后的权力通过不断调整参数来执行自己的意志。算法中隐含的算法偏见、算法歧视伴随个性化服务信息对用户实施软控制。[40]用户能识别硬性信息宣传，却往往难以看透"算法黑箱"，难以理清这个"符号真实"中的权力运作。

本质上而言，算法把关对网络信息环境的塑造是算法大规模中介人与信息关系的一种表现。

四、算法把关中介人与信息的关系

在算法把关者出现之前，现实信息流通到个人处要经过各种中介，比如媒体机构、个人社交网络等。每一个新把关人的出现都会改变人与信息的关系。例如，媒体扭转了人们只能接受当下环境中的信息的局面，我们可以通过媒体获得非当下时空的信息，信息获取与所处环境解绑。互联网出现后，把关网络得到进一步丰富，个人可主动搜索信息，也可通过社交网络传播信息，个人获得了信息流通的控制权。算法把关者出现后，这个按照可行的、确定的、有穷的规则进行信息处理的中介，又进一步改变了人与信息的关系。

以往的信息生产流程为：生产者搜集和加工信息→渠道投放信息→接收者接收信息。算法把关者出现后，信息生产流程演化为：生产者通过算法收集、筛选信息→按照算法逻辑加工信息→算法推荐信息→接收者接收信息。算法把关者全面介入人与信息接触的所有环节，个人已难以绕开算法直接接触信息。

（一）信息自主权弥散

“信息自主权”是来自德国的法律概念。德国联邦宪法法院（BVerfG）于 1983 年 12 月 15 日的“人口普查案”（Census Act Case）判决中，创设了一项宪法上的权利——“个人信息自主权”。该案判决称：基本法秩序之中心点乃是人之价值及其尊严，人生为自由社会之成员，于自由的自决权下活动……基于自觉之想法所得出之个人权限，即基本上人自己决定，何时和于何种界限内公开个人生活事实。于目前及未来自动化资料处理条件下，此项权利需特别加以保护。可见，个人信息自主权是一项基于一般人格权推导而出的人格权限。其内涵可界定为，个人能够自主决定是否以及于何时、何种界限内公开自己个人信息的权利。[41]随着信息技术的发展，信息的重要性日益凸显，当下的信息自主权可以包括信息搜寻权、信息被遗忘权、信息知情权等。

麦克卢汉认为，媒介即人的延伸，延伸同时意味着截除。在信息流通的各环节，接受算法作为把关人，实际是让渡了信息自主权。这可以从信息生产者及信息使用者两方面来考察。

1. 信息生产者

从信息生产者角度来看，算法参与内容生产从信息收集、内容筛选到推广预测甚至编写排版等全流程，确能极大程度地提高信息生产效率。

早在2013年，英国《卫报》便和“报纸俱乐部”（Newspaper Club）合作发行了一份名为 *The Long Good Read* 的长文文摘报。这份以算法为导向的报纸，以每周小报的形式收集《卫报》最好的长篇文章，并尝试自动排版。它的一个新颖之处在于，故事的选择和布局都是自动化的。[42]《纽约时报》数字部门的科学团队研发的机器人 Blossomblot，通过对社交平台上推送的海量文章进行大数据分析，能够预测哪些内容更具有社交推广效应，帮助编辑挑选出适合推送的文章和内容，甚至可以独立制定标题、摘要文案、配图等。虚拟编辑 Blossomblot 上线后，《纽约时报》内部统计数据显示，经 Blossomblot 筛选后自动推荐的文章的点击量是普通文章的38倍。美国知名互联网新闻博客“Mashable”开发了一个名为“Velocity”的数据分析工具平台，它可在极短的时间内判断新闻的传播趋势和可能存在的爆点。另外，Velocity 还可以帮助博客的编辑发现“饱和点”。比如，当某条新闻的分享率达到95%时，它就会告诉编辑无须再多费精力，反之编辑则可以考虑迅速对该事件做出其他策划报道，抢占先机。[43]

然而，算法技术的参与简化了信息供给逻辑，信息搜寻权、信息分发权的交付将本应具有功能导向和意义丰富的传统新闻逻辑也一并划归为“信息”的供求问题。所有类型的信息全部依靠点击率、阅读量等一系列量化指标满足用户喜好。这种去价值化、去意义化的做法，将独特的新闻信息简化为一种无差别的“信息商品”[44]。而对于那些非新闻生产者而言，生产长尾信息内容并非毫无曝光可能，但是符合算法推荐逻辑的信息，则始终可以保证收益最大化。如此，无论是新闻内容生产者还是其他类信息生产者，欲达到传播效果，就都需要放弃信息筛选权、信息分发权，以保证内容被顺利打上标签，由算法匹配给受众。

2. 信息使用者

从信息使用者角度来看，算法永远可以为用户找到“感兴趣”的内容，但这种便利更是建立在隐私权、知情权、被遗忘权的弥散之上。

信息内容的定向推送是以个人数据收集、个人使用行为记录为基础的，这些信息作为判定和分类用户的“元数据”，是用户要享受便利必须让渡的代价，并且是否让渡此种“元数据”并不取决于信息使用者个人。用户或能在网站注销账号，但以往的数据信息是否已被彻底删除则无人知晓。个人数据将在何时以何种程度被大数据算法使用的答案隐蔽在黑箱中。

同时，与个人兴趣高度匹配的信息的自动出现剥夺了用户的选择权，用户从主动选择变成被动接受“投喂”，在接受算法延伸个人判断力之际，也接受了算法的驯化，默许同意由算法推送一个由算法逻辑主导的不完整的、可能充满偏见和歧视的世界。

如上文所言，算法的核心逻辑便是以“打标签”的方式实现信息高效配置。打标签意味着对目标对象进行划分并区别对待，而区别对待有时将变成一种歧视。算法偏见问题由来已久，有学者将算法偏见分为三类：先存偏见、技术偏见和突发偏见。先存偏见通常存在于系统创建之前，根源于社会制度；技术偏见源于技术限制；突发偏见主要源于社会知识、人口或文化价值观的改变。[45]其中，先存偏见由于来自既有的社会问题，因此往往无法避免、最难修正。算法歧视问题与算法把关如影随形，用户在接受算法推荐的同时，必须接受其中隐含的算法设计者有意或无意的区别对待。不同品牌手机用户在打车时支付不同的费用、旅游网站新老顾客的票价存在差异等“大数据杀熟”事件正印证了这一点。

当信息生产者与使用者让渡信息自主权，接受算法把关的匹配，沉迷于算法营造的数字拟态环境时，人便开始融为信息环境的一部分。

（二）人成为信息环境的一部分

凯瑟琳·海勒（Katherine Hayles）从图灵实验中生发出一个问题：计算机这种媒介产生之后，人类的身份究竟意味着什么？是信息形式，还是一种实体化的表现（肉体）？海勒指出，当今的主体有两个身体，“表现的身体”与“再现的身体”。“表现的身体以血肉之躯出现在电脑屏幕的一侧，再现的身体则通过语言和符号学的标记在电子环境中产生。”[46]

自人类使用计算机进行信息交流伊始，身体便开始以语言、符号的形式在信息环境中再现。当智能算法与大数据技术普及时，人的行为和价值实现了完全数据化、标签化，个人的一切操作均成为传播主体，人的身体成为一个算法可读的数据库。如今，各种移动终端上的应用程序不仅可以实现用户、场景、信息的精准匹配，而且可以利用摄像、录音设备对用户进行人脸识别、手势识别甚至情绪识别，用户在特定时段、特定地点、特定行为中所能产生的需求均可被捕捉并加以分析。斯科特·麦奎尔（Scott McQuire）提道：“当千万个人每日在城市中的移动轨迹能够被数字媒体记录下来，空间位置在城市体验中就获得了新的重要性。大规模的数据分析和位置追踪功能结合起来，形成了新的城市逻辑。”[47]个人作为传播节点，融入庞杂的信息环境，接受算法的“审判”。

值得注意的是，算法把关的本质是用户价值主导下的场景适配，这必然意味着对个人需求的简单量化。正如香农所说的“工程通信”（engineering communication）的基本逻辑方法，这种逻辑方法的底层，一是统计处理，二是无视意义。[48]至少就目前而言，算法给用户的标签是固定的、粗颗粒的，这导致在人融入信息环境的过程中，个性化流动性的需求被强制忽略，人最终被标签分解成了理想的环境数据。

五、结　语

综上,本文首先梳理算法把关相关文献成果，发现目前的研究多集中在算法选择逻辑和特定影响层面，缺少对算法把关与信息环境互动的整体认识。其次，辨析了网络信息环境与拟态环境的区别，拟态环境是现实环境的局部和偏差化表现，而网络信息环境则是数字化作用之下的拟态环境的延伸。在此，笔者提出“数字拟态环境”的概念，来总结算法把关对信息环境的形塑效果。

数字拟态环境是一种由算法融合了现实环境、算法逻辑以及用户个人特征，所仿真出的无限逼近客观真实的“符号真实”。它按照算法逻辑，将信息以标签高度聚合、以场景高效分发而生成个性化信息环境。在此环境下，人与信息的关系受到算法中介影响，人开始被动让渡信息自主权，并在被数据化、标签化的过程中融为信息环境的一部分。

2022 年是李普曼的名著《舆论》问世 100 周年。李普曼指出，人们在与周围的世界互动时，往往会被误导，创造出他所称的“头脑中的画面”，而人们以这些画面为现实并据之采取行动。因此，个人的行为是对拟态环境的反应，但他们的行为后果却在真实环境中运作。这就是生活中许多领域出现错误信息的共同点，无论这些信息是通过捏造、歪曲还是遗漏产生的。

在一个引人注目的段落中，李普曼预见到了今天社交媒体的极化反馈回路。他写道："大众在面对同样外部刺激的时候做出的反应，可以在理论上绘成一个'谬误多面体'（polygon of error）。一些人会由于观念和想法特别相似而被归入某一特定的群体，人们对一件事的看法也可能因差异过大而出现两极分化。随着不同群体中的人将自己的观点宣之于口，这种类聚效应则会渐趋固化。也就是说，当人们将自己原本含糊不清的感受转化成字词并讲出来，那么他们将会对自己的感受有更为确定的认识，并使感受的过程也变得更加明确。"[14]156

百年回顾，可以看到，李普曼所论仍然有效，但它应该在数字化环境中被重新理解。在过去数十年里，数字技术重新定义了个人与他所接触和参与的信息之间的互动模式和动力学。由认知偏见驱动的回声室和由算法设计驱动的伪个性化，令网络信息环境发生断裂，也导致错误信息在网上大行其道。与其说数字拟态环境是日益复杂的世界中的庇护所，毋宁说它是一个不断延展的、以算法为中介的笼子，试图将复杂性降至平庸。在算法把关之下，探索现实环境、参与人类关系不再是一个进化的过程，而是一个内卷化的过程。

注　释

[1] 胡泳、周凌宇：《把关理论与现代社会的重构》，《新闻与写作》2021 年第 8 期，第 41—51 页。

[2] Tufekci, Zeynep, "Algorithmic Harms beyond Facebook and Google: Emergent Challenges of Computational Agency," *Colorado Technology Law Journal*, Vol. 13, No. 2, 2015, pp. 203-218.

[3] 王茜:《批判算法研究视角下微博“热搜”的把关标准考察》,《国际新闻界》2020 年第 7 期，第 26—48 页。

[4] Gillespie, Tarleton, "Algorithmically Recognizable: Santorum's Google Problem, and Google's Santorum Problem," *Information, Communication & Society*, Vol. 20, No. 1, 2016, pp. 63-80.

[5] 罗昕、肖恬:《范式转型：算法时代把关理论的结构性考察》,《新闻界》2019 年第 3 期，第 10—19 页。

[6] Devito, Michael, "From Editors to Algorithms: A Values-Based Approach to Understanding Story Selection in the Facebook News Feed," *Digital Journalism*, Vol. 5, No. 6, 2017, pp. 753-773.

[7] 方师师:《双强寡头平台新闻推荐算法机制研究》,《传播与社会学刊》2018 年第 43 期，第 103—122 页。

[8] Pariser, Eli, *The Filter Bubble: What the Internet Is Hiding from You*, London: Penguin Press, 2011, p. 21.

[9] 凯斯·桑斯坦:《网络共和国》，黄维明译，上海人民出版社 2003 年版，第 4 页。

[10] Just, Natascha, and Michael Latzer, "Governance by Algorithms: Reality Construction by Algorithmic Selection on the Internet," *Media, Culture & Society*, Vol. 39, No. 2, 2017, pp. 238-258.

[11] 陈昌凤、霍婕:《权力迁移与人本精神：算法式新闻分发的技术伦理》,《新闻与写作》2018 年第 1 期，第 63—66 页。

[12] Beer, David, "The Social Power of Algorithms," *Information, Communication & Society*, Vol. 20, No. 1, 2016, pp. 1-13.

[13] Olhede, Sofia, and Patrick Wolfe, "The Growing Ubiquity of Algorithms in Society: Implications, Impacts and Innovations," 2018, https://royalsocietypublishing.org/doi/10.1098/rsta.2017.0364, 2022 年 10 月 1 日访问。

[14] 李普曼:《舆论》，常江、肖寒译，北京大学出版社 2018 年版。

[15] 格雷厄姆·沃拉斯:《政治中的人性》，朱曾汶译，商务印书馆 2009 年版。

[16] Cordray Ⅲ, Robert, "Mapping the Information Environment," 2021, https://

www. hqmc. marines. mil/Portals/147/Docs/MCIOC/IORecruiting/Mappingth-eInformationEnvironmentIOSphereSummer2005. pdf，2022 年 10 月 1 日访问。

[17] Joint Publication 3-13, "Information Operations," 2021, Defense Technical Informational Center, November 27, 2012, https://www. jcs. mil/Portals/36/Documents/Doctrine/pubs/jp3_13. pdf，2022 年 10 月 1 日访问。

[18] 张新华：《论信息环境污染及对策》，《社会科学》1992 年第 8 期，第 54—57 页。

[19] 岳剑波：《信息环境论》，书目文献出版社 1996 年版，第 32—33 页。

[20] 谢俊贵：《网络传播信息环境的现状、症结与治理策略》，《西南民族大学学报（人文社会科学版）》2022 年第 4 期，第 145—153 页。

[21] Shannon, Claude, "The Lattice Theory of Information," *Transactions of the IRE Professional Group on Information Theory*, Vol. 1, No. 1, 1953, pp. 105-107.

[22] Machlup, Fritz, and Una Mansfield, eds., *The Study of Information: Interdisciplinary Messages*, New York: Wiley, 1983.

[23] Nauta, Doede, *The Meaning of Information*, Berlin: Mouton De Gruyter, 1972/2019.

[24] Raber, Douglas, and John Budd, "Information as Sign: Semiotics and Information Science," *Journal of Documentation*, Vol. 59, No. 5, 2003, pp. 507-522.

[25] Floridi, Luciano, "Semantic Conceptions of Information," *Stanford Encyclopedia of Philosophy*, 2022, https://plato. stanford. edu/entries/information-semantic/, 2023 年 3 月 7 日访问。

[26] Floridi, Luciano, *Information: A Very Short Introduction*, Oxford: Oxford University Press, 2010.

[27] Steinberg, Marc, "The Talk and Back Talk of Collective Action: A Dialogic Analysis of Repertoires of Discourse among Nineteenth-century English Cotton Spinners," *American Journal of Sociology*, Vol. 105, No. 3, 1999, pp. 736-780.

[28] Habermas, Jürgen, *The Theory of Communicative Action: Vol. 2: Lifeworld and System: A Critique of Functionalist Reason*, trans. by McCarthy, Thomas, Boston:

Beacon Press, 1987 (originally published in German in 1981).

[29] Rainie, Lee, and Barry Wellman, *Networked: The New Social Operating System*, Cambridge, MA: MIT Press, 2012.

[30] 王斌、李宛真:《如何戳破“过滤气泡”算法推送新闻中的认知窄化及其规避》,《新闻与写作》2018 年第 9 期，第 20—26 页。

[31] Bucher, Taina, “Want to be on the Top? Algorithmic Power and the Threat of Invisibility on Facebook,” *New Media & Society*, Vol. 14, No. 7, 2012, pp. 1164-1179.

[32] 史蒂文·利维:《Facebook：一个商业帝国的崛起与逆转》，江苑薇等译，中信出版社 2021 年版，第 381—382 页。

[33] 曹欢欢:《今日头条算法原理（全文)》，2018 年 1 月，今日头条网，https: //www. toutiao. com/a6511211182064402951/，2022 年 9 月 17 日访问。

[34] 聂静虹、宋甲子:《泛化与偏见：算法推荐与健康知识环境的构建研究——以今日头条为例》,《新闻与传播研究》2020 年第 9 期，第 23—42 页。

[35] 喻国明、韩婷:《算法型信息分发：技术原理、机制创新与未来发展》,《新闻爱好者》2018 年第 4 期，第 8—13 页。

[36] 吴国盛:《技术哲学讲演录》，中国人民大学出版社 2016 年版，第 4 页。

[37] 黄震华等:《语义推荐算法研究综述》,《电子学报》2016 年第 9 期，第 2262—2275 页。

[38] Hagey, Keach, and Suzanne Vranica, “How Covid-19 Supercharged the Advertising ‘Triopoly’ of Google, Facebook and Amazon,” *The Wall Street Journal*, March 19, 2021, https: //www. wsj. com/articles/how-covid-19-supercharged-the-advertising-triopoly-of-google-facebook-and-amazon-11616163738, 2022 年 9 月 17 日访问。

[39] Lash, Scott, “Power after Hegemony: Cultural Studies in Mutation?” *Theory, Culture & Society*, Vol. 24, No. 3, 2007, pp. 55-78.

[40] 喻国明、杨莹莹、闫巧妹:《算法即权力：算法范式在新闻传播中的权力革命》,《编辑之友》2018 年第 5 期，第 5—12 页。

[41] 张红：《指纹隐私保护：公、私法二元维度》，《法学评论》2015 年第 1 期，第 85—97 页。

[42] Ellis, Justin, "*The Guardian* and The Newspaper Club Bring Its Robot-built, Longread-loving Newspaper Back into Print," *Nieman Lab*, Feb. 3, 2014, https://www.niemanlab.org/2014/02/the-guardian-and-the-newspaper-club-bring-its-robot-built-longread-loving-newspaper-back-into-print/, https://www.niemanlab.org/2014/02/the-guardian-and-the-newspaper-club-bring-its-robot-built-longread-loving-newspaper-back-into-print/, 2022 年 9 月 17 日访问。

[43] 陈璐、刘晨阳：《在人工智能和新闻的结合上，国外媒体已经飞起来了?》，2016 年 12 月 6 日，"刺猬公社"公众号，https://36kr.com/p/1721276694529#:~:text=%E4%B8%BA%E5%90%B8%E5%BC%95%E7%94%A8%E6%88%B7%EF%BC%8CMa，%E6%B7%BB%E5%8A%A0%E2%80%9C%E4%B8%80%E6%8A%8A%E7%81%AB%E2%80%9D%E3%80%82，2022 年 9 月 10 日访问。

[44] 方师师：《算法如何重塑新闻业：现状、问题与规制》，《新闻与写作》2018 年第 9 期，第 11—19 页。

[45] Friedman, Batya, and Helen Nissenbaum, "Bias in Computer Systems?" *ACM Transactions on Information Systems*, Vol. 14, No. 3, 1996, pp. 330-347.

[46] 凯瑟琳·海勒：《我们何以成为后人类：文学、信息科学和控制论中的虚拟身体》，刘宇清译，北京大学出版社 2017 年版，第 5—6 页。

[47] 转引自孙玮：《赛博人：后人类时代的媒介融合》，《新闻记者》2018 年第 6 期，第 4—11 页。

[48] Shannon, Claude E., and Warren Weaver, *The Mathematical Theory of Communication*, foreword by Blahut, Richard E., and Bruce Hajek, Chicago, IL: University of Illinois Press, 1998 [1949], p. 27.

基层治理中的技术“生产”过程

——以疫情防控中的技术与主体关系为例

王　迪　于博轩*

摘要：在基层治理领域，技术与主体的关系处在不断的“生产”过程之中。以疫情防控为例，这种“生产”过程可以体现为三个层次：首先是社会主体对技术的生产，以实现对工作诉求、生活经验的吸纳和回应；其次是技术对主体的生产，即对治理行为的驱动与配置；最后，技术与主体间关系也得到再生产，经过协调整合，指向社会治理的共同目标。“技术—主体”视角有助于理解治理实践中“技术失灵”等现象的具体机制，以推动基层治理现代化水平的提升。

关键词：技术；主体；生产；基层治理；疫情防控

一、研究背景与问题提出

作为国家治理体系的末端,基层治理向来是一个重要的研究领域。在传统的威权主义理论中，政府是社会治理的主导者，往

* 王迪，系北京大学社会学系副教授；于博轩，系北京大学社会学系本科生。

往采用行政化的方式，表现出命令和控制倾向[1]。由于社会治理领域政绩的呈现方式高度复杂[2]，越到基层，来自“条条”和“块块”的各项考核、督查、审计就越细密[3]，因此部分基层工作只能被动应对政策指令[4]。主体单一、行政化色彩浓厚且缺乏灵活性，是基层治理面临的主要困境。

在此背景下，“技术治理”被视作一个提升国家治理体系和治理能力现代化的有效路径[5]。尽管中国社会曾经具有“总体性支配”的特征，但“技术化治理”的模式却在改革过程中得到了强化和发展[6]。广义上，技术治理指涉的是国家治理手段的技术化、专家化、理性化，表现为数目字管理[7]、网格化管理[8]、项目制[9]或制图术[10]，等等。随着信息技术的突飞猛进，近年来由技术治理衍生出的更为具体的含义是：在新一轮科技革命下，越来越多的新技术被应用到公共管理和公共服务当中，与基层治理实践发生融合。[11]这种新技术与治理的融合分为两个阶段。第一是“数字化”阶段。各地政府纷纷搭建一站式电子政务平台，以期提升公共管理和公共服务的效能。但在这个阶段，信息化工作常常以“政府上网”的形式出现，仅能实现办公和办事的自动化[12]。第二是“数智化”阶段。以移动互联网、大数据、云计算、人工智能、区块链等为代表的新一代信息技术，成为治理现代化的重要表征和驱动力量[13]131–132，例如智慧城市[14]、智慧社区[15]等，是其中的典型应用。

然而，在应用的过程中人们发现，意欲改善社会治理的技术方案中时常存在“失灵”的问题[16]72–77。技术万能、技术替代、技术赋权和技术共赢的四重幻象随之被打破。[17]概括起来，学界对“技术失灵”现象形成了三种解释路径。第一种可以称作“技术有限论”，主要强调技术本身的局限，即假定社会事实的可计算、可化简性[18]，而相当多的社会事实并不具备这样的属性，且多元的治理场景和复杂的治理对象与之存在固有矛盾[19]。第二种是“结构制约论”，认为政府的组织结构与新技术处于不断互动当中，技术的低效来源于未能与特定的制度安排形成配合。[20]各级政府的不同位置也造成了新技术应用的差异化效果，尤其表现为基层政府往往只是在传统工作机制上增加了局部的技术利用[21]15-17。第三种是“社会脱节论”，认为技术方案与其服务对象之间存在错位。一方面，民众缺乏参与治理的素质和意愿；另一方面，治理过程中又忽视民众需求[22]。技术本应依照实际定制和开发，却在基层政府打包给技术企业的过程中与其服务对象发生脱节[23]109-113。

在以上三种解释中，隐藏了这样一条线索：技术与主体的关系似乎是决定技术治理成败的关键。但技术与主体的关系究竟是什么？有什么特征？二者如何作用于技术治理的过程和结果？面对这些追问，上述解释缺乏充分和深入的讨论。麦克卢汉很早就谈到，技术即“人的延伸”[24]。不过，这句著名的论断在指明技术与主体间关系的同时，也把这个关系简化了。本文的研究问题由此浮现出来：如何理解技术的“生产”过程，进而明辨技术与主体之间的具体关系？在此基础上，基层治理的技术探索怎样在治理主体的应用中发挥更切实有效的作用？技术手段与诸种社会力量如何能够通过技术方式实现社会治理的共同目标，是亟待回应的现实问题，也是关乎国家治理体系优化，尤其是基层治理现代化水平提升的关键问题。同时，技术的“生产”过程绝不仅仅是一个技术问题，而且是社会与技术之间如何动态平衡的问题，更是在信息化、数字化时代，对社会治理的制度逻辑进行讨论的深刻理论问题。

二、文献回顾与分析框架："技术—主体"关系的视角

尽管对"社会治理"的概念仍存在界定上的争议，但学界普遍较为认可的是，治理意味着包括国家机构、社会组织和公民等在内的多元主体，共同承担公共事务的责任。[25]随着新技术的不断发展，治理理论逐渐将技术吸纳在内，技术治理日益成为治理研究中的核心议题之一。从既有文献的视角来看，有关技术治理的研究基本顺循着两条相互补充的脉络：其一是讨论技术治理实现的国家能力；其二则是关注技术传播带来的社会赋权。

以往研究者所谈的国家能力主要指的是"国家信息能力"，即治理中对信息的收集、存储、处理、监管能力。由于信息本身就带有将纷乱复杂的世界形式化与制度化的倾向，因此国家通过信息进行治理，实际就是一种治理术[26]。这种信息能力既存在于政府内部，例如上级政府通过"量化考核""一竿到底"等方式解决信息控制问题[27]，也存在于政府对基层社会的信息收集过程中。当国家从"汲取型"历史性地转向"给予型"之后，治理所需要的信息越来越繁复。[28]信息通信技术（ICT）也因应国家的需要，试图将基层治理推向以"精准"为核心的新形态。其治理过程可以概括为：国家通过信息手段获取精准的个体化信息，并对这些信息进行处理和分析，使之及时、准确地匹配政策供给和需求[29]。

技术应用所面临局面的复杂性还在于，多主体参与的基层治理正在逐渐兴起。很多研究注意到，新技术使得多中心治理（polycentric governance）和回应型治理（responsive governance）成为可能，带来了多种形式的公共参与途径[30]。在这一脉络中，研究者

普遍使用“赋权”（empowerment）概念，聚焦于社会治理过程中，各主体积极作为、改变公共生活现状的行动，并尤其强调社区传播的重要价值[31]。有学者指出，社区治理与社区传播具有天然的联系，平衡利益、沟通协作是社区传播的主要功能[32]。特别是新媒体等技术手段，为人们的参与式传播提供了平台，成为社区治理和自我赋权的重要途径[33]。

不过，无论是国家能力还是社会赋权的既有文献，在以下几个方面都存在视角和结论上的风险与不足：第一是“技术泛化”。正如一些文章所指出的，研究者很容易对技术治理中的“技术”做整体性理解[34]，而对技术影响的细节缺乏足够的讨论，模糊了技术应用的场景、对象、阶段的具体差异。第二是“技术霸权”。技术往往被视作从外部强加的“给定品”，似乎是不容商谈、不可变动的，而其完善和改良的空间被忽略了。第三是“主体限定”。被纳入分析框架的行动主体通常是静态、固化且被动的，即便强调主体的作用，其身份也是专家或技术官僚——应该看到的是，技术治理的参与主体应该是广泛的、灵动的。第四，已有研究对技术与主体间关系的处理稍显草率和机械，二者的关系从一开始就被“单向度”地预设为“技术刺激—主体反应”模式，而研究者疏于发现技术对主体能动性的激活、对主体结构的重新配置，也很少涉及主体对技术的诉求、修订和约束。

为更加系统地讨论技术与主体间关系的问题，本文将建构一个技术“生产”过程①的分析框架（如图 1 所示）。技术的“生产”过程不是一个单纯的科学领域的问题，而是伴随着技术与主

① “生产”作为一个核心概念，在本文中用来指涉技术与主体间具有生产性的互动过程，包括技术的“被生产”、技术对主体的“生产”以及技术与主体间关系的“再生产”。为在术语上进行区分，本文使用“生产”过程来概括上述技术与主体的三重互动，而在具体论述其中的某一种互动时，则将分别使用“被生产”“生产”和“再生产”。

体的多层次互动，主要表现在三个方面：第一，社会主体对技术的生产（技术的“被生产”），即技术不是一成不变的，而是需要对主体诉求进行吸纳与回应的。第二，技术对主体的生产，即技术对主体行为的驱动与配置。第三，技术与主体之间关系的再生产，即有别于二者之间“刺激—反应”的双向互构关系。接下来，本文将以新冠肺炎疫情防控中的诸多现象、经验和痛点为例，探讨在多主体的基层治理中，技术的“生产”过程是如何体现的，其中呈现的技术与主体关系又是怎样的。

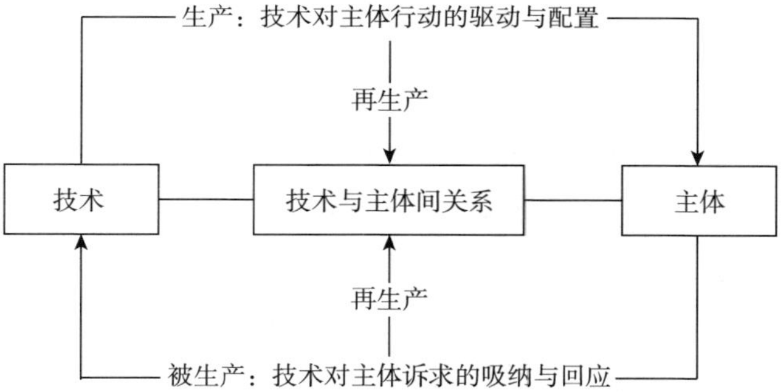

图1　技术“生产”过程及技术与主体关系

三、技术的“被生产”——对主体诉求的吸纳与回应

（一）以工作诉求驱动技术生产

自新冠肺炎疫情暴发至2022年末我国疫情防控进入新阶段，如何有效切断传染源、阻断传播途径，成为对国家治理体系和治理能力的重大考验。在此背景下，各种新型信息技术被大规模应用在疫情防控当中，发挥了重要作用。这类特殊时期的技术应用，并非由技术自身的逻辑发展而来，而是由一线工作的主体诉求直接驱动的。具体来看，驱动技术更新换代的工作诉求主要涉

及“存量”和“增量”两个方面。

其一在“存量”方面，补齐原有工作短板的需求对技术生产提出了替代性要求，即以技术手段替代原本已经不充分，甚至不适宜的工作方法。由于高度的流动性成为社会运行的常态[35]，因此基层治理势必面临着人口构成复杂化、流动人口增加、人户分离现象严重等一系列困境。社区常住人口、流动人口、户籍人口等数据常常口径不一、存在混淆，于是防疫工作中的社区人口统计便成了最为棘手的问题之一。传统的治理方式虽然也强调“数据”和“技术”，却是通过“敲门式”“拉网式”“地毯式”或“登记式”的人员信息采集办法来获取数据。这不仅需要投入较高的成本，而且数据收集速度慢、精度低，错漏情况比较严重，进而带来更大的疫情传播隐患。这就要求基层治理工作进行“更新换代”，实现信息化、数字化转型，将技术治理作为工作的基本方式。例如，利用智能门禁、人脸识别、扫码登记等信息采集方式，可以实现对社区人口底数、实际居住状况、人员出入频率等信息的及时更新和有效掌握。在这方面，基层工作需求“倒逼”原有“虚假技术治理”“伪数字化治理”让位，迫使社区生成、引入并且使用新技术手段、工具和平台，以满足“替代性要求”。当然，“替代性要求”对技术的生产是渐进的。新技术与传统工作手段往往从彼此嵌入与融合开始，逐步实现功能替代与需求满足。

其二在“增量”方面，新增工作方式的优化需求对技术生产提出了创新性要求，即探索出解决新问题的新技术办法。换言之，在基层工作中，面对日益增多的新问题、新任务、新困难，谁来处理？如何应对？各种技术手段的引入可以将一些基层智慧转变为标准化、可推广的经验和制度化的做法，为基层工作创造便利、提升效率，从而进一步满足工作中的新要求。比如，不论是大规模“核酸筛查”，还是常规性“核酸检测”，不可避免的排队曾成为人们生活中最感到困扰的事项之一。笔者通过2020—2022年在北京和杭州等地的调研发现，在核酸检测过程中，如何设置检测点、如何配备人力、如何调拨物资耗材、开放多少窗口、怎样安排开放时间、如何协调送检周期等，都是基层治理工作的难点和痛点，也是前所未有的新困局。对此，大多数基层工作者通过经验判断、内部协调、灵活把握，甚至“多付出、多牺牲”的方式来应对新工作中的诸多不确定性——我们从中可以很明显地发现技术的缺位，以及技术可以“被生产”的潜力和应用空间。从已有的一些技术企业的尝试来看，通过技术手段对排队时间进行实时监测，以及对各采样点不同日期、不同时段的排队人数进行监控，并形成算法、建立模型，可以做到提前获知排队时长。一方面，这使得人们可以自行比较，前往最方便的采样点完成检测；另一方面，工作人员也能合理配备设施、调配资源、协调人手、整合力量，更高效地完成现有工作。以此为例，这类技术应用是针对工作中的“增量”，着力解决具体事务中技术缺位的问题。

（二）以生活经验优化技术生产

在基层治理的范畴当中，工作领域和生活领域都是治理的目标，同时也是治理思路的来源。同样，在技术治理的层面上，基层政府和社区工作诉求并非技术生产的唯一驱动，技术应用的生活基础和群众需求也同样重要，甚至更为重要。“生活”既是实用性的、边界模糊的，也是例行化的、具有韧性的[36]。技术的有效与否，在很大程度上依赖生活构成的文化和社会心理情境。

第一，被生产的技术不仅包括规训导向的技术，也包括针对生活细节的服务导向的技术。以往研究谈到，信息技术等工具在被官僚科层俘获后，用于社会控制和权力再生产，形成了治理中的新型规训[23]。但从基层治理的实践来看，我们尚不能把所谓的“规训”看作当前技术治理的主导（或唯一）逻辑，而要更加强调技术在回应群众性诉求、改善生活细节方面的作用。以疫情期间常见的现象为例：人们进入小区、单位或封闭园区时，常常既需要出示健康码，也需要进行人脸识别。这两项技术可以说是对人们时间与行动的繁复切割，造成了相当程度的不便。从规训的视角看，多种技术的叠加确实可以形塑更强的秩序，实现权力的控制；但从服务的角度来说，生活中呈现出的种种不便，即使只是细节上的问题，也无疑应该呼唤技术做出整合性的回应。我们在调研中看到，一些稍显朴素却行之有效的解决办法，就是由两部机器同时对通行人员进行识别，一部机器识别人脸，另一部检测健康码的实时数据；而另一些办法如更具整合性的门禁系统则可以直接在“扫脸”的同时，反馈健康码是否符合要求，更加方便出入，达到了兼顾人员管理和生活服务的目标。从规训性技术生产向服务性技术生产转变的深层次原因在于，尽管民众并非技术的设计者或推动者，但作为看似被动的操作者，也同样拥有对技术的权力。在这个意义上，“技术霸权”从来不能无限扩张，否则势必会与民众对技术的服务需求形成张力。

第二，服务性技术生产所面对的并不是千篇一律、始终不变的需求，“民众”本身也是一个异质性的群体，不同社区、不同时期的状况和诉求都有相应的具体特征，技术应用必须考虑到这些情境性的因素。从横向上看，不同类型社区的技术应用模式往往有所差异。例如，在疫情防控甚至“封控”期间，那些孤立和零散的小区，或者居民较少的居住单元，又或者社区力量不足的商用住宅等楼宇，在资源有限的情况下，主要面对的是如何实现跨社区或跨区域的技术整合，并以技术手段促进资源调配的问题。另外，小区有无物业，人员结构偏向是老年还是年轻群体、是本地居民居多还是外来人口占主体，都对应着不同的需求，也呼唤着不同的技术服务模式。也就是说，技术的引入必须重视“社区底色”，考虑资源、服务、需求的精准匹配[37]。如果能够利用现有数据，尝试对社区类型进行识别，则可以在若干种技术套餐中，进行适当的匹配。从纵向上来看，疫情防控主要分为常态化的营造和保持与非常时期的应急处置两个阶段。在常态化阶段，日常服务、小区出入、健康监测、物资发放、快递消杀、宣传联动等工作是主要应用领域，更强调技术的服务性与便捷性。这一阶段的技术生产具有连续性、惯常性、相对独立性等特点。而在非常时期，诸如闭环管理、上下级沟通等环节中需要良好的配合运转，技术需求更加侧重强制性和整体性，技术生产也相应地具有临时性、应急性、协调配合性等特点。具体的、差异化的情境生产了不同的技术，回应着人们生活中各方面、各阶段、各类型的需求。如果在常态化阶段就应用技术考核手段进行“层层加码”[38]，或在非常时期因硬件设施或技术使用等方面的问题而出现技术不足，都会导致严重的问题。

（三）小结：技术在基层工作和日常生活的需求中被生产

技术对工作诉求与生活需求的吸纳与回应，表现为工作“存量”对技术的替代性生产和工作“增量”对技术的创新性生产；同时，还表现为结合具体情境和实际阶段的服务性技术生产。强调技术的可变性和被生产的属性，意味着对技术的完善，更重要的是破除技术迷信、反思技术霸权。须知，社会治理的目标终究是技术为工作和生活服务，治理领域的技术也总是由主体参与生产的，而非工作与生活被技术及其背后的力量所驱策。因此，技术的“被生产”，也是技术与主体关系的“再生产”。在这个意义上，要看到技术对主体需求的吸纳与回应，更要强调主体对技术应用边界的约束与把控。无论是工作主体还是生活主体，都有权利参与技术规则的制定、监督技术算法的修改、警惕技术带来的生活“异化”、防止技术标签（如“弹窗”“赋码”等方式）的滥用，从而将技术关进多元治理的“铁笼”（iron cage）之中。

诚然，技术治理常常伴随着“技术失灵”的结果，技术很多时候不能充分发挥预期的功效，但这并不意味着技术无法被应用到治理当中。相反，技术方案是目前提升治理水平和治理能力的重要选择之一。因此，关键在于技术如何被生产出来——这并不是说主体能够发明、创造新的技术工具，而是可以从工作和生活出发，调整或引入已有的技术与之协调，以实现有效的基层治理。

四、技术的“生产”——对主体行为的驱动与配置

（一）技术对基层治理模式的生产

在工作诉求与生活基础不断生产技术的同时，新生的或被改造后的技术也反过来对主体施加影响，生产出新的主体活动方式、新的组织方式，乃至新的技术与主体关系。技术治理的浪潮所及之处，已经或正在发生变化的是基层治理，特别是社区工作的主体及其运作模式。从抗击新冠肺炎疫情两年多的基层社区实际情况来看，一系列治理技术的引入主要带来了三方面的转变，技术化的基层治理模式初现端倪。

首先，技术扩展了基层治理岗位的普遍适用性。区别于档案、信息、文件、材料等工作内容对基层治理主体在文化水平、社区经验、沟通能力等方面的要求，新技术手段的引入简化了“治理动作”，形成了事实上的“治理流水线”，降低了对治理参与的技能和素养要求。事实上，在以监测、采集、自动生成、算法迭代为主要特征的技术治理过程中，传统意义上由“数字鸿沟”或“技术门槛”造成的“弃民”，都可以被吸纳为积极的治理志愿者、参与者甚至组织者。例如，在社区“扫码”测温的志愿者队伍中，志愿者可以不明白数据传输的内部机制、不了解上下级之间信息报送的具体流程、不会使用电脑甚至不能阅读和书写，但只要可以确保来往出入者“扫码”，就具备了最基本的治理能力。这使得“技术化的群防群控”成为可能。当然，数字技能虽不是最重要的禀赋，但这种基层治理也并非不需要相关的素养和能力——对技术使用过程的敏锐感知（哪些环节不合理）、对技术造成后果的同理心（哪些人需要照顾）和积极反馈（通过适当的渠道和方式提出意见）等，才是新的关键所在。

其次，技术增强了基层治理过程中的规范性。以数据收集为例，已有研究指出，社区工作中很容易出现“瞒报数据”“布置现场”“制作台账”和发现问题不及时等现象[39]，导致大量数据的可用性不足、实用性较差，严重影响了政府数据治理的效果[40]。对此，技术提供的解决方案之一是，变“报送式数据”为“采集性数据”，减少基层工作中因人而异的处置空间，并实现对数据生产过程的跟踪和回看。相比于之前广泛存在的“选择性应付”“阳奉阴违”“主观随意性强”等情况，基层治理的规范程度获得了一定提高。

最后，技术强化了基层治理后果的确定性。在基层社区治理的传统模式中，往往存在“住在 A 街道或 B 街道政策就不一样”“出了问题找甲部门或乙部门结果不一样”“找人托关系和没找关系不一样”等一系列情况，这在很大程度上是由于，“人”的裁量权和自主权会带来一定的不均衡、不协调和不可预期性。在这个问题上，技术生产的产品可能是什么？它是一种输出稳定结果的模式以及对确定性的信心，即每一个手机号、每一个身份证号、每一张脸、每一个符码、每一项政策，都会在技术后台的反馈中呈现出唯一的、即时的、不因条件和环境的变化而变异的结果。从这个意义上讲，尽管技术不是万能的，它不能带来绝对的公平，但通过“输入—输出”模式的引入、缩短运作流程、简化操作手续，治理的结果可以变得更加可控、更具确定性，进而较大地提升治理效果。

（二）技术对主体联结方式的生产

有研究者谈到，良好的社会治理有赖于政府、企业、社会组织、社区、民众等多元主体间的共建共治共享，但在以往很长的一段时间里，社会治理中常常存在主体之间连通性（connectivity）不足的问题[13]。在新技术应用的助力下，这样一种社会欠整合的情况得以改善，各类社会主体参与到基层治理中的积极性也因此被更多地调动起来。

在疫情防控中，多主体联结的作用极大地凸显出来。在基层治理实践中，如果只有社区居委会独立地开展工作，几乎必然面临巨大的挑战，常常显得捉襟见肘。在相当多的成功案例中，物业、社会组织、志愿者队伍、社会企业、单位在提供人手、调配资源、贡献智慧等方面都发挥了重要的作用。

可以说，技术平台并非单一主体的舞台，而是多种主体形成分工合作、接受统筹调度的“主板”。有学者看到，不少城市社区探索的“本地宝”“云社区”“社区通”等平台嵌合多种功能，为彼此陌生的社区成员和社会力量搭建起沟通的桥梁[41]。各地纷纷开发的“城市大脑”或其他名称各异的数字化治理系统，均表现出了对自上而下各个层级、从国家到社会各种力量的串联与调度。正是在这个意义上，技术成为激活并联结社会力量的基础性支撑。

从以往研究看，这种技术对主体的驱动和配置是一种技术赋权，它打破了传播权力的传统模式，使权力传播的社会化成为可能[42]。与此同时，技术赋权于民众、社会组织等多种社会主体，使人们拥有参与、影响公共事务的能力[21]。更进一步可以发现，这样的赋权不仅针对权能获得提升的主体，而且同样发生在主体之间的关系，以及技术和主体的关系之中。联结作为一种关系形态，本身就是一种权力的传播。主体被纳入技术，同时也就拥有了对技术的权力。

（三）小结：技术既生产主体行动，也生产主体间关系

既有研究很少谈及的一点是，技术应用可以生产出新型基层治理主体，集中表现在变化了的工作方式、治理理念、主体结构等方面。因此，我们很难简单地认为，当技术治理成为主导逻辑，就会造成工具理性的扩张、专家霸权的垄断或公众利益的受损。在基层治理的过程中，技术至少扩展了治理岗位的普遍适用性，增强了治理过程的规范性，并强化了治理结果的确定性。尽管这些变化只是一种趋向、对应着一种理想状态，不会随着技术的初步引入便一挥而就，但技术无疑为治理方式的转变增添了新的可能。

在技术对原有零散、分离、各自为战的治理主体进行赋权、赋能的基础上，技术平台和数字纽带还可以将多种治理主体串联起来，并形成合力。随着多主体的引入，民众的、社会组织的经验与智慧，将有机会转变为技术化的治理流程；除此之外，一些灵活处理、摸索尝试的做法，也能够被技术吸纳，成为制度化、常规化的基层治理中的有益环节。由此，技术生产出了多元共治的主体关系，多主体治理又推动了技术的再生产，技术与主体关系以螺旋上升的方式进入了新一轮、更深入，范围也更广阔的互构过程。

五、总结与讨论

本文发现,在基层治理领域，技术与主体的关系总是处在不断的“生产”过程之中，体现为三个相互关联的层次：首先是技术的“被生产”，即技术手段在治理的过程中被多主体生产出来，以实现对工作诉求、生活经验的吸纳和回应；其次是技术对主体的“生产”，治理中的技术应用促使基层治理模式、多主体的联结方式发生了变化；最后，在这种“被生产”与“生产”之间，技术与主体间关系完成了“再生产”，两者不仅各自得到了优化与提升，而且经过协调整合与动态平衡，指向了社会治理的共同目标。因此，“技术失灵”现象有时确实可以归结于“技术有限”，但这里的“有限”并不单纯是科学领域的问题。是既有的结构制约了技术的效果吗？或许技术从“被生产”的开始就没能回应工作和生活中的特定需求。是技术与社会脱节了吗？事实上，民众缺乏参与治理的素质和意愿，很难依靠传统的宣传、动员实现提升，解决思路依然在技术对主体的“生产”当中。

进一步讲，在治理领域中，技术的扩张之所以看起来那样自然甚至不受约束，在很大程度上是因为治理与技术本身的“亲和”。治理的本质是引导人们正确地生活，解决问题，让一切井然有序。技术的内在含义同样如此，即通过制造出事物的理想状态来跨越它[16]。每一种技术的出台，都表达着对现有社会状态的不满，并预设了一种更好的状态。当然，在技术治理模式不断得到强化和发展的过程中，技术与社会的关系确实会发生重构，但不应，也不会以“技术垄断”“文明向技术投降”作为终结[43]。治理的技术化不意味着社会的技术化，生活世界的复杂与模糊、实用与韧性都很难被技术捕获，也因此对技术霸权的扩张构成了制约。

本文仅以新冠肺炎疫情防控期间的基层治理为例，探讨了技术与主体之间的关系，至于更具一般性的“物”与主体的关系、“物”[44]的出现对主体间关系①的影响，也是非常有价值的理论议题，可以在未来的研究中继续讨论。

注释

[1] 郁建兴:《中国地方治理的过去、现在与未来》,《治理研究》2018 年第 1 期，第 73 页。

[2] 黄晓春、周黎安:《“结对竞赛”：城市基层治理创新的一种新机制》,《社会》2019 年第 5 期，第 8 页。

[3] 李振等:《“条块并举”发包制下的基层治理——以 T 区乡镇政府的精准扶贫工作为例》,《公共行政评论》2020 年第 3 期，第 104 页。

[4] 赵树凯:《乡镇治理与政府制度化》，商务印书馆 2010 年版，第 167—191 页。

---

① 这种理论关切可以延伸到胡塞尔、舒茨讨论的“主体间性”（intersubjectivity），海德格尔的“此在”与“共在”，以及哈贝马斯提出的“沟通行动理论”。

[5] 沈费伟、叶温馨：《基层政府数字治理的运作逻辑、现实困境与优化策略——基于“农事通”“社区通”“龙游通”数字治理平台的考察》，《管理学刊》2020 年第 6 期，第 27 页。
[6] 渠敬东等：《从总体支配到技术治理——基于中国 30 年改革经验的社会学分析》，《中国社会科学》2009 年第 6 期，第 104—127 页。
[7] 黄仁宇：《资本主义与二十一世纪》，生活 · 读书 · 新知三联书店 1997 年版，第 27 页。
[8] 陈玉生：《细事细治——基层网格化中的科层化精细治理与社会修复》，《公共行政评论》2021 年第 1 期，第 74—94 页。
[9] 渠敬东：《项目制：一种新的国家治理体制》，《中国社会科学》2012 年第 5 期，第 113—130 页。
[10] 杜月：《制图术：国家治理研究的一个新视角》，《社会学研究》2017 年第 5 期，第 192—217 页。
[11] 陈天祥、徐雅倩：《技术自主性与国家形塑：国家与技术治理关系研究的政治脉络及其想象》，《社会》2020 年第 5 期，第 142—157 页。
[12] 胡重明：《“政府即平台”是可能的吗？——一个协同治理数字化实践的案例研究》，《治理研究》2020 年第 3 期，第 17 页。
[13] 乔天宇、向静林：《社会治理数字化转型的底层逻辑》，《学术月刊》2022 年第 2 期，第 131—132 页。
[14] 巫细波、杨再高：《智慧城市理念与未来城市发展》，《城市发展研究》2010 年第 11 期，第 56—60 页。
[15] 王迪：《智慧社区发展的未来趋势：从设计本位到生活本位》，《福建论坛（人文社会科学版）》2020 年第 8 期，第 92—102 页。
[16] 彭亚平：《治理和技术如何结合？——技术治理的思想根源与研究进路》，《社会主义研究》2019 年第 4 期，第 72—77 页。
[17] 韩志明：《技术治理的四重幻象——城市治理中的信息技术及其反思》，《探索与争鸣》2019 年第 6 期，第 48—58 页。
[18] 张福磊、曹现强：《城市基层社会“技术治理”的运作逻辑及其限度》，《当代世界社会主义问题》2019 年第 3 期，第 94 页。

[19] 吕德文:《治理技术如何适配国家机器——技术治理的运用场景及其限度》,《探索与争鸣》2019年第6期,第61—65页。

[20] 黄晓春:《技术治理的运作机制研究:以上海市L街道一门式电子政务中心为案例》,《社会》2010年第4期,第1—31页。

[21] 管兵、梁江禄:《数字赋权的层级效用》,《浙江学刊》2022年第3期,第15—17页。

[22] 张鹏:《智慧社区公共服务治理模式、发展阻碍及整体性治理策略》,《江淮论坛》2017年第4期,第70—76页。

[23] 吴旭红等:《技术治理的技术:实践、类型及其适配逻辑——基于南京市社区治理的多案例研究》,《公共管理学报》2022年第1期,第109—113页。

[24] 麦克卢汉:《理解媒介:论人的延伸(增订评注本)》,何道宽译,译林出版社2011年版,第4—7页。

[25] 韩志明:《治理技术及其运作逻辑——理解国家治理的技术维度》,《社会科学》2020年第10期,第33页。

[26] 渠敬东:《制度过程中的信息机制》,《北京大学学报(哲学社会科学版)》2021年第6期,第81页。

[27] 艾云:《上下级政府间“考核检查”与“应对”过程的组织学分析——以A县“计划生育”年终考核为例》,《社会》2011年第3期,第68—87页。

[28] 王雨磊:《数字下乡:农村精准扶贫中的技术治理》,《社会学研究》2016年第6期,第120页。

[29] 张鸿雁:《“社会精准治理”模式的现代性建构》,《探索与争鸣》2016年第1期,第12—17页。

[30] 李大宇等:《精准治理:中国场景下的政府治理范式转换》,《公共管理学报》2017年第1期,第3页。

[31] 王斌、刘伟:《媒介与社区赋权:语境、路径和挑战》,《国际新闻界》2015年第10期,第83页。

[32] 滕朋:《平衡与协商:社区传播的建构逻辑》,《当代传播》2016年第6期,第105页。

[33] 王斌、古俊生:《参与、赋权与连结性行动：社区媒介的中国语境和理论意涵》,《国际新闻界》2014 年第 3 期，第 99 页。

[34] 陈那波等:《把层级带回技术治理——基于“精密智控”实践的数字治理与行政层级差异研究》,《南京大学学报（哲学·人文科学·社会科学)》2021 年第 5 期，第 45—53 页。

[35] 张晓敏等:《“码”上联结：流动性社会中的治理何以可能?》,《电子政务》2022 年第 4 期，第 82 页。

[36] 肖瑛:《从“国家与社会”到“制度与生活”：中国社会变迁研究的视角转换》,《中国社会科学》2014 年第 9 期，第 92 页。

[37] 师曾志、季梵:《以社区治理与服务实现为目标的多元主体互动——生命传播视域下的社会组织与物业企业》,《新视野》2020 年第 5 期，第 82—85 页。

[38] 石晶:《地方问责泛化：公共政策“层层加码”现象再解释——以疫情返乡政策为例》,《时代人物》2021 年第 8 期，第 1—2 页。

[39] 文军:《从单一被动到多元联动——中国城市网格化社会管理模式的构建与完善》,《学习与探索》2012 年第 2 期，第 33—36 页。

[40] 刘能、马俊男:《数据生产和数据造假：基于社会学视角的分析》,《江苏行政学院学报》2019 年第 3 期，第 62—69 页。

[41] 唐有财等:《社会治理智能化：价值、实践形态与实现路径》,《上海行政学院学报》2019 年第 4 期，第 59 页。

[42] 张程:《数字治理下的“风险压力-组织协同”逻辑与领导注意力分配——以 A 市“市长信箱”为例》,《公共行政评论》2020 年第 1 期，第 79—98 页。

[43] 波兹曼:《技术垄断：文明向技术投降》，蔡金栋、梁薇译，机械工业出版社 2013 年版，第 44—47 页。

[44] Latour, Bruno, *Reassembling the Social: An Introduction to Actor-Network-Theory* (*Clarendon Lectures in Management Studies*), New York: Oxford University Press, 2005, pp. 1-17.

从《人民日报》想象农村信息化：信息传播技术何以嵌入中国乡村发展？

冯韦隽*

摘要： 本文对20世纪80年代兴起的信息社会理论经由跨国旅行降落到中国乡村发展的观念变迁和信息基础设施建设过程进行了历史化梳理，试图在宏观尺度下揭示社会主义信息传播技术的技术政治之维。通过分析《人民日报》中关于信息社会、农村信息化等主题的典型报道，研究认为，在《人民日报》的媒介话语中，信息传播技术在社会主义国家的自觉导引与积极调制下促进了更为和谐与平衡的城乡与工农关系发展。

关键词： 乡村振兴；信息基础设施；信息社会；技术政治；发展传播

随着冷战进入衰末期，20世纪80年代的电子计算机与信息传播技术日益大规模地从军工系统用品变为民用消费品，并与当时新自由主义的政治经济重组，共同构成了名为“信息社会”的一整套发展理论与技术实践。在太平洋的另一端，80年代的中国在经济体制改革的背景下，逐步引入国外资本、技术经验与先进

---

* 冯韦隽，系北京大学新闻与传播学院硕士研究生。

理念以实现社会主义现代化，其中就包括彼时被鼓吹为“第三次浪潮”的信息社会理论。

但与同时期美国信息化浪潮主导的个体主义与反文化社会想象不同，也和“公司自由主义”下的美式“信息高速公路”建设模式有别[1]，中国的主流话语对信息社会理论与新兴信息传播技术的采纳更多地被置于国家推动的社会发展工程背景下，强调并期待信息传播技术在实现生产力进步与社会主义“消除差别”许诺上的作用。另外，新中国成立后服务于城市工业原始积累的城乡结构在改革的推动下逐渐得到调整，这要求我们摈弃西方信息社会理论经典想象的城市中心主义色彩，把目光投向作为经济体制改革起点的“三农”领域，探寻信息传播技术如何嵌入农业生产与农村社会变革，在分布式发展与流动性增强的同时实现“三农”的再组织化。

《人民日报》是当代中国最具影响力的主流媒体。对《人民日报》关于信息社会发展的典型报道进行语篇分析，可以一定程度上管窥信息传播技术如何在改革转型背景下引发主流观念的因应，以及主流观念如何以新闻舆论引导的规范性方式对社会技术系统进行在地化调制。因此，本文将回应以下两个具体的研究问题，即随着信息社会理论从冷战晚期的西方涉渡到改革开放时代的中国，在《人民日报》的媒介话语中：（1）工农与城乡关系如何在农村信息化进程中被展开与重构？（2）作为社会技术系统，信息基础设施的网络构型设计与嵌入乡土的技术组织安排为何？

在研究操作上，本文以“农村信息化”“信息社会”“信息高速公路”等为关键词，在《人民日报》数据库中进行检索，选择20世纪80年代至今的典型报道样本进行历史性的话语分析。这种取向的研究意味着，信息传播技术及其集成的信息基础设施并未在本质意义上规定其自身的展开方式，而是在与具体社会体制、政治经济语境的持续互动中显现其形态与社会政治后果。

一、认知转型：信息社会理论与经济体制改革相遇

1983 年之后，“信息社会”作为一个整体概念开始出现在《人民日报》的相关报道和评论文章中。《人民日报》开始越来越多地介绍西方国家的信息社会理论前沿，以及以电子计算机等信息技术为基础的“新产业革命”的相关情报。而与方兴未艾的信息主义思潮相同步的是，在 1982 年至 1984 年期间，中共中央连续发出三个“一号文件”，全面推广家庭联产承包责任制以促进农业生产发展。一边是关于信息社会的划时代宣言，另一边则是中国农村经济体制转轨的深刻变革，“信息社会”与中国乡村所建立的绝非纯粹的共时意义，而是观念和实践层面的紧密关联。

但这种并置不仅显现了旧社会结构松动后人们对信息传播与技术革命的共同迫切需求，也反映了中国与西方拥抱信息社会的不同历史语境。为了尽快摆脱滞胀与不断上升的资本积累成本，信息传播技术为资本的快速转移与产业资源的全球配置提供了绝佳机遇。在资本主义世界体系的中心，传统的城市工业迅速被新兴的服务业和高新技术产业所替代，从事新业态的知识劳工也由此可以享受信息社会所许诺的“居家上班”等一系列便利。在世界体系的边缘和半边缘地带，西方的过剩资本与成熟技术在国内通胀高企的影响下流向更有利可图的后发国家与地区，而协调跨国产业链以重建资本积累条件、削减要素成本并转移国内风险的必要手段便是信息与传播技术。在贝尼格（Beniger）那里，信息社会的一系列新技术不过是“控制革命持续发展的最新部分”，

以应对自19世纪工业资本主义诞生以来就一直存在的控制危机。[2][3]14-18

然而，在这场追随新技术革命的认知转型中，中国与西方发达国家形成了同中有异的发展动机。正当西方发达工业国试图借信息传播技术“疗愈”资本过剩、经济衰退、社会生态危机和城市郊区化等晚期资本主义症候时，中国面临的却是尚未实现的工业化、居高不下的财政赤字与不平衡的城乡和工农关系。这些不可忽视的差异需要我们结合中华人民共和国成立后前三十年工业化与城乡二元结构的历史，才能更好地捕捉与解释中国作为尚未实现工业化的后发国家，何以接续了西方晚期现代性所孕育的信息社会构想。

在20世纪五六十年代的社会主义建设阶段，国家资本主导下的人民公社与统购统销制度催生了城市工业从农村提取经济剩余，进而实现城乡两大部类交换的二元结构。而在20世纪70年代末至80年代初，饱受财政赤字与外债压力困扰的政府通过推行家庭联产承包责任制的方式，逐渐从高负债和低效率的人民公社集体农业中退出，同时减少支农投入来缓解经济危机。[4]在扩大商品经济调节范围、鼓励发展乡镇企业的政策条件下，生产、流通、消费等再生产过程不再基于计划指令的、垂直的组织传播来进行；从集体化生产模式中解脱出来的个体户、专业户为了适应市场交换，需要更多横向流动的市场信息来指导自身的生产经营。①也正是在经济体制改革去组织化与放权让利的促动下，信息与信息传播技术被视为重新实现国民经济有机循环的关键，而“以经济建设为中心”的基本路线也催生了完善信息基础设施网

① 值得一提的是，正是在20世纪80年代的社会变迁背景下，新中国的广告业才开始逐步得到发展。

络的迫切要求。

《人民日报》在1984年4月刊发的报道《信息对社会经济发展的作用越来越明显 我国城乡信息网络正在形成》，更是生动体现了彼时“信息热”背景下推动信息商品化、资本化的主流社会观念：“如今，工厂谈信息，商店谈信息，运输公司谈信息，农村专业户谈信息，各行各业都有许多人把信息当作话题。他们有的把信息说成是一种宝贵的资源，有的说它是正确决策、提高经济效益的‘财神爷’，有的称颂它是发展生产、搞活经营的‘金翅膀’。”[5]

而这种略显夸张的“信息热”想象表征了告别计划经济、通过信息技术带来的新机遇实现个体致富的信息主义色彩，也展望了商品经济主体从臃肿停滞的集中体制中获得更多自由流动空间的可能：“伴随着城乡经济建设的发展，一种在我国经济生活中前所未有的现象出现了。一条信息搬走堆积如山的积压物资；一条信息救活一个奄奄一息的企业；一条信息招来成千成万开发资源的建设者；一条信息使一位普通农民成为万元户……信息成了商品生产的‘通天翼’。”[6]

对国家统制模式的拒绝也反映在信息基础设施的建设上。伴随着20世纪80年代初中央与地方财政“分灶吃饭”，在“信息热”刺激下完善地方信息传播网络成为带动地方乡镇经济发展、增加地方财政收入的肯綮。而在国家从地方经济，特别是农村经济中有所退出的情况下，许多地方传播网络的构建不再采取公用事业国家垄断经营与统一建设的方式，而是依靠地方政府充分动员基层农民劳动力与集体资产来实现“人民邮电人民办”的参与式建设。

1984年10月6日的《人民日报》头版评论文章就表达了对

信息基础设施“大包干”的肯定与鼓励：“现在安徽农民不要国家投资，不端‘铁饭碗’，不吃‘大锅饭’，革除‘官办邮电’中的弊端，开办邮电服务公司和代办所，建立一支农民代办投递队伍，承包邮路，几个月内解决了国家几年难以解决的问题，这不是一件利国利民的大好事吗？”[7]

信息基础设施建设权限与资本需求的下放也促使地方政府开展了广泛的组织动员，进行在地化协作的探索：“光靠邮电部是不行的，要鼓励地方、集体、个人一起办。根据具体条件，可实行自办交换点，优惠互利合资建设，依靠地方政府发动地方集资，从农业承包提留中，提出一定资金用于农话建设等多种形式。”[8]

可以看到，这种通过发动基层民众力量、激活地方农村经济剩余来实现信息基础设施营建的方式，又根本区别于同时期西方新自由主义转向后经历的基础设施碎片化现象。首先，20 世纪 80 年代以降广泛铺开的里根-撒切尔改革所引发的能源、交通、电信等基础设施私有化、自由化转型，是将过去国家垄断的公用事业转由自由企业制度下的私人资本所有，从而为过剩的私人资本攫取超额利润。而中国 20 世纪 80 年代农村信息基础设施的分布式建设，则是在资本短缺的情况下，由地方政府发动的集体经济主体占主导地位，利用地方留存的农村经济收益来建设服务于地方经济发展需求的信息传播网络。其次，“人民邮电人民办”的群众路线观念，说明了这一时期所见证的绝不仅仅是信息基础设施所有权和经营形式的变化，更展现出具有“中国特色”的信息社会发展对于人民主体性的注重——以农民为首的“三农”不是如西方工业化那样被抛弃与牺牲的对象，而是能在集体组织下参与到农村工业化乃至信息化中去的主体，这一转变客观上也发挥了过剩农村劳动力替代资本投入基础设施建设的作用。如果进一步爬梳史料也不难发现，这种动员农民参与邮电网络建设的社会化模式，无疑是20世纪50年代中后期至70年代群众运动和发动地方参与生产的某种经验惯习。改革初期，在无法依靠专家和技术资本密集投入的特定境遇下所进行的农村邮电大包干建设，也证明了历史的连续性而非经济技术变革所凸显的断裂性。

总而言之，尽管转型的中国在20世纪80年代引入信息社会思潮时，在国家撤退、刺激个人积极性和肯定物质利益等方面部分地共享了新自由主义改革与信息主义迷思的特征，但我们仍不应忽略前三十年所积淀的社会主义遗产，以及城乡、工农、央地关系等结构性问题与历史性校正对信息基础设施建设、信息与传播技术观念的独特影响。特别是在这些不平等的二元结构下，农村工商业发展相对于城市工业的滞后性意味着，信息化作为农村经济体制改革和产业升级的手段被引入，在公社解体后实现对农村生产的重新组织与科学管理。这和城市工业中更早的信息传播技术应用，即在20世纪60年代末70年代初发生的电子群众运动[9]形成了差异化的历史语境。故而在更广阔的政治经济转型背景下，中国的决策者与主流媒体对信息社会的理解与接纳具有进一步推进社会主义工业化、调整“三农”经济体制的实用主义特点。

还应指出，中国改革开放初期的信息社会发展在性质与过程上均呈现出一定程度的另类现代性。20世纪80年代以降的中国乡村信息化和工业化的同步推进，突破了西方信息社会理论中的城市中心主义，与西方试图利用信息传播技术克服后工业时代的控制危机与资本过剩的困境也存在显著不同。

二、为了大多数人的传播：农村公共信息传播网络建设

在《路易·波拿巴的雾月十八日》中，马克思对自给自足的小农给出了深刻的诊断：小农由于彼此隔绝的生产方式而缺乏丰富的社会关系与多样化的分工，由此成为一个同质化的、“不能代表自己，一定要别人来代表他们”的前现代群体。[10]在中国推行家庭联产承包责任制改革后，农民在集体土地所有制下获得了自主的经营权和收益权，“包产到户”释放出了新型的小农经济。但这种家庭农场经济不同于自然经济意义上的传统小农，而是必须依靠信息传播和经济网络来实现相互联结、专业分工与城乡交换，同时通过及时的生产调节机制来规避市场风险的现代化农业。

20世纪的最后十年里，内生性的通货膨胀和输入性的金融危机造成了粮食市场价格的波动，最终在层累矛盾基础上触发了“三农”危机。80年代末90年代初的通货膨胀与农民进城务工规模的扩大推高了城市农产品需求，政府随之通过提高粮食收购价格提升农业产量与收入；但随着1997年东南亚金融危机爆发，城市粮食出现短期过剩，粮食价格和效益开始下降，农业领域的衰败也在90年代后期加快显现[3]177。在这一阶段，主张增加政府对“三农”的信息服务投入以减轻小农生产自发性与稳定农产品供给的呼声，开始出现在《人民日报》的相关评论和报道中：“自农村改革以来，农民对于种什么，何时种，怎样种，有了充分的自主权，但由于信息不灵乃至缺乏，流通渠道不畅，对市场反应迟钝，‘跟风跑’的意识较浓……加强对农民的信息引导和服务，使分散的经营和国内外大市场接轨成为当务之急。”[11]

此时横亘在农村信息化前沿的另一个问题，则是传播内容的适切性。经过了20世纪80年代的信息社会早期热潮后，《人民日报》在90年代开始反思：当前农村信息化与信息商品化是否带来了更多真正适农、助农的有效信息？彼时的主流话语也因此从抽象的信息主义迷思转向对更具体的发展传播问题的探讨，开始关注“什么样的信息”和“为了谁的信息”，这也反面体现了象征新技术革命的西方信息社会范式不过是冷战初期现代化理论的变体，极易在鼓吹普遍主义的社会进步中忽略了后发国家异质性的地方发展需求：“农村各种各样的‘信息’满天飞，但却是鱼目混珠。一些政府办的信息机构往往是不研究农村实际，提供的是一些不痛不痒的信息……记者在采访中看到，相对闭塞的农村对信息十分需要，只要‘适销对路’，真正对农民致富有帮助，不少农民都表示‘愿意花钱买’。”[12]

但和农村迫切的信息通信需求形成对比的，是城乡、区域间分布极其不均的电信网络。一方面，为了吸引外国投资和融入全球经济，中国20世纪80年代至90年代的电信投资集中在沿海地区的主要城市，邮电传播的费率调整也主要依从城市中产阶层消费者的利益[13]。另一方面，更进一步的市场化改革使得中国电信业的利润减少，交叉补贴受到阻碍，进而阻碍了20世纪90年代中期的“村村通”工程；加之，农民和县乡政府遭遇农村年收入下降而难以负担电话使用的费用，此时的农村信息化进度开始放缓。[14]可以说，改革开放初期的信息基础设施建设一度出现亲资本（pro-capital）的倾向，在优先扶持沿海城市发展出口导向型产业和国家财政、外汇与金融三大赤字同步增加的情况下，农村很大程度上在早期信息化建设中被边缘化了。而随着中国在世纪之交加入全球自由贸易体系，国内的企业资本、境外资本与新兴中产阶级等又构成了影响国有电信部门利益和资源投入的游说力量，为内地农村提供普遍服务只能依靠行政力量与基于社会主义承诺的道德说服来向基层推进[13]。从这个角度看，从 20 世纪 80 年代由乡镇企业和内需拉动为主到 90 年代以后强调沿海外向型经济与去垄断的经济政策转变，深刻影响了中国电信业的发展走向。这也说明，先城市后农村的传统信息化和工业化道路，与城乡统筹的新型信息化和工业化模式在中国的改革过程中始终存在博弈，资本市场化转型后的逐利性和国家普遍服务的公共性之间发生着持续的协商与制衡。

所幸的是，20 世纪 90 年代末的“三农”危机加快了反哺农村的国家行动。与 2003 年后医疗、教育、财税等领域的惠农措施并行，农村信息基础设施的建设也从 2004 年开始得到改善。当时的信息产业部提出，在 2004 年至 2005 年间至少要为 4 万个行政村开通电话，达到 95%的行政村通电话的第一步目标，并提出“努力向电信强国和电子强国的目标迈进”。[15]通过与各地农业部门合作，通向各个行政村乃至自然村的信息基础设施成为承载与传播农业信息的媒介，从而把建设社会主义新农村的政治意图整合入技术系统的设计。

当信息基础设施渐趋完善，从传播内容与服务上健全农村公共信息与发展传播体系的任务也进入了农村信息化的议程。这些公共信息传播服务包括利用联结各村的信息基础设施开展农村远程教育、远程医疗和农技下乡，以及推行信息化的农村基层民主自治等，不一而足。此处仅举两例。

其一是 2003 年起在山东、湖南、贵州和安徽等地陆续开展的农村党员干部现代远程教育试点工作。该项目不仅利用了现代远程教育卫星数字专用频道的传播技术效能，更充分调动了基层党组织和农村党员干部参与，甚至吸引了农民群众自觉学习，把自上而下的组织传播与强调集体协作、塑造群众劳动主体的基层传播有机结合："乳山市徐家镇吴家屯村党员姜志同观看了《店头王村股份牛》的节目受到启发，决定以自己存栏量30多头的奶牛场为基础，以奶牛入股的形式，吸引周边的奶牛养殖户参与，办一个股份制的奶牛养殖场。"[16]

其二是广东省惠州市惠城区江北街道三新村通过数字平台将农村事务和信息公开化，保障了集体资产权益和农村基层民主。这一实践，为减少20世纪90年代以来地方政府不合理的土地征用与费用征收等乱象迈出了重要一步："全区142个村1192个小组集体经济统一建档，实时监控，多点查询，出现违规异常情况进行预警纠错；以简单易懂形式，向村民全面公开信息；实行财务省市区镇（街道）村以及村小组六级联网监管；建立大额资金使用监管系统，并与银行系统对接。农村集体经济家底置于'阳光'之下，群众看得'明白'，干部干得'清白'，维护了农民切身利益，融洽了党群干群关系。"[17]

综上所述，20世纪90年代以来农村信息化实践都与强调私人资本和"硅谷式"企业家精神的美式信息社会图景形成鲜明对照。虽然改革开放在东部沿海也孕育了接入全球信息资本主义的信息产业集群和信息化城市，但诚如吕新雨所观察到的，改革开放不能改变中国的社会主义的国家性质，"电信业、广电业与中国社会的关系依然不是单纯的市场关系，从来不是，它们无法脱离国家所给予的'政治诉求'"[18]。而这一阶段国家对"三农"大规模的公共投入与农村基层组织治理效能的巩固，也为近年来的数字乡村建设奠定了扎实的技术与社会基础。

三、结论与讨论

迈斯纳(Meisner）在他那本著名的《马克思主义、毛泽东主义与乌托邦主义》中，将毛泽东关于社会主义城乡关系的思想视为一种不同于正统马克思主义且带有乌托邦社会主义倾向的目标，即“既不是使城市‘农村化’，也不是使乡村‘城市化’，而是要使农村现代化，使城市逐步融于现代化的和共产主义的农村环境”，在不发达的条件下依靠农村和农民来绕开以城市为中心的工业资本主义阶段，继而实现社会主义。[19]事实上，这种设想所意欲实现的工农联盟不仅是阶级身份的联盟，而且是要以工农联盟生产关系的发展为基础来消除城乡、工农差别，最终创造一种更加辩证的社会主义城乡发展观[20]。

从更宽阔的历史尺度上可以看到，后革命时代的中国在上述社会主义意识形态指引下，正在重校工业化与市场化改革以来扩大的城乡、工农差别，以兑现中国特色社会主义制度的郑重承诺。在这里，信息、资本和技术经过社会主义因素的调制后，向我们敞开了一种技术民主和数字社会主义的可能，即保证在技术规划与技术使用过程中助益公共利益和公共参与，而非投合少数人的短期利益，并克服资本主义分工带来的阶级差异与阶级压迫。[21]本文的梳理表明，经典信息社会理论所携带的资本主义基因并没有完全转移到同时期借信息化推动工业化与市场经济发展的中国，信息传播技术在社会主义国家的自觉导引与积极改造下促进了更为和谐与平衡的城乡与工农发展。农民并不必然通过“离土离乡”成为城市雇佣劳动力来实现其生活方式和个体的现代化，而是能够在社会主义的乡村传播网络中将自身组织为有力的主体性力量，成为乡村振兴的主人。

当然，本文在此也绝非一味宣扬技术的社会建构论，而是试图提示一个容易被遗忘的技术政治维度：去中心化、分布式的信息网络可以满足一个个城市“信息富有者”（the information rich）消费海量资讯和商品的欲望，可以实现资本主义规模化农业的跨国协调，也可以惠及一个个村集体与合作社的自我组织、公共治理与协调发展。

反观信息社会理论的主要发源地美国，至今仍远未实现其“信息高速公路”的建设目标，其农村因缺乏经济吸引力而成为被电信公司忽略的地区[22]。而在历经转型巨变的中国，从20世纪80年代地方农民集体筹资自办邮电网，到21世纪以来国家资本推动农村电信普遍服务和公共信息网建设，再到今天国家、社会与互联网产业资本共同参与数字乡村振兴，微观的技术应用层始终迭代更新，宏观的政治经济背景亦变化不定，但农村合作化的集体主义传统和共同富裕的社会主义目标却始终是推动中国式现代化发展行稳致远的重要根基。《人民日报》报道中所表述的技术观念提示我们，社会主义中国的信息化要仰赖更平等的社会制度来制定超越资本主义的技术政治方案，并通过动员人民主体的广泛参与来催化一场新媒介技术的乡村革命。

注 释

[1] 托马斯·斯特里特：《网络效应：浪漫主义、资本主义与互联网》，王星等译，华东师范大学出版社2020年版，第168页。

[2] Beniger, James R., *The Control Revolution: Technological and Economic Origins of the Information Society*, London: Harvard University Press, 1986.

[3] 王洪喆：《漫长的电子革命：计算机与红色中国的技术政治（1955—

1984)》，香港中文大学博士学位论文，2014 年 8 月。
[4] 温铁军等：《八次危机：中国的真实经验 1949—2009》，东方出版社 2012 年版，第 110—112 页。
[5] 于有海、徐耀中：《信息对社会经济发展的作用越来越明显 我国城乡信息网络正在形成》，《人民日报》1984 年 4 月 23 日第 2 版。
[6] 李克夫：《在信息的海洋里——首次全国性经济技术信息市场印象》，《人民日报》1984 年 10 月 19 日第 2 版。
[7]《人民日报》评论员：《疏通信息渠道 发展商品生产(国内短评)》，《人民日报》1984 年 10 月 6 日第 1 版。
[8] 许青：《农村电话现在平均一千人不到两部　本世纪末要达到百人一部》，《人民日报》1985 年 1 月 30 日第 5 版。
[9] 王洪喆：《从“赤脚电工”到“电子包公”：中国电子信息产业的技术与劳动政治》，《开放时代》2015 年第 3 期，第 34—48 页。
[10] 马克思：《路易·波拿巴的雾月十八日》，人民出版社 2015 年版，第 109—110 页。
[11] 冬文：《何时不再“跟风跑”?》，《人民日报》1998 年 4 月 16 日第 9 版。
[12] 吴亮：《莫忽视农村的“无形”市场》，《人民日报》1999 年 5 月 18 日第 2 版。
[13] Zhao, Yuezhi, “Caught in the Web: The Public Interest and the Battle for Control of China’s Information Superhighway,” *Info*, Vol. 2, No. 1, 2000, pp. 41-66.
[14] Zhao, Yuezhi, “‘Universal Service’ and China’s Telecommunications Miracle: Discourses, Practices, and Post-WTO Accession Challenges,” *Info*, Vol. 9, No. 2/3, 2007, pp. 108-121.
[15]《2004 我国通信业十最　村村通工程最温暖民心》，2004 年 12 月 16 日，新浪网，https://tech.sina.com.cn/t/2004-12-16/1815478237.shtml，2022 年 6 月 6 日访问。
[16] 宋光茂、苏长虹：《知识改变农村 网络创新生活 山东现代远程教育促进农村文明进步》，《人民日报》2005 年 4 月 14 日第 2 版。
[17] 陈惜辉：《制度+科技 惠州农村财务“晒账本”》，《人民日报》2012 年 10

月 9 日第 21 版。

[18] 吕新雨：《公共服务与三网融合的历史视野》，载石力月：《从分营到融合：中国广电业与电信业的公共服务研究》，复旦大学出版社 2018 年版，“序”。

[19] 莫里斯·迈斯纳：《马克思主义、毛泽东主义与乌托邦主义》，张宁等译，中国人民大学出版社 2013 年版，第 55 页。

[20] 王洪喆：《中国社会主义生态城乡观与技术政治探源——从克鲁泡特金到钱学森》，《天府新论》2015 年第 6 期，第 73—79 页。

[21] 吴靖、应武：《走向数字社会主义：工业化视角下的马克思主义传播技术批判》，《全球传媒学刊》2021 年第 3 期，第 3—22 页。

[22]《法国 1 万多个村镇未覆盖 4G 网络，美国近四成农村人口缺乏高速互联网服务 法美如何填补城乡数字鸿沟》，2018 年 1 月 31 日，人民网，http://world.people.com.cn/n1/2018/0131/c1002-29796515.html，2022 年 6 月 5 日访问。

传播史观与媒介研究

- 流动的根据地，流动的媒介——中国根据地时期的新闻传播实践
- 学术救国与文化抗战：战时西南联大教授演讲的类型、特征及影响
- 短视频的生存与进化——基于红皇后媒介进化论的解释
- 生命的尺度：“道器”视野下青铜器纹饰美学的时空维度

流动的根据地，流动的媒介
——中国根据地时期的新闻传播实践

张慧瑜*

摘要：在漫长的22年根据地建设中，中国共产党通过动员、组织底层民众，在政治、经济、文化、社会等方面回应外来殖民者和国内军阀的双重挑战，自下而上完成了中国社会的全面改造。中华人民共和国成立后的很多做法都与根据地时期积累的实践经验有关。根据地时期的社会、政治实践形塑了一种特殊的政党品格和治理制度。根据地作为一个缺少技术和资本的空间，是那些中心城市、铁路网络、工业化之外的非现代、非都市的区域。对于弱势的政治力量来说，只能在边缘的“薄弱环节”建立根据地。根据地所开创的是一种空间的游击战和流动中的社会建设，用流动的空间回应城市、铁路等现代性（殖民性）的压迫，在流动中积累力量、完成自我发展。这需要充分地动员乡村，把妇女、老人等困弱群体变成生产和革命的主体。这种流动的空间又带来了流动的艺术和流动的媒介。例如，具有高度流动性的木刻和戏剧，以及报纸在农村的流通中依靠的是邮递员而非市场的“邮发合一”制度。流动的媒介还塑造了主体的流动性，这也就

* 张慧瑜，系北京大学新闻与传播学院研究员、博士生导师。

是20世纪中国历史中出现的逆向流动的知识分子主体，例如下乡干部、下乡文艺工作者、知识青年、邮递员、电影放映员、送法下乡的法律工作者，等等。这些流动的主体使得信息、文化、技术与底层群众产生密切的互动，是一种具有中国特色的“创新的扩散”。这种流动的主体又形成另一种主体状态，即培育扎根基层的知识分子，例如“赤脚医生”、代课老师、基层通讯员、技术员等来自基层、服务基层的科技、医疗、文化工作者。这种媒介、艺术、知识分子的流动性在新中国成立之后依然在延续，成为城乡互助、信息普及、文化共享的制度基础。在这个意义上，流动的根据地和流动的媒介是理解20世纪中国新闻传播实践的特殊维度。

关键词：时空辩证法；流动的根据地；流动的媒介；流动的主体

英国社会学家齐格蒙特·鲍曼在《流动的现代性》中提出，用时间的流动性来对抗空间的固化，把“流动”状态作为一种更有活力的现代性。这也使得“流动”这一概念成为思考现代性问题的关键词。流动性本身是现代性的本质特征，19世纪的社会学家用劳动力的流动来研究现代城市。除此之外，资本的流动、商品的流动，也是现代社会的基本特征。这种人、财、物的流动依赖现代交通、通信技术的革新。参照这种像液体一样的时间的流动性，笔者尝试提出“流动的空间”，并用这个概念来描述1927年到1949年间中国共产党的根据地实践。“流动的空间”并不意味着空间自身就具有流动性，而是指在社会实践之中，空间的属性随着社会实践主体的“流动”（转移/撤退/前进等）而发生弹性变化。这种弹性变化，适应的是中国革命在各种政治力量的夹缝之中完成“星星之火，可以燎原”的创造人民历史的实践。“流动的空间”对应的是一种用空间的游击战来反抗空间的现代性和殖民性的历史经验。这种根据地空间的流动性，也带来了流动的媒介和艺术，以及让媒介、艺术流动起来的逆向流动的知识分子主体。正是这种信息、媒介、主体的流动性，使得根据地时期的文化、社会建设能够深入基层。这种流动性在中华人民共和国成立之后依然在延续，成为弥合城乡差异、区域发展不平衡的特殊制度。本文从五个角度来初步分析这种流动的空间在新闻传播领域的应用：一是时间与空间的辩证法；二是流动的空间，流动的根据地；三是流动的媒介，流动的艺术；四是从流动的空间到空间的流动；五是流动性的消失与重建。

一、时间与空间的辩证法

在现代性研究中,时间、历史是重要的维度。法国哲学家福柯指出，之前的现代理论有一种“空间贬值”的现象，“空间在以往被当作是僵死的、刻板的、非辩证的和静止的东西。相反，时间却是丰富的、多产的、有生命力的、辩证的”。[1]这种时间压抑空间的现象，来自19世纪对现代资本主义历史的进步论认识，正如马克思在《共产党宣言》中指出的“一切坚固的东西都烟消云散了”[2]，呈现出现代性对传统、对空间的冲击和改造，以及一种历史进步的线性时间观；而波德莱尔的名言“现代性就是短暂、流变、偶然事件；它是艺术的一半，另一半则是永恒与不变”，也把现代性理解为一种时间的流逝。与这些时间的现代性不同，20世纪六七十年代出现了空间理论转向。一方面，这与结构主义的共时研究以及晚期资本主义的浮现有关；另一方面，这种转向也联系着第三世界民族解放运动，在空间上改变了殖民主义时代的“空间—地理”格局。

这种社会学、文化批判领域的空间理论转向，大概有四种空间的思考路径。一是法国马克思主义哲学家和社会学家列斐伏尔的“空间生产”，他从马克思主义的角度，解读空间与资本主义城市的关系。[3]空间生产有两个特征：一是政治性，即维持剥削统治的工具性空间，具有强制性、等级性、区隔化、控制性；二是经济性，即空间生产是追求利润的手段。他基于城市的发展史，回应空间的扩张、分割与差异，这正是资本主义从城市到国家，再到全球的扩张过程，其中包括对土地的使用和争夺。列斐伏尔的理论回应了晚期资本主义消费时代日常生活的空间异化与权力支配的方式。[4]

二是美国马克思主义地理学家大卫·哈维用空间地理学来改写马克思主义。大卫·哈维认为，时间变成一种空间的扩张和压缩，并以此建立了资本增值、殖民扩张与地理空间的内在关系。在他的空间批判理论中有两个核心概念。一是“时空压缩”，指的是跨越空间的时间缩短（例如高铁），使时间空间化；空间变成地球村，通过空间消灭时间，实现全球化。二是“时间—空间修复”，即通过延迟时间和地理扩张，来缓解资本主义危机和资本过度积累。“资本积累向来就是一个深刻的地理事件。如果没有内在于地理扩张、空间重组和不平衡地理发展的多种可能性，资本主义很早以前就不能发挥其政治经济系统的功能了。”[5]

三是加拿大传播思想家哈罗德·伊尼斯的《传播的偏向》。他指出，传媒的时间性与空间性，区分了时间偏向的媒介和空间偏向的媒介。前者属于质地较重、耐久性较强的媒介，这种传播媒介能够克服时间的流逝，被长时间保存下来，但不容易远距离运输；后者则是质地较轻、容易运送的媒介，可以克服空间的限制，实现远距离运输，但难以被长久保存。偏向空间的媒介是一种大众的、政治的、文化的、普通的媒介，强调传播的世俗化、现代化和公平化，有利于传播科学文化知识。[6]

四是英国社会学家齐格蒙特·鲍曼在《流动的现代性》中用流动的、液体状的现代性，来批判凝固的、空间的、区隔的现代性。[7]这种批判背后是冷战时代用自由、流动的西方现代性，来反思固定的、组织化的苏联式的社会主义现代性。时间的流动和空间的固化是矛盾的。空间是一种占领、占据和填充，是把空间固定化，把空间用权力来凝固的状态；而流动是一种打破这种凝固性的力量，一方面，破坏旧的空间（传统、前现代的力量），另一方面，把不同质的空间变成同质化的现代空间。这就是全球化时代资本主义的流动性扩张。

这些空间理论把自然化的空间转变为社会化的、历史化的空间，借用福柯的“权力”概念，这些空间都是被权力所填充的[8]。从这个角度来看，空间现代性背后是一种现代的、殖民的权力观，是对空间的占有、占领和主权化。这种空间扩张代表着15世纪以来海外殖民扩张的历史，以及资本主义从西欧向其他区域蔓延的历史，这是一种空间的现代化和殖民化。与此同时，空间的占领和时间的弥散，意味着铁路、通信等交通、通信手段成为权力传输的网络和渠道。在这种空间理论的背景之下，中国根据地的实践恰好是一种用空间的流动性来改变现代空间与殖民空间的内部秩序，使弱势状态的反抗者可以临时建立自己的空间，完成社会改造和力量的积累。这种“弱者的反抗”通过把空间流动化、液态化，在流动与运动过程中召唤主体性，并实现重新组织化与社会关系/生产关系的再造。在这种社会关系与生产关系的再造过程中，“流动的空间”的根据地实践，是用空间的流动性来换取生存的时间，并通过这种运动的方式，将空间再次政治化，形成诸如“红色区域”与“白区”、“解放区”与“国统区”等空间的区分。在这种空间的流动中，时间与空间形成了某种辩证法：空间的流动增加了生存时间与机会，而这种生存时机反过来又促成了根据地空间的扩大，以及中国革命过程中革命力量的壮大。“空间的流动”成为“弱者的武器”[9]，通过空间的流动性来反抗、反思现代的、固定化的殖民空间，并在这个过程中形成面向未来的新政治空间。

二、流动的空间，流动的根据地

空间理论把空间政治描述为一种空间现代化、殖民化的过程，空间意味着一种占领、占据，是对空间的吞噬和统治，是一种产权的边界、主权的界限和领土的归属。齐格蒙特·鲍曼所描述的“流动的现代性”也是一种用流动性来掠夺空间、打破空间壁垒的过程，背后暗合着一种自上而下的空间秩序和权力填充逻辑。但空间分布的不均质、不均衡，使得空间内部充满了裂隙和褶皱，所以空间并非只是固定的、固体化的。20世纪中国革命历史中出现的根据地空间就是这样一种“流动的空间”，弱者、弱势力量通过创造空间的流动性，来回应现代空间和殖民空间的挑战。由于建立在西方殖民主义发展及其历史逻辑延续基础上的现代空间与殖民空间占据了统治地位，因此弱势力量的反抗也只能以更为灵活的“游击战”的方式来回击。它们以空间的“流动性”来动摇主流空间的相对稳定性，并通过不断制造危机来撼动相应的空间秩序。这种空间的流动性体现在两个方面：一是弱势力量运用空间的腾挪转移来换取时间，不断地寻找空间的缝隙和薄弱环节；二是它们往往“临时”占据一个空间，对空间进行社会和文化改造，让贫民、女性、老人等弱势者成为空间的主体。中国的根据地实践，是把空间的游击状态与空间的社会改造充分结合起来。这种空间流动性并不是历史上流寇式的逃窜，而是一种新秩序与新政治的播种、传播与动员的现代政治实践。在这个空间政治的实践过程中，中国共产党将旧的社会秩序打碎，并进行社会改造，建立新的社会秩序。即便旧秩序会卷土重来，新空间中政治实践的结果与新主体也会被保留下来，即革命的“群众基础”和“组织基础”。这正是根据地流动性之中的“根”，也是相对稳定的部分。

在历史上，一般把 1927 年到 1949 年描述为中国革命的根据地时期。1927 年，在大革命失败、城市革命遭遇挫折后，以毛泽东为代表的共产党人，开辟了武装割据、“农民包围城市”的中国革命道路。这 22 年的根据地建设大致可分为三个历史时期：一是 1927 年到 1937 年，土地革命时期的根据地①；二是 1937 年到 1945 年，全面抗日战争时期的根据地②；三是 1945 年到 1949 年，解放战争时期的根据地③。其中，全面抗日战争时期有 19 块民主

① 例如，井冈山革命根据地、中央革命根据地、湘鄂西革命根据地、鄂豫皖革命根据地、闽浙赣革命根据地、湘鄂赣革命根据地、左右江革命根据地和滇黔桂边游击区、海陆丰和东江革命根据地、琼崖革命根据地、湘赣革命根据地、闽东闽南闽中革命根据地、通海如泰革命根据地、湘鄂川黔革命根据地、川陕革命根据地、鄂豫陕革命根据地、西北革命根据地、南方三年游击战争根据地等。

② 例如，陕甘宁抗日根据地、晋察冀抗日根据地、晋冀鲁豫抗日根据地、晋绥抗日根据地、山东抗日根据地、苏北抗日根据地、苏中抗日根据地、苏南抗日根据地、淮北抗日根据地、淮南抗日根据地、皖江抗日根据地、浙东抗日根据地、广东抗日根据地、琼崖抗日根据地、鄂豫皖湘赣抗日根据地、河南抗日根据地、闽浙赣抗日游击区、东北抗日游击区等。

③ 例如，陕甘宁边区、晋察冀边区、晋冀鲁豫边区、苏皖边区、山东根据地、晋绥边区、中原解放区、东北革命根据地等。

根据地，总面积达100多万平方千米，人口约1亿，遍布全国的19个省区。根据地实践有三种类型：一是处在大后方的根据地。例如，“长征”结束之后形成的陕甘宁根据地，较少受到日军骚扰，处于相对稳定的状态，中国共产党可以进行深入的社会与政治建设。二是处于与敌人斗争的前线地带。例如，晋察冀、晋冀鲁豫等华北地区的根据地。三是完全在敌后或敌占区，具体而言，是敌后游击根据地。面对强大的敌人，中国共产党领导的根据地不是占领固定的空间，而是避敌锋芒、发挥自己的优势，使得根据地空间像水一样具有流动性和韧性。

毛泽东对根据地能够存在的原因，及其与占主导地位的空间秩序和实践之间的辩证关系进行了政治分析，他认为根据地空间是帝国主义间接统治中国及其代理人军阀割据的产物。在1928年10月5日发表的《政治问题和边界党的任务》(《中国的红色政权为什么能够存在?》)中，毛泽东指出，红色政权能够长期存在，“它的发生不能在任何帝国主义的国家，也不能在任何帝国主义直接统治的殖民地，必然是在帝国主义间接统治的经济落后的半殖民地的中国”[10]49，只有在这种非同质化的、非政权完全统一的政治空间中，才有“一小块或若干小块”的空间缝隙。在1930年1月5日，回应林彪等红军将领悲观情绪的一封信《星星之火，可以燎原》中，毛泽东认为，“如果认清了中国是一个许多帝国主义国家互相争夺的半殖民地，则一，就会明白全世界何以只有中国有这种统治阶级内部互相长期混战的怪事”[10]98。根据地的存在是中国半殖民地、半封建社会的独特经验，是帝国主义时代在空间上的薄弱环节[11]。

在“敌强我弱”的总体格局下，根据地的特征不是寻求占领固定的空间，而是在流动中实现敌我强弱关系的转化。经历了井冈山时期的根据地斗争后，毛泽东总结了游击战与根据地建设的经验："大要说来是：'分兵以发动群众，集中以应付敌人。''敌进我退，敌驻我扰，敌疲我打，敌退我追。''固定区域的割据，用波浪式的推进政策。强敌跟追，用盘旋式的打圈子政策。''很短的时间，很好的方法，发动很大的群众。'这种战术正如打网，要随时打开，又要随时收拢。打开以争取群众，收拢以应付敌人。三年以来，都是用的这种战术。"[10]104这种"打网"的战术，就是进攻时集中主力，进攻后迅速分散，避免阵地战，力求在运动中歼灭敌人的有生力量，从而实现敌人从强变弱、自己由弱变强的目标。与国民党内战时如此，和武器更为先进、现代的日军斗争时也是如此[12]。根据地空间的流动性和灵活性体现了一种空间的辩证法，也就是毛泽东在 1947 年撤出延安时的战略"存地失人，人地皆失，存人失地，人地皆存"。革命根据地是军事上发展游击战的基础，如果没有了根据地，军事上的游击战也无法坚持下来。而根据地的巩固，又必须依靠社会改革和文化动员，才能深入基层和组织群众。

这种空间的流动性，一方面体现为在面对敌人的强攻或扫荡时，革命军队带着群众转移。1934 年 10 月，第五次反"围剿"失败后，红军被迫进行二万五千里长征。这是一种用流动的空间换取时间的战略转移，我军在军阀割据的夹缝中腾挪转移，寻找生存的契机。与此同时，空间的流动也是宣传和动员的过程，"长征是历史纪录上的第一次，长征是宣言书，长征是宣传队，长征是播种机"[10]149-150。另一方面体现为在敌人撤退之后，八路军带着转移的老百姓和物资再回到根据地。因此，根据地空间就像水一样，敌人强力打来时，革命军队与群众就四散漫开；敌人撤退到城市、城镇后，他们又回流到原地。正是这种空间的辩证法，使得革命军队虽然不占领具体的空间，反而让空间变成弹性的、具有流动性的场所。

根据地时期的实践使中国共产党实现了脱胎换骨的转变，从一个以马克思主义、列宁主义为理论纲领的政党，变成了将理论与中国经验相结合的政党。笔者用“流动的空间”来描述根据地的空间政治（游击战），用“流动的艺术”来描述根据地建设中的文化艺术实践，用“流动的媒介”来描述根据地的通讯、报纸等媒介形态，用“流动的主体”来描述专业知识分子的主体状态，这些都涉及一系列特殊的社会制度、社会主体锻造和运作机制，这是20世纪的历史中，以中国为代表的第三世界追求现代化的独特道路和经验。

三、流动的媒介，流动的艺术

作为一种特殊的政治、经济、文化空间，根据地有这样几个基本特征：一是，行政区划不稳定。相比于占领中心城市、铁路线的日军来说，根据地的有效统治区域随着战争的变化而处于变动之中。二是，物质极端贫乏，技术、资本都处于稀缺状态。在这种背景下，共产党通过组织基层社会来保障政治和军事斗争。三是，权力高度分散和地方化，很难建立自上而下的行政权力。中国共产党以此发展出根据地的“一文一武”两条战线。“武”指的是运动中的游击战，是局部集中优势兵力，歼灭敌人的有生力量；“文”指的是依靠政治、经济、文化的革命来深入基层、组织群众，而这种通过文化参与政治革命和社会建设的传统，来自五四新文化运动①。

① 关于五四新文化运动所确立的文化参与政治的模式，参见汪晖：《世纪的诞生：中国革命与政治的逻辑》，生活 · 读书 · 新知三联书店2020年版，第201—272页。

文化宣传工作依靠两种模式：一是流动的媒介，即让新闻等媒介流动起来，尽可能地在根据地内部实现信息、文化传播的全覆盖。这就需要在非都市、非现代的前提下，实现信息网络的流通，具体而言，包括报刊的发行以及乡村邮政系统的建立。二是流动的文艺，即让艺术参与宣传、文化建设，把文学、戏剧、艺术等都用作宣传媒介，具有代表性的是抗战演剧队的组建与实践①。

在这个过程中，以报纸为代表的基层传播媒介发挥着重要的作用。1946 年到 1948 年间，《人民日报》作为根据地机关报，一般被称为晋冀鲁豫《人民日报》②。借助由代办所、乡邮站、报站等组成的农村通信网，《人民日报》深入村庄和连队，利用“读报小组”等方式“组织人民，特别是干部普遍阅读和学习人民日报”[13]。毛泽东在对《晋绥日报》编辑人员的谈话中指出，党报的作用和力量，就在于它能使党的纲领路线、方针政策、工作任务和工作方法，最迅速最广泛地同群众见面。[14]从晋冀鲁豫《人民日报》中呈现的大量内容来看，中国共产党十分擅长就地取材，基层传播的手段多样灵活。黑板、幻灯、快板、音乐、戏剧、文学等，都是当时常见的传播形式。在晋冀鲁豫根据地，从

① 对于这种流动性的研究可以参见：唐小兵：《流动的图像：当代中国视觉文化再解读》，复旦大学出版社 2018 年版；何吉贤：《行走在路上的戏剧——“流动性”与抗战时期的民众戏剧》，《艺术评论》2008 年第 4 期，第 18—23 页；何吉贤：《“流动”的主体和知识分子改造的“典型”——1940—1950 年代转变之际的丁玲》，《中国现代文学研究丛刊》2018 年第 4 期，第 18—33 页；林樑、王建华：《让信息流动起来——延安〈解放日报〉在乡村的实践逻辑》，《人文杂志》2020 年第 4 期，第 78—85 页；路杨：《革命与人情：解放区文艺下乡运动的情感实践》，《中国现代文学研究丛刊》2019 年第 6 期，第 97—117 页；等等。

② 1946 年 5 月 15 日，晋冀鲁豫根据地的机关报《人民日报》创刊，截至 1948 年 6 月 14 日停刊，共出版 746 期，此后与《晋察冀日报》合并，成为华北根据地和党中央的机关报，后来《人民日报》跟随党中央进北京，成为中共中央的机关报。

游击战中创造出了一种流动的“自媒体”——门板报。其媒体的介质“就地取材”，传播的方式是随身携带。1947年4月29日的报道《前线部队的新创造——门板报》一文，较为详尽地对“门板报”这一新传播形式的制作、内容、成效进行了总结，“官表扬兵，兵表扬兵，兵表扬官的群众性的表扬方法，使部队换了一个样子”[15]。这篇报道是一篇典型的工作经验稿，而不是刚刚发生的消息，其关注的不是“人咬狗”之类猎奇且富有戏剧性的内容，而是立足当时当地的建设，同当时的都市新闻形态形成了很大的反差。它以一种特殊的“新闻”样态，将毅字部队的先进经验传递给根据地的其他部队，以便大家相互学习和借鉴。这种服务于基层的门板报还有很多，比如前沿阵地的火线报等。门板报是对黑板报的一种创新和改造，让固定在墙上的黑板，变成了流动的“自媒体”。

在根据地时期，报纸要想实现与基层空间的融合，变成基层化的媒体，还需要三种制度。一是读报小组的活动。大部分群众看不懂报纸，因此有阅读能力的干部、农民、文化教员，利用工作之余或农闲时举办读报小组。他们通过“读”报的方式，把印刷纸媒变成听觉媒介，这样群众就能了解、读懂报纸。二是邮发合一的发行制度。与城市中采用报房、报童售卖报纸的模式不同，山东抗日根据地创造了一种用邮政来发行报纸的传统，目的是让报纸覆盖基层。中华人民共和国成立后，这种邮发合一的报刊制度推广到全国，使报纸、杂志可以传播到偏远地区。三是基层通讯员制度。互联网时代有“用户生产内容”的说法，在根据地时期，基层通讯员本质上也是“用户生产内容”。基层通讯员是在基层给报纸写稿的普通人，不是职业记者，所写的内容也是地方经验。晋冀鲁豫《人民日报》中就有很多稿子来自基层通讯员。这种方式可以维系报纸与基层的关系。在那个时代，地方干部、普通士兵也被鼓励写稿，用写作这一理性化的表达方式来总结生产、斗争的经验。与此同时，来自基层的经验与具体状况，也为其他地区提供了如何开展工作的样板。《人民日报》成为“流动的空间”之中地方经验交汇与示范的媒介平台。

根据地时期还有很多流动话剧演出队。从20世纪二三十年代抗战爆发后的抗战演剧队，到根据地时期的话剧工作者，都在用流动和巡回演出的方式，宣传抗日、动员征兵和土地改革等活动。由此形成的逆向流动的知识分子以及他们参与的媒介和艺术实践，在文化宣传和战争动员中发挥着重要作用。这些参与宣传工作的流动的戏剧工作者，以及在城乡之间流动的电影放映员和邮递员，完成了把文艺作品、现代信息等送抵普通民众的任务。这些流动的主体使信息、文化、技术与底层群众产生密切的互动，这是一种具有中国特色的“创新的扩散”[16]。这种流动的主体又形成另一种主体状态，即培育扎根基层的知识分子，例如下乡干部、下乡文艺工作者、知识青年、邮递员、电影放映员、“赤脚医生”、代课老师、基层通讯员、技术员等。他们都来自基层，服务于基层的科技、医疗、文化事业。这种双向的运动“将非现代的群众社会化、主体化，使其成为理性的、现代的主体”[17]，完成人的现代化。这些都是中国在现代化发展中形成并延续至今的社会制度。

四、从流动的空间到空间的流动

中华人民共和国的成立，标志着党和人民建立起了稳定的国家政权，实现了从流动的根据地向相对固定的空间秩序的转型。

党和国家已具备自上而下传播、覆盖信息资源的能力，这使得根据地时期形成的“流动的空间”的传统丧失了历史针对性和合法性。但在精神文化建设方面，这种根据地时期形成的“流动的空间”式的文化传播，依然发挥着重要的作用。中国作为“一穷二白”的第三世界国家，其空间发展存在巨大的差异性和不均衡状态，东部与西部、城市与乡村、中心城市与偏远区域之间有着巨大的空间落差。克服这种文化传播上空间分布的不平等和不均质的方式之一，是重新沿用根据地时期的“流动的媒介”“流动的艺术”和“流动的主体”，笔者将这种方式命名为“空间的流动”。也就是说，在20世纪的中国历史中，存在两种状态：一种是“流动的空间”；一种是“空间的流动”。前者是在不同的空间中穿梭，在流动的腾挪转移中，完成社会和文化建设；后者是处理空间内部共同体的不平衡，弥合现代化发展中产生的社会与区域的落差。流动的空间变成了空间的流动，这一变化具体体现在流动发行员、邮递员，以及文艺下乡、下基层等流动的主体及其实践中。社会通过这种流动，实现空间资源、信息分配的相对均等化和平衡。①

这种均等化和平衡，并不是绝对的物质层面的，而是精神文化层面的。本文将用两个典型的个案来说明。其一是电影放映队和露天电影，其二是乌兰牧骑式的草原流动宣传队。这些都延续

① 对于下乡的研究参见：路杨：《“古元的道路”：延安木刻下乡的情感实践》，《中国现代文学研究丛刊》2020年第8期，第1—25页；张盛满：《文艺下乡：新中国成立初期太湖流域评弹艺人的思想教育与身份重塑》，《杭州师范大学学报（社会科学版）》2020年第3期，第81—88页；路杨：《革命与人情：解放区文艺下乡运动的情感实践》，《中国现代文学研究丛刊》2019年第6期，第97—117页；沙垚、付蕾：《实践中的人民性：“送戏下乡”与“群众艺人”的主体性——20世纪60年代社会主义农村的戏曲民族志》，《开放时代》2018年第5期，第66—76页；潘祥辉：《“送字下乡”：晚清及民国时期扫盲运动的传播社会学考察》，《浙江学刊》2017年第5期，第145—157页；等等。

了根据地时期形成的，用流动的主体来实现文化、信息的传播的传统。

在20世纪50年代到70年代间，中国改变了民国时期只在上海、天津等大城市放映电影的历史，把电影变成了覆盖城乡、偏远地区的群众艺术。电影从局限于一隅的商业实践，变成了全民精神文化消费的一部分，成为一种文化权利。为了使电影资源能够向绝对的洼地“流动”，新建立的电影事业通过电影生产和发行两个环节来改造电影制度。首先是生产上。50年代以来，陆续成立了长春电影制片厂、北京电影制片厂、上海电影制片厂、八一电影制片厂、珠海电影制片厂、西安电影制片厂等八大国营电影制片厂，它们分布在国家的不同区域，解决了原先电影工业偏安上海一隅的绝对垄断问题。其次，国家在电影发行上实行“统购统销”方式，建立了一套行政化的电影发行放映网络。和广电制度一样，有一级政府就有一级发行放映公司。在农村和偏远地区采用流动电影放映队的方式。这跨越了城市与农村的界限，也创造了两种新的电影放映空间。一种是城市中电影院之外的“多功能舞台”。具体而言，是充分利用基层单位中的会议厅、剧院、大食堂等空间，这些空间除了其既有职能外，还兼具放映电影的职能，既能用于开群众大会、举办联欢会演、集体聚餐，又能用于看戏、看电影。电影放映空间走向多样化/混杂化。电影放映空间尽管是固定的，但是却处于“空间的流动”状态之中——基层群众可以通过在空间中的行为来改变空间的属性。这在功能层面，将空间的效能最大化，从而服务于生产与精神消费。另一种则是农村电影放映队放映露天电影。露天电影本身占据一个临时的空间，即把空地变成电影传播的空间。放映队扯上一块白色幕布，架上一台放映机，就可以把村庄、街道的某块空地临时变成一座没有围墙的电影院。这突破了封闭电影院放映电影的空间限制，从而打开了电影“空间的流动”的可能。在这种意义上，农村露天电影院成为一座“移动城堡”。而这种流动的露天电影院，也来自根据地时期的流动演剧队和流动电影队的传统。电影虽然不能像广播那样实现即时的远距离传输，但是可以依靠几十万电影放映员的“身体”实现跨空间的放映。这和报纸通过邮递员发行的“邮发合一”制度是一致的。二者都反映出文艺和新闻作品在传播与流通上具有行政化的特点，这也是计划经济时代形成的特殊模式。这种制度的优势是让电影深入农村，让更多的群众变成电影观众。不仅如此，20 世纪 50 年代到 70 年代所生产的人民电影或者说工农兵电影，也创造了一种特殊的观众与银幕的关系。银幕下的观众在基层单位观看电影，而银幕上的电影所表现的又是基层群众的故事，从而实现了观影空间（基层影院）、观影主体（基层群众）与银幕空间（基层故事）的“三合一”。现实主义题材电影不是奇幻的世界，而是与真实的现实生活平行的“镜像”，或者说真实生活中所发生的社会实践就像一场银幕中的电影。

另一个具有特色的个案是 50 年代被誉为“草原上流动的文化馆”的乌兰牧骑。乌兰牧骑的蒙语意思为“红色的嫩芽”，意思是红色文化工作队，其活跃于农村和牧区之间。1957 年 6 月 17 日，第一支乌兰牧骑在群众文化工作比较活跃的锡林郭勒盟苏尼特右旗宣告成立。全队只需一辆马车便能拉走，因而被称为“一辆马车上的文化工作队”。乌兰牧骑以演出为主，兼做宣传、辅导和服务性工作，属于文化事业单位，而不是单一的艺术表演团体。这使得乌兰牧骑适应了农牧区的文化节奏，同时也能深入具体的社会生活。该牧骑队伍短小精干，人员一专多能，节目小型多样，装备轻便灵活。工作队开展了图片展览、幻灯放映、时事宣讲、图书借阅、辅导创作、歌舞教学、录音录像赏析、摄影活动等多种媒介形态与内容混杂的传播实践，服务于具有不同诉求的基层观众群体。同时，该牧骑还提供社会服务，例如代写书信、代售图书、代修收音机，以及理发、诊病等。此外，在文化建设层面，它们还注意搜集整理民族民间文艺遗产，例如民歌、民谚、宗教、舞蹈、寺庙壁画、民族图案、民间饰物等。即便在今天，乌兰牧骑依然像根据地时期的流动演剧队一样，是“观众不动，演员流动”的媒介。2017 年 11 月 21 日，习近平总书记在给锡林郭勒盟苏尼特右旗乌兰牧骑队员的回信中，依然把这种流动的乌兰牧骑，作为一种文艺为人民服务的典型①，是“从群众中来，到群众中去”的艺术。

五、流动性的消失与重建

改革开放以来,这种根据地时期形成的流动的媒介、流动的艺术，发生了重要的转变，主要体现在两个方面。第一，曾经的依靠国家力量推动的逆向流动的信息和文化资源分配方式，逐渐转变为以市场为主导的流动模式。这体现为新闻传播和文化艺术

① 这封回信谈道：“60 年来，一代代乌兰牧骑队员迎风雪、冒寒暑，长期在戈壁、草原上辗转跋涉，以天为幕布，以地为舞台，为广大农牧民送去了欢乐和文明，传递了党的声音和关怀。乌兰牧骑的长盛不衰表明，人民需要艺术，艺术也需要人民。在新时代，希望你们以党的十九大精神为指引，大力弘扬乌兰牧骑的优良传统，扎根生活沃土，服务牧民群众，推动文艺创新，努力创作更多接地气、传得开、留得下的优秀作品，永远做草原上的‘红色文艺轻骑兵’。”新华社：《习近平总书记给内蒙古自治区苏尼特右旗乌兰牧骑队员们的回信》，2017 年 11 月 21 日，新华网，http://www.xinhuanet.com/politics/leaders/2017-11/21/c_1121990026.htm，2023 年 2 月 21 日访问。

领域的产业化、市场化改革。例如，20 世纪 90 年代都市化媒体的兴起，将“邮发合一”的发行制度，变为报社重建发行部和发行网络[18]。2001 年以来，随着电影产业化改革的推进，民营资本逐渐重新主导了电影生产和商业院线[19]。第二，90 年代中后期，互联网的兴起也改变了传统媒体、文艺生产与消费的基本模式，扁平化、去中心化的网络空间成为信息、文艺生产与消费的基础性平台。在这一背景之下，这种逆向流动的媒介、文艺模式在一些领域依然存在。一是，依托体制化的行政、文化、新闻系统，干部下基层、文艺工作者下乡、新闻记者走基层等，成为落实“群众路线”的举措之一。这是一种常态化的、自上而下流动的制度要求。二是，21 世纪以来，我国从西方引进公共文化服务体系的理念，通过政府购买服务的方式，建立了均等化、普惠式的文化惠民工程。例如，全国文化信息资源共享工程、中国非物质文化遗产保护工程、送书下乡工程、农村电影放映工程（“2131 计划”）等。2004 年以来，在农村运行数字公益放映系统，电影放映员带着数字“密钥”，用数字放映设备为农村观众提供电影放映活动。这与 50 年代到 80 年代的农村电影市场不同，现在农村只有公益化的放映活动，没有商业电影市场；而且，放映的影片主要是针对城市市场拍摄的商业电影，已经没有专门的电影生产体系源源不断地“量身定做”和生产农村需要的电影。即便如此，在电影数字化传播的时代，仍然存在市场无法抵达的地方，需要借助电影放映员这种 20 世纪的“流动的主体”来完成电影的流动放映，以让电影覆盖更多的农村及偏远地区。

此外，20 世纪 90 年代以来，在社会领域出现了一种非政府的、非商业的文化公益活动。这些活动主要是受西方或中国台湾地区、香港地区等发达区域的 NGO 运动、社会运动的启发和影响。在中国内地（大陆）也出现了一些朝向基层的公益机构和组织。这些机构和组织为基层社区提供文化、法律和社会服务，并仿效西方社区文化的方式，形成某种共同体文化。比如，21 世纪以来兴起的新乡村建设运动，尝试接续百余年中国乡村建设的传统，在乡村被“掏空”的大背景下，通过大学生、乡建青年返乡创业等活动，来弥合城乡差异。另如，北京新工人乐团发起“大地民谣，行走人间”巡演活动。该活动用音乐的方式，在不同的乡村和基层社区流动演出，把乡村空间变成群众文艺活动的舞台。这些音乐人就是当下的“逆向流动的知识分子”。除此之外，还有带有社会批判和反思意识的知识分子参与帐篷戏剧、家政女工的社区戏剧等活动。这些实践重新激活着一种文化的流动性。这些文化社会活动者，对中产化、城市化的小资文化和商业文化有所反思，并尝试建立一种与群体、困弱群体更相关的文化实践。当然，他们也遇到了非常多的困难和困境。例如，这些活动与所在社区、基层很难形成有效互动，经常处于“悬浮”状态。不过，从这些流动的戏剧、音乐等活动中，依稀可以看出一种空间的“文化游击战”，仿佛 20 世纪的历史遗产还以某种形态在当下延伸，并持续产生着影响。

注　释

[1] 爱德华·W. 苏贾：《后现代地理学——重申批判社会理论中的空间》，王文斌译，商务印书馆 2004 年版，第 10 页。

[2] 马歇尔·伯曼：《一切坚固的东西都烟消云散了——现代性体验》，徐大健、张辑译，商务印书馆 2003 年版，第 15 页。

[3] 亨利·列斐伏尔：《空间与政治（第二版）》，李春译，上海人民出版社

2015 年版，第 17—33 页。
[4] 亨利·列斐伏尔：《日常生活批判（全 3 册）》，叶齐茂、倪晓晖译，社会科学文献出版社 2018 年版。
[5] 大卫·哈维：《希望的空间》，胡大平译，南京大学出版社 2006 年版，第 23 页。
[6] 哈罗德·伊尼斯：《传播的偏向》，何道宽译，中国人民大学出版社 2003 年版，第 71—99 页。
[7] 齐格蒙特·鲍曼：《流动的现代性》，欧阳景根译，中国人民大学出版社 2017 年版，第 23—43 页。
[8] Foucault, Michel, *The Foucault Reader*, New York: Pantheon Books, 1984, pp. 239-256.
[9] 詹姆斯·C. 斯科特：《弱者的武器》，郑广怀、张敏、何江穗译，译林出版社 2007 年版。
[10]《毛泽东选集》第一卷，人民出版社 1991 年版。
[11] 汪晖：《世纪的诞生：中国革命与政治的逻辑》，生活·读书·新知三联书店 2020 年版，第 30—42 页。
[12] 孙歌：《根据地哲学与历史结构意识——竹内好的毛泽东论》，载汪晖、王中忱主编：《区域（2014 年第 1 辑）》，社会科学文献出版社 2014 年版，第 228—255 页。
[13] 滕代远：《人民日报是人民的报纸 纪念人民日报一周年》，晋冀鲁豫《人民日报》1947 年 5 月 15 日第 1 版。
[14] 毛泽东：《对晋绥日报编辑人员的谈话》，载中共中央宣传部办公厅、中央档案馆编研部编：《中国共产党宣传工作文献选编（1915—1992）》，学习出版社 1996 年版，第 688 页。
[15] 康健：《前线部队的新创造——门板报》，晋冀鲁豫《人民日报》1947 年 4 月 29 日第 4 版。
[16] 埃弗雷特·M. 罗杰斯：《创新的扩散》，辛欣译，中央编译出版社 2002 年版。

[17] 张慧瑜:《触摸二十世纪的基层传播文化经验线索》,《社会科学报》2020年2月13日第6版。

[18] 闵大洪:《我国报刊“邮发合一”述略》,《新闻研究资料》1991年第1期，第114—117页。

[19] 刘汉:《回望与期待：电影院线制改革十年的思考》,《当代电影》2012年第6期，第4—10页。

学术救国与文化抗战：战时西南联大教授演讲的类型、特征及影响

张睦楚　张雨秀*

摘要：抗战全面爆发后，秉持言论救国的思想，西南联大教授群体通过演讲的方式进行学术交流和宣传动员。演讲的核心主题为抗战建国，内容无所不包，涵盖了文学、历史、教育、时事等方面；演讲形式丰富，包括联大各系的学术讲座、纪念日演讲、校外培训演讲、普及类演讲等。这类演讲频率高，持续时间长，影响范围广泛。因此，战时西南联大教授的演讲形成了一种有效的大众传播形式，发挥了启蒙国民思想、制造舆论共识、引领社会价值的作用，在一定程度上促进了现代大学精神和国民精神的形成，完成了“内树学术之楷模，转移社会之风气”的双重使命，呈现出近代中国知识分子与国家命运共生互动的面向。

关键词：西南联大；教授演讲；大众传播；大学精神；国民精神

* 张睦楚，系云南师范大学教育学部副教授、硕士生导师；张雨秀，系浙江大学教育学院硕士研究生。

关于西南联大的既有研究，主要关注了“人才培养”“学科史发展”“联大精神”等主题，对联大学人文化抗战的一种重要方式——抗战演讲及舆论动员，缺乏系统性研究。本文拟对联大教授的演讲活动进行全面梳理，分析其类型、特征，并探讨演讲对塑造现代大学精神与国民精神的影响。

一、西南联大教授发表的演讲及类型

本文所指涉之大众传播,为“广义的大众传播”，即信息传递所使用的媒介既可以是机器，也可以是非机器的媒介。[1]联大教授的演讲即如此。传播者是有组织的联大教授群体，传播媒介以语言文字及其延伸为重要载体，受众数量多且遍及工人、学生、政府职员、商贩等多种群体。西南联大演讲风气盛极一时，如对联大教授发表的演讲稍加梳理，可将其分为以下几种类型。

（一）联大各系的学术讲座

联大时期全校性和团体性的学术活动十分活跃，经常举办学术讲座、讨论会等，形成了常态化的学术演讲机制。1942 年至 1943 年，国文学会和历史学会联合主办文史讲座 60 余次，主讲人主要由文学系和历史系的教授担任，每周举行两次，演讲内容多为学者学术成果，形似一场小型的学术报告会。[2]87 曾在文史讲座上发表过演讲的学者有闻一多、郑天挺、冯友兰、唐兰、贺麟、游国恩、吴晗、浦江清等。文史学术讲座意在抗战烽火中赓续文化血脉，传承并发扬中华民族传统文化。中文系和历史系教授除了参与常规的文史学术讲座，还常受邀给北大文科研究所的研究生开展学术讲座，针对各类学术问题发表见解以交流思想。

此部分学术演讲极具前沿性，不仅形成了浓厚的学术氛围，也极大地开拓了研究生的学术视野。

法商学院则经常举办规模不一的时事演讲会，主要包括宪政系统演讲以及关于国内时事问题和战后国家建设议题的讨论等（详见表 1）。该院教授潘光旦、费孝通、陈序经等经常出席做演讲。联大教授发表的时事系列演讲以“反对内战、反对一党专政，拥护民主和平”为基本主张，他们不畏强权的精神气质、客观冷静的分析推理，以及切中时弊的问题意识，有效地塑造了国民的现代政治观念，尤其启蒙了青年学生的现代政治意识。

表 1　部分西南联大教授发表的时事问题演讲录①

<table>
<tr><th>主题</th><th colspan="2">演讲者及题目</th><th>主要内容</th></tr>
<tr><td>宪政系统演讲</td><td colspan="2">陈序经《中华民国与宪政》、伍启元《宪政与经济》、陈岱孙《宪政与预算制度》、赵凤鸣《宪政与司法制度》、周炳琳《论五五宪章》《宪政中之经济制度》</td><td>讲解如何施行宪政以启蒙学生和民众的现代政治意识</td></tr>
<tr><td rowspan="2">国内时事问题讨论</td><td>校庆前夕时事晚会（1944. 10. 31）</td><td>蔡维藩《战局大势的分析》、伍启元《中国当前的经济危机》、杨西孟《物价与财政问题》、孙毓棠《旧传统与新中国》</td><td>涉及国际局势分析、批判通货膨胀的经济问题以及树立人人平等的思想</td></tr>
<tr><td>国是团结问题（1945. 3. 28）</td><td>曾昭抡《军队统一问题》、吴晗《团结问题》、王赣愚《国民大会与政党》</td><td>论及军队国家化建设、多党合作的联合政权及召开全国人民代表大会等</td></tr>
</table>

① 本表据以下资料整理所得：谢慧：《西南联大与抗战时期的宪政运动》，社会科学文献出版社 2010 年版；黎平：《昆明短简：记一个时事晚会》，《国讯》1944 年第 380 期，第 16 页；吴晓：《联大的民主集会：时事晚会速写》，《民主周刊（昆明）》1945 年第 2 期，第 22—24 页；等等。

（续表）

主题	演讲者及题目		主要内容
战后国家建设议题讨论	战后的中国（1945.3.28）	雷海宗《战后的世界和平与中国》、钱端升《战后的国防问题》、张印堂《实施宪政与政党政治》、王赣愚《战后的政治机构》、伍启元《战后的中国经济向何处去》、陈达《构成战后的人口政策》	讨论战后中国的国际地位、政治建设、经济建设等问题，提倡宪政、人民代表大会制度及巩固国防建设等
	从胜利到和平时事晚会（1945.8.15）	周新民《日本投降的影响》、吴晗《如何制止内战》、罗隆基《如何走上民主团结的道路》	以如何制止可能爆发的内战为中心，并分析美国政府欲破坏中国团结的阴谋
	反内战时事演讲会（1945.11.25）	钱端升《对目前中国政治应有的认识》、伍启元《财政经济关系与内战关系》、费孝通《美国与中国内战之关系》、潘大逵《如何制止内战》	就国民党进犯解放区，强烈要求停止内战；要求美国军队撤离；等等

生物系则每两周开展一次科学讨论会，并邀请云南大学及农业研究所的同行参加。[3]联大理学院算学系的青年教师也定期或不定期地做专题演讲，担任学术演讲者的皆为理学院教师，如华罗庚、陈省身、许宝騄等。[2]150综上，这一系列演讲体现出联大教授学术救国的理想，他们意将学术救国与抗日救亡紧密相连，通过巩固中华民族传统文化以塑造民族精神，加强学术交流以培养人才，关注时事政治以参与国家建设讨论。

（二）纪念日演讲

举行纪念日活动的目的为在情境中形成团结意识、符号体系和情感力量等。社会学家兰德尔·柯林斯（Randall Collins）曾提出“互动仪式论”（Interaction Ritual Theory），他认为人们参与各色集体性活动都可被视为互动仪式，通过共同的关注焦点，人们聚集在一起以形成共同关联的身份感和情感能量。[4]据史料记载，联大教授发表的纪念日演讲主要有以下几种。

（1）“五四”纪念演讲。从1938年起，联大一直将“五四”作为重要的节日并举行公开的大型纪念活动，经常邀请闻一多、张奚若等教授发表演讲。演讲内容及目的为宣传抗日，并强烈反对国民党政府的独裁统治和消极抗日的主张。

（2）“七七事变”纪念演讲。这类演讲的目的在于建构全体国民抗战救亡的集体认知，制造舆论共识以凝聚国民力量，并坚定抗战必胜的信念，经常参加的教授有闻一多、潘光旦、蔡维藩、伍启元、曾昭抡等。

（3）“鲁迅纪念日”演讲。对于近代的中国知识分子而言，鲁迅可被视为中国文化革命中的民族英雄。因此，1944年，云南大学举行了“鲁迅逝世八周年纪念”晚会，参加晚会的各界人士有四千多人。其中徐林、朱自清、闻一多等发表演讲，呼吁人们学习和发扬鲁迅的战斗精神。[5]

（4）“护国起义”纪念演讲。昆明文化界非常重视“护国起义”纪念，联大教授亦积极参与。如1944年的纪念大会通过了由吴晗起草、闻一多润色的宣言，提出保证抗战胜利的唯一方法是实行民主政治的具体意见，具体方案主要包括结束一党专政、召开人民代表会议、组织联合政府。[6]类似的纪念日演讲还有“双十节”纪念会、蔡元培逝世周年纪念、罗斯福总统追悼会等。联大教授积极参加这些纪念日集会，有效地团结了昆明的爱国力量，对爱国民主运动也起到了很大的推动作用。

（三）校外培训、普及类演讲

联大教授自抵达昆明时起，便活跃于各学校、重要机关进行演讲，以“在地化”互动模式服务社会，即根据地方现实需要，运用专业知识和理性话语引导公众舆论以及启蒙大众，主要培训演讲分为以下几类：其一为联大教授向各团体组织发表的培训演讲，其中最具代表性的有云南省教育厅联合西南联大师范学院于1938年至1945年每年暑假举办的在职教员暑期讲习讨论会。[7]学术演讲为讲习会的一项重要内容，基本由联大教授承担，以教育、教材教法、时事政治等为演讲主题，拓展教师的知识范围。其二为针对政府机关的普及性演讲，以此树立抗战必胜的信心和坚定挽救民族危亡的决心。如1942年，联大教授曾昭抡、潘光旦、罗常培、陶云逵等十位教授赴大理为驻滇干训团讲学，举行了六次座谈，讨论国际局势、边疆工作、妇女教育等。宋希濂将军曾对此评价道：“潘光旦、费孝通、曾昭抡、罗常培、张印堂、蔡维藩等十人到大理讲学，他们对于促进滇西的文化发展和鼓舞青年争取抗日战争的最后胜利，起了一些作用。”[8]此外，联大教授还面向云南省干训团、民政厅、警务处等组织机构做此类演讲。其三为面向全国的广播演讲，即联大教授以专家演讲的形式全力支持昆明广播电台播音工作，如蒋梦麟、梅贻琦曾多次到该台发表演讲。同时，为了更好地组织联大教授到该台演讲，昆明广播电台还正式聘请了联大教授蔡维藩担任电台特约专员。[9]据资料不完全记载，先后到该台播音演讲的联大教授多达四十余位，演讲的内容涉及各科知识、时事讨论、社会生活、家庭婚姻等。联大教授的播音演讲突破了教育的空间限制，以爱国救亡、抗日宣传、文化启蒙为主旋律，使国人了解了世界反法西斯战场局势，坚定了抗战决心，重振了民族精神。部分可考资料如表 2 所示。

表 2　部分西南联大教授在昆明广播电台的演讲录①

演讲者	演讲题目	演讲者	演讲题目
蔡维藩	《战争与和平：人类真是喜欢战争吗?》《世界和平》《释“四强”兼论强权政治》	雷海宗	《北极的近郊——冰岛》《举世闻名的阿拉伯民族》
陈友松	《新教育哲学检讨》	潘光旦	《新母教》
戴世光	《从生活程度说到穷人翻身》	任之恭	《关于无线电的几种常识》
冯友兰	《关于真善美》	沈同	《军队的营养问题》
费孝通	《耕者有其田说之分析》	邵循正	《中国与越南》
冯至	《中国的新诗》《文学与哲学》	杨业治	《西洋文艺的历史层次和相互关系》
贺麟	《西洋近代人生哲学的趋势》	许浈阳	《物质缺乏中之科学教育问题》
罗庸	《儒家的根本精神》《诗的境界》	曾昭抡	《抗战以来中国工业的进展》

二、西南联大教授演讲的特点

（一）演讲内容覆盖面广，内容深浅不一

联大教授的演讲主题覆盖面极广，涵盖了时事、政治、科学、经济、军事、文化、宗教等。除却前文所述之内容外，1942

① 本表资料为整理所得，参见戴美政：《抗战强音：昆明广播电台与西南联大》，云南教育出版社 2018 年版。

年至1946年间，联大教授为向民众宣传抗日救国、复兴建设等方面的知识，以多种形式举办了主题丰富的公共演讲会。其内容大致涵盖九大主题，部分演讲详见表3。

表3 部分联大教授面向民众的演讲会详情一览表①

演讲主题	演讲者	演讲题目	演讲时间
科学系列	袁复礼	《战时地理》	1942. 5. 12
	吴有训	《战时物理学》	1942. 5. 21
	曾昭抡	《战时化学》	1942. 6. 2
	宁榥	《战时飞机与防空》	1942. 7. 7
	许浈阳	《战时科学研究》	1942. 7. 28
宗教与哲学系列	冯友兰	《我国古代之人生哲学》	1942. 3. 8
	潘光旦	《儒教之形成及其演进》	1942. 8. 10
	王维成	《道教源流》	1942. 8. 17
时事问题系列	蔡维藩	《德日失败的途径》	1945. 9. 13
	王赣愚	《战后国际和平机构》	1945. 9. 27
	伍启元	《中国与列强经济合作》	1945. 10. 4
	张印堂	《大战中的地理条件》	1945. 10. 10
	刘崇鋐	《战后的中国国际地位》	1945. 11. 1
各国风俗系列	费孝通	《美国人的性格》	1945. 11. 15
	王了一	《法国人的情与理》	1945. 11. 20
	孙毓崇	《日本人民风俗》	1945. 12. 20
	冯至	《德国人民风俗》	1945. 12. 27
	袁家骅	《英国人民风俗》	1946. 1. 3

① 本表资料为整理所得，参见昆明市档案馆主编：《抗战时期西南联大教授演讲录》，昆明市社会科学界联合会、昆明市档案局馆出版，出版时间不详（内部资料）。

（续表）

演讲主题	演讲者	演讲题目	演讲时间
生物学与人类生活系列	贺庆笙	《生物学与国防》	1944. 12. 15
	潘光旦	《生物学与社会问题》	1944. 12. 18
	刘崇乐	《生物学与历史》	1944. 1. 5
	刘士林	《云南之经济植物》	1945. 1. 12
	张景越	《植物与工业》	1945. 1. 19
国际局势与列国概况	曾昭抡	《世界战局》	1942. 3. 7
	王赣愚	《美国政治制度》	1942. 4. 4
	杨西孟	《美国经济状况》	1942. 4. 6
	雷海宗	《美国历史背景》	1942. 4. 11
	伍启元	《英国经济概况》	1942. 4. 18
文学系列	游国恩	《屈原》	1942. 5. 31
	罗庸	《陶渊明》	1942. 6. 8
	闻一多	《楚辞的时代》	1942. 6. 14
中国战后建设系列	伍启元	《战后货币调整问题》	1945. 12. 9
	赵乃博	《战后资源问题》	1945. 12. 21
	费孝通	《战后农业建设》	1946. 1. 4
	胡毅	《战后教育建设》	1946. 1. 18
	秦瓒	《战后财政建设》	1946. 1. 20
	胡毅	《战后中国教育之改进》	1945. 9. 8
社会与教育问题系列	孙毓崇	《中国社会的形成》	1945. 9. 15
	倪中方	《迷信的心理解释》	1945. 9. 20
	黄子坚	《战后教育问题》	1945. 10. 13
	陈雪屏	《美满婚姻之条件》	1945. 10. 20
	戴世光	《国情普查》	1945. 9. 29
	孙超孟	《职业教育的今天》	1945. 11. 2
	潘光旦	《中国家庭问题》	1945. 11. 20
	曾昭抡	《科学教育与工业社会》	1945. 11. 20

同时，根据演讲目的和受众群体的差异，演讲深度亦做了相应调整。如在学校各系发表的学术演讲主要面向学生，以提升学生专业素养、促进学术交流为目的，因此演讲内容以专业理论知识为主，学术性强。而纪念日演讲、昆明广播电台播音等则面向全体国民，以普及科学知识、强化国家意识和进行社会动员为目的，演讲内容普遍性强，易被理解和鼓舞情绪。由此可见，联大教授面向学生的演讲重视大众传播的百家争鸣，以促进学术交流、提升培养人才的效能，凸显学术建国志向；而面向普通大众的演讲则注重大众传播的社会功能，以传递文化、制造舆论共识，凸显文化救国为价值取向。

（二）演讲频率高，持续时间长

联大教授的演讲活动频繁，大多为一月数次或一月一次，更有一周数次。在如此高频率的情况下，联大教授还长期坚持演讲。例如，历史系教授姚从吾以联大党部的名义举办了一百多次学术讲座，讲座本身虽由国民党举办，但却始终以学术研究为导向。[10]现存资料中，联大教授学术讲座的次数只有零散记载，但在战火纷飞的年代，他们坚持频繁举办高品质的学术演讲，更显得弥足珍贵。

此外，根据云南省昆明市档案馆的记录（见表3），联大教授也自觉承担起服务社会的责任，举办了主题多样的公开演讲会来开展社会教育。从1942年至1946年，联大教授为向民众宣传抗日救国、复兴建设等方面知识，先后在昆明景东、东升、圆通、华山、大观、崇仁、桃园、青年会等八个讲所演讲，演讲多达110余次。[11]这些公开演讲活动贯穿全面抗战始终，以1938年5

月 4 日西南联大教授入滇首日发表的“五四”演讲为开端，一直持续到 1946 年北归复员，八年间几乎从未间断。

（三）演讲形式丰富，影响范围广泛

联大教授的演讲形式多样，主要分为两类：一类是系统演讲，如联大文史学会在 1942 年举办的“中国文学十二讲”、法商学院的宪政系统演讲、青年会的战时系统演讲，以及昆明文化界组织的“文化沙龙”等。另一类是单个主题的演讲，如：曾昭抡应云南省绥靖公署邀请，为坚定抗战必胜信心发表演讲“对于中日大战之认识”[12] 166-167；罗廷光在省教育会发表的“各国青年训练”演讲，介绍各国的战时教育，为我国战时教育提供参考[12]182。

这些演讲的听众人数多，影响范围广泛，除本校学生，还有外校学生、军政人员、公司职员、教师、工人、农民、商人等，曾听过联大教授演讲者多达数十万人。“每当联大教授举办讲座，昆明街头的店铺就会收铺板关门，因为老板与伙计都要去听。”[13]此外，教授们演讲的场合不限于联大，更不限于昆明本地。如 1944 年，中英文化协会在重庆举办“英国文化专题讲座”，伍启元、费孝通、钱端升、吴宓受邀发表演讲，论及英国社会制度、现代经济思想与制度、政治、文学等内容。再如冯友兰和贺麟先后到过四川讲学。还有部分教授到国外讲学以传播中国文化：如金岳霖、费孝通、陈序经、杨振声、罗常培等曾赴美讲学；陈寅恪、沈有鼎、邵循正、孙毓棠等曾赴英讲学；伍启元曾赴印度讲学；等等。[14]联大教授通过校园内外的演讲，将智识传播到了昆明、云南乃至全国和全球，不仅树立了学术楷模，还起到了移风易俗的作用，对云南地方社会及文化场域产生了深远影响。

三、西南联大教授演讲的影响

联大教授孙云铸曾言："也尝观我国每年当政治腐败衰乱之际，恒有二、三大儒讲学振世，维持正义于不敝，以为民族后继复兴之基。"[15]总结起来，联大教授的演讲至少产生了以下三方面影响。

（一）启蒙思想，建构了学术型校园和学习型社会

梅贻琦认为，办学校，特别是办大学，应秉持研究学术和造就人才两种目的。因此，联大教授秉持教育救国、言论救国的思想，建立了常态化的演讲机制，即演讲由联大教授担任主讲人、联大学生会承办，面向全体学生且兼重答疑以促进互动交流。此种演讲模式在校园内最大限度地普及了联大教授的学术前沿思想。西南联大学生、诺贝尔物理学奖获得者杨振宁曾言："我在西南联大念书的时候，听了王竹溪先生关于相变的一系列演讲，从那以后我就不时地对这个问题注意，我后来写的第一篇关于物理相变的论文是在 1951 年，以后十年物理相变成了我主要的兴趣之一，1940 年前听王先生的演讲对我的研究工作有了长远的决定性的影响。"[16]

同时，面对当时国民思想水平低迷的状况，联大教授通过演讲来开展行之有效的社会教育，使民众对时事、战局、文化等内容产生了更为科学的认识。如在一篇名为《昆明短简：记一个时事晚会》的回忆记述中，作者就写道："联大经济系举行了一个校庆前夕时事晚会，天还没有黑，离开会还有两个钟头，会场中已座无虚席。像过去的几个晚会一样，许多人从很远的地方赶来，有公务员，也有中学生。他们有的是请假来的，也有是牺牲了晚餐赶来抢位子的。他们是饥渴的，需要真正的人民声音的慰藉；

他们是苦闷的，需要大胆的指示。”[17]可以说，通过各类演讲，联大教授得以启蒙民众、宣传先进文化、改良社会风气，唤起了公众对民主、科学的向往。

（二）舆论动员，强化了知识分子和全体国民的爱国自觉意识

西南联大不仅是中国的高等学府，亦是制造舆论的主阵地。而联大教授作为重要参与者，其发表的一系列演讲无疑起到了舆论动员作用。校内演讲最直接的成效则体现于，在联大迁往昆明后的几次知识青年从军应征中，学生的从军意愿由被动转向积极，尤以 1944 年的知识青年从军运动最为典型。起初学生报名踊跃程度欠佳，为了激发联大学子从军的斗志，多位联大教授以演讲的方式进行从军动员。经过一系列努力，联大学生最后实际应征人数达 266 人之多。无疑，联大教授的积极宣传与动员激发了学子追求民族独立、捍卫领土完整的爱国情怀。

随着抗战接近尾声，联大教授致力于团结昆明各界的爱国力量以建构理性的爱国共同体，并展开了声势浩大的爱国民主运动。例如 1945 年 11 月 25 日晚，联大召开“反内战时事演讲会”，掀起了爱国民主运动的高潮。时任联大教授的钱端升、伍启元、费孝通以及云南大学教授潘大逵相继发表演讲，演讲的核心为“应成立联合政府达成停止内战”。[2]354 随即，国民政府制造了“一二·一”惨案。此事件进一步刺痛了国民的神经，昆明市民纷纷自发前往“一二·一”烈士灵堂追悼牺牲者，民盟云南省支部、云南省妇女联谊会、云南省参议会等均发表声明抗议，各界人士纷纷捐款并刊发文章来应援此次爱国民主运动。其中，联大教授更是功不可没，其不畏强权的演讲，不仅强化了学生的国家意识，更提升了云南乃至全国人民的爱国自觉意识。

（三）引领价值，促进了大学精神和国民精神的现代转型

战时联大教授通过演讲有力地捍卫了大学的高尚精神，促进了大学文化的形成，并对中国大学的现代转型起到了积极的推动作用。第一，联大教授的演讲塑造了学术自由的大学精神。联大教授的演讲秉持“学术自由”原则，形成了鲜明的演讲特色，体现为演讲时间自由、演讲时长自由、演讲内容自由和演讲地点自由。第二，联大教授的演讲塑造了敢于批判的大学精神。联大教授在昆八年间不畏强权和黑暗，努力积极发表演讲，屡次要求国民政府废止一党专政，以期实现国内和平统一。第三，联大教授的演讲塑造了大学的社会关怀精神。如吴晗多次发表演讲，呼吁联大学子不但要在学术上做出努力，还应在民主运动上作为全国人民的先锋，为国家实现民主和平做出贡献。[18]

联大教授钱穆认为，在日寇入侵、民族危机十分严重的抗战时期，团结全国民众、抵抗强寇的一个重要手段，就是弘扬民族文化、振奋民族精神。他认为，民族士气的振奋与国民精神的动员是民族复兴的第一要务。梅贻琦亦认为，“大学之道，在明明德，在亲民”。[19]因此，联大学人纷纷献身于教育事业，以引领国人弘扬民族精神，恢弘志士之气。可以说，联大教授通过演讲积极开展社会教育，其演讲形成了一种极具影响力的话语模式，对国民精神的培育起到了引领示范作用。

四、余　论

战时西南联大教授的一系列演讲无疑构建了一种有效的大众传播形式,促进了大学精神和国民精神的进一步确立。总的来看，

传播者是有组织的西南联大教授群体，传播媒介是以语言文字为载体的体量庞大的各类演讲，收受者为全体国民，这些演讲对学生和民众爱国精神、国家意识、政治民主观念等的树立起到了积极作用。换言之，西南联大教授塑造的以演讲为中心的大众传播形式发挥了关注外部政治环境以监督政府、协调关系以宣传抗战、传递文化以承继社会遗产的功能。[20]所谓关注外部政治环境，即联大教授时刻关注国内外、校园内外的信息，让学生、民众、政府了解世界反法西斯战场局势和国内形势，从而生成了关注国家的自觉意识；协调关系主要体现为，联大教授积极参与社会变革，自觉承担了抗日宣传、文化启蒙、制造舆论等多重使命，催生了国民的责任担当；传递文化则体现为，各类演讲承继了中华民族传统文化，并以此来探寻中国精神，引领和鼓舞国人。在各类演讲中，他们坚信文化不灭，中国就不会亡，以言论救国的方式，用文化的力量去唤醒沉睡的国人，亦用文化的力量来坚定民众的信心。

注　释

[1] 黄星民：《"大众传播"广狭义辨》，《新闻与传播研究》1999年第1期，第2—4页。

[2] 西南联合大学北京校友会编：《国立西南联合大学校史（修订版）——一九三七至一九四六年的北大、清华、南开》，北京大学出版社2006年版，第163页。

[3] 周本贞主编：《西南联大研究（第一辑）》，中国大百科全书出版社2005年版，第163页。

[4] 邓昕：《被遮蔽的情感之维：兰德尔·柯林斯互动仪式链理论诠释》，《新闻界》2020年第8期，第40—47页。

[5] 周棉：《西南联大的校园氛围与闻一多精神之养成》，《北京大学学报（哲学与社会科学版）》2008年第1期，第137—141页。

[6] 云南师范大学校史组：《云南师范大学大事记》，《云南师范大学学报（哲学社会科学版）》1988年校庆增刊，第109页。
[7] 张睦楚：《育滇省师资·增教育之效——西南联大师范学院与战时云南“中等学校教员暑期各科教育讲习讨论会”》，《学术探索》2020年第9期，第118—127页。
[8] 宋希濂：《鹰犬将军——宋希濂自述》，中国文史出版社1993年版，第164页。
[9] 戴美政：《抗战救亡的时代强音——昆明电台与西南联大对抗战广播的重大贡献（下）》，《中国广播》2015年第12期，第82—86页。
[10] 刘宜庆：《大师之大：西南联大与士人精神》，江苏文艺出版社2013年版，第107页。
[11] 昆明市档案馆主编：《抗战时期西南联大教授演讲录》，昆明市社会科学界联合会、昆明市档案局馆出版，出版时间不详，第5—12页。
[12] 闻黎明：《抗日战争与中国知识分子：西南联合大学的抗战轨迹》，社会科学文献出版社2009年版。
[13] 刘宜庆：《绝代风流——西南联大生活录》，北京航空航天大学出版社2009年版，第218页。
[14] 云南省档案馆编：《档案中的西南联大》，云南民族出版社2016年版，第190—191页。
[15] 北京大学、清华大学、南开大学、云南师范大学编：《国立西南联合大学史料（三）》，云南教育出版社1998年版，第572页。
[16] 刘培杰数学工作室编：《唐吉诃德+西西弗斯（他山之石集）》，哈尔滨工业大学出版社2020年版，第214—215页。
[17] 黎平：《昆明短简：记一个时事晚会》，《国讯》1944年第380期，第16页。
[18] 郭琪：《民主的堡垒》，《民众周刊》1945年第9期，第12页。
[19] 梅贻琦：《大学一解》，《清华大学学报（自然科学版）》1941年第1期，第3—4页。
[20] 高海波：《传播功能研究新论》，《新闻界》2007年第2期，第26—27页。

短视频的生存与进化

——基于红皇后媒介进化论的解释

慕　玲　张新阳　刘金河*

摘要：保罗·莱文森的媒介进化论指出，媒介进化遵循趋人性化方向发展，但是媒介的进化事实上面临多重竞争，尤其是来自媒介之间的竞争压力。在这种复杂而紧密的竞争生态中，短视频是一个典型案例。本文针对当下短视频发展和竞争的特点，受生物学“红皇后假说”启发，吸收莱文森的媒介进化理论，及达尔文的进化论思想，在媒介环境学派理论脉络中，提出“红皇后媒介进化论”，以新的视角和框架对短视频的“生态位”及具体发展路径进行分析。“红皇后媒介进化论”借“红皇后”之名，重新发展了媒介进化论，在修正莱文森趋人性化媒介进化论的同时，也试图厘清隐藏在短视频繁复竞争现象背后的多重维度和逻辑，并展开理论解释。

关键词：短视频；红皇后假说；媒介进化论

在这个国度中，必须不停地奔跑，才能使你保持在原地。

——《爱丽丝镜中奇遇记》

* 慕玲，系北京电影学院中国电影文化研究院硕士生导师；张新阳，系北京大学新闻与传播学院博士研究生；刘金河，系北京大学新闻与传播学院助理教授。

经过几年的发展与演进，短视频作为一种独立的媒介形态，似乎已经迎来它的成熟时刻。无论是在题材选择的水平，抑或内容品质上，短视频均有了明显提升，其组织形式方面也呈现出日趋紧密和专业化的特征。多渠道网络服务（MCN）开始被频繁提及，并快速扩张版图。短视频在功能与业态的裂变中，实现着创新与扩散。可以说，当前短视频正在以一种类似“生物进化”的方式，不断变化升级。这一转变来源于多个层面，包括技术的进步、生产方式的改变和组织形式的重构等外在环境因素；同时，媒介的竞争和人的选择也成为不可忽视的推动因素。那么，在短视频这种“生物”复杂的进化过程背后是否存在普遍的规律？如果有，支撑这一规律运行的竞争逻辑又是什么？它又将如何在更长远与广阔的信息时空中，观照与驱动短视频的走向？

一、媒介世界的加速与理论解释的滞后

物竞天择,适者生存。除生物外，媒介的发展和技术的优胜劣汰，也遵循这一基本原则。短视频作为一种新兴的媒介形态亦不例外。在这看似简单熟悉的定律背后，媒介的发展并非遵循直线前行的轨迹，媒介竞争往往面对着更为复杂的环境和更为多变的因素，所以媒介的进化动因也受到更多维度的影响。

(一) 从“红皇后假说”到加速的媒介世界

“在这个国度中，必须不停地奔跑，才能使你保持在原地。”这是《爱丽丝镜中奇遇记》的故事中，红皇后对爱丽丝关于她当前所处世界特征的提示和描述。1973 年，芝加哥大学生物学家利·范·瓦伦（L. van Valen）基于这个故事场景，提出了著名的

生物进化理论“红皇后假说”（Red Queen Hypothesis），用以解释自然界生物进化历程中不进则退、停滞即死亡的残酷竞争。[1]红皇后假说认为，物种间为了抢夺资源，必须不停歇地优化，以对抗捕食者和竞争者。但是，捕食者和竞争者也只有不断进化，才能生存下去，由此物种并没有获得更多的优势，而是彼此形成相对稳定的均衡状态，这一过程往往也被称为协同进化。物种都在不停歇地进化，但是却又保持了“相对静止”，这也正是红皇后的那句名言所描述的状态。[2]

媒介进化的本质在于，作为人的延伸不断地向外和向内进行突破，寻求更大意义上的自由与联通。这种延伸是显而易见的，从漫长书信的寥寥数语，到视频转瞬即至的实时场景，媒介帮助人类更加自由快捷地与世界沟通和连接。纵观短视频乃至整个媒介发展历程，媒介发展轨迹暗合了红皇后假说的某些逻辑。从媒介发展的角度来看，媒介历史被划分为“口语时代”“文字时代”“印刷术时代”和“电子媒介时代”，但这些时期的更迭间隔并非等差数列，而是呈现明显的加速度前进特征[3]。由于近代以来技术的爆炸式发展，人类迈入互联网时代后，媒介更新换代的速度明显加快。当前的媒介发展环境正如同爱丽丝的世界——在一个不断变革的环境中，新的媒介在加速出现，旧的媒介则面临被迫重新适应的局面，而短视频媒介作为其中的一员，也正在这个加速的世界中不断奔跑。

（二）作为阐释框架的媒介进化理论：有效与限度

媒介的奔跑状态是一种进化，目前的理论解释主要来自媒介进化论。媒介进化论脱胎于传播学第三大学派“媒介环境学派”。该学派本身强调媒介传播技术在人类事务中扮演的主导角色，将媒介构成的环境作为主要研究对象[4]。在媒介进化论的理论建构中，媒介环境学派第三代中流砥柱人物以保罗·莱文森（Paul Levinson）为代表，其在《人类历程回放：媒介进化论》中提出，媒介具有“人性化趋势”[5]，并以生物进化的视角，指出了环境和人对于媒介发展的影响。这种研究进路是对媒介环境学派的前辈的观点的逆转，丢掉了“技术悲观主义”的情绪，甚至被誉为“人本主义研究范式的转换”[6]，成为张扬“人本主义”媒介立场的重要标杆[7]。

然而，莱文森设定了某种前技术的“自然状态”的人性[8]，而将媒介技术的人性化等同于自然化[9]，对人的理解是一种“哲学倒退”[10]。因为技术与人类需求是相互建构的，所以让人类理性成为进化的规定性方向一说无法成立。正如技术史家巴萨拉从技术发展史角度指出的，恰恰是技术的发展创造了人的新需求[11]，人与媒介处于相互影响、同步发展的相对关系中。显然，莱文森在衡量人与媒介的关系时，将人放在了一个强大的主导地位上，而对媒介的反作用力有所忽视。

（三）媒介何以演进：基于“红皇后假说”的理论修正

媒介进化论指出了媒介进化趋人性化的方向。媒介的进化受到诸如技术等大环境的驱动，同时又受到“小生境”的影响，人是媒介发展的标尺。整体看，媒介进化论对影响媒介进化的其他因素的分析是缺失的，对媒介发展的具体路径和竞争机制，无法给出客观全面的解释。

“红皇后假说”是达尔文进化论的重要补充，同样是对媒介进化论的重要启发和完善。它认为，生物具有自我驱动进化的潜力，强调物种之间的竞争与进化。一个物种的改进将对其他物种的竞争压力和生存环境造成改变，生物之间构成相对环境，彼此相互竞争与适应，呈现出协同进化的规律。[1] 微观层面的探究发现，媒介本身存在类似自然生物间协同进化的规律。媒介作为一种技术系统中的一员，将其他媒介作为自己的环境，同样在技术系统内部不断建造自己。凯文·凯利将其比拟为自然界的“第七生命王国”，有着自己的内在演化逻辑。[12] 这种逻辑在红皇后假说的视野里，表现为媒介与媒介的竞争与进化。由此来看，红皇后假说可以很好地补充莱文森所忽略的媒介与媒介间的相互关系，即生物界中物种与物种之间的关系。

媒介进化必须放到整个媒介生态中去全面分析。红皇后假说的启示在于，在媒介实际的进化路径当中，媒介与媒介的竞争是重要的进化动力。莱文森的媒介进化论强调了人对媒介的单向选择，但缺少对媒介与媒介竞争的分析。媒介的生存和进化受制于多元复杂的条件，如果站在媒介的视角可以发现，媒介与环境、媒介与媒介、媒介与人三组关系互相影响，共同发展，而非各自独立发展或单向主导。因此，对于媒介的这种竞争发展机制，本文吸收了红皇后假说、莱文森的媒介进化论，以及达尔文进化论思想，在此基础上提出了一个新的解释框架，试图从错综复杂的竞争生态中寻找关键变量，以重新建构媒介进化机制。本文将其称为“红皇后媒介进化论”。该理论强调大环境的重要作用，认为媒介受制于整体环境；同时，借助红皇后假说思想解释媒介与媒介之间的互相影响；最后，通过指出人与媒介间相互建构的复杂关系，修正莱文森的趋人性化媒介进化论。在加速的世界中，媒介如爱丽丝一样，必须在残酷的竞争环境中不停奔跑，才能留在原地。因此，本文借红皇后之名重新发展了媒介进化论。

二、媒介演进的“红皇后”机制：竞争与进化

红皇后媒介进化理论认为，不断奔跑的媒介所面临的生存压力来自大环境的整体影响，而且媒介与媒介的竞争，以及用户的选择，均是媒介进化的驱动力。因此，这种复杂的竞争关系可以通过三个维度建构一个简明的理论模型：环境—媒介、媒介—媒介、媒介—用户。

在红皇后媒介进化理论的解释框架中，媒介进化的动力来自宏观和微观两个层面。该理论在宏观层面建构起媒介与环境的关系，在微观层面将关系进一步概念化为媒介与媒介、媒介与用户两组（如图 1 所示）。从逻辑上看，微观行为是宏观选择的基础，但是为了便于区分，此处把用户（人）对媒介的直接选择和使用行为归入微观层面，把社会对媒介的整体偏好归入宏观层面。微观层面产生的影响是直接且即时的，而宏观层面的影响相对间接且深远。

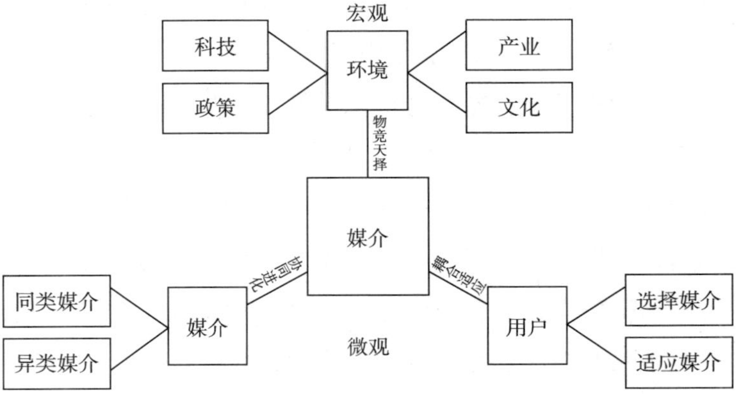

图 1　红皇后媒介进化理论模型

（一）媒介—环境：物竞天择

达尔文的生物进化论是现代进化学的源头，其核心思想是物种是经过长时间的自然选择过程后演化而成的，强调对环境的适应是生物生存和进化的前提，因此往往被总结为“物竞天择，适者生存”[13]。以此观照媒介进化，与媒介的竞争和对用户的适应两个维度之上是宏观的环境，媒介所处的大环境是不能被忽视的要素，这种大环境在宏观层面主要包括技术的演变、产业的更迭、政策的鼓励与限制，以及社会文化的接受与排斥。整体上，媒介朝着适应环境的进化方向前进，“自然选择的力量”汰弱留强，达到物竞天择的进化效果。

（二）媒介—媒介：协同进化

媒介生存的直接竞争环境是由所有媒介共同构成的，类似于自然界中的多物种组成的生物环境。媒介的竞争主体涵盖了同类媒介与异类媒介，如在当前网络媒介时代的大环境下，分别以短视频和长视频为代表的媒介形态同属于网络视频这一重要媒介类别，由它们衍生出了“抖音”“快手”等热门媒介产品。其既要直面内部的同类竞争，同时也面临着线上新闻应用，甚至即时通信类社交媒体平台的竞争压力。但是，正如红皇后假说所佐证的，媒介与媒介之间遵循着一种协同进化的生存法则，在竞逐中共同前行，并保持着动态的平衡。媒介进化与衰落总是在融合的内驱力作用下发生，这也意味着，媒介间竞争的重要结果是，媒介双方在裁长补短、互为裨益的进化中，找寻到适合各自的“生态位”，双方共同进入生命周期的更高级阶段。

（三）媒介—用户：耦合适应

客观上，媒介不是真正的自然界中的生物，它是因人的存在而存在的一种物理介质。因此，考察媒介的演变动力应最终落脚到媒介与人（用户）的关系上。媒介与人之间的关系可以称为“耦合适应”，即人和媒介相互作用、相互联结。因为，媒介既被人的偏好所选择，同时也在塑造着人的偏好。一方面，人影响着媒介进化的方向，满足人的某种感官需求是其生存下去的必要条件[14]，人的现实需求在某种程度上成为媒介进化的参照标尺。另一方面，媒介也在改变人类的生存环境，塑造着人类的行为方式。正如尼尔·波兹曼指出的，铅字印刷的书和图像有声的电视，对人的思维方式和生活方式具有塑造性影响。[15]37–57而影响更深远的是，媒介正在重构社会，社会正在被“媒介化”。在真实世界之外，媒介营造出一个虚拟的无限扩张的媒介世界，人们通过媒介来获取对于世界的认知，每个人都是媒介深刻影响下的“媒介人”[16]。媒介需要适应人为选择的“小生境”，而人也需要适应媒介带来的生活环境的改变。

总体上，媒介的发展进化取决于这三组关系的相互作用，基于这三组关系，本文尝试从多个层面去解释推动媒介出现、竞争、淘汰和进化的内在驱动力，并探究影响各个层面的具体因素和内在机理。

三、红皇后媒介进化论观照下的短视频竞争与进化路径

总览短视频的演化历程及发展脉络，在较短时间内，其从新生、崛起、勃兴，发展到如今已经渗透到社会结构与社会生活的

各个领域。新生媒介往往是基于以往媒介的基础演化而来，且经历了结构上不断深化与修正完善的过程。就其背后的客观规律与内在逻辑而言，在红皇后媒介进化理论的观察视野之下，短视频的出现有着必然性与合理性，从微观到宏观，都有着清晰的竞争规律与进化机制，具备内在自发的进化动力。

（一）短视频的生存环境

从媒介生态系统角度看短视频，进而理解短视频在中国媒介全局中的“生态位置”，是短视频研究的重要视角。本文将从科技发展、产业环境及政策与文化三个维度，分析短视频所处的宏观环境。

1. 从“静”到“动”的科技升级

媒介本质上是一种技术。媒介的直接进化动力来源于科技的进步，而在此过程中，媒介的形式历经了从“静”到“动”的过程。从文字到声音和画面，直至视频的出现，都很好地佐证了这一事实。短视频的存在形态离不开支撑短视频运行的几种关键性的前置技术。首先，Web 2.0 时代，用户身份发生了根本性变革。用户由单一被动的接收者，转为兼具生产与消费性的双重角色，并获得了互动的权利。[17]这也促使用户生成内容（UGC）跃迁为当今网络平台中主要的内容生产方式之一。“动起来”的用户，成为短视频平台内容多样性和根本活力的保障。其次，移动设备的技术进步和网络速度的提升，实现了短视频的实时性与在场性。自 4G 网络普及以后，流量加持及其低成本的优势，促使移动视频这种立体动态的表现形式开始真正兴起。[18]此外，算法推荐功能的开发，减少了用户搜索的时间，并将碎片化的时间重新高效聚合。尽管学界和业界对算法推荐带来的“信息茧房”效应表示担忧和批判，但驱动媒介“动起来”去思考用户的消费习惯，未尝不是对“媒介驱人性”的纠偏，也是媒介调适自身适应生存法则的本能反应。

2. 产业环境改变组织形态

随着产业环境的变迁与成熟，短视频的组织形态也在历经结构性的变化，其生产形式呈现出专业化和组织化的特征。UGC 的主导地位被质量更高的 PGC（专业生产内容）所取代。“卡思数据”发布的《短视频 PGC 内容细分行业透析白皮书》显示，PGC 以 20%的总量，获取了短视频平台 80%的流量，二八法则效果凸显。同时，短视频的优质内容供应方也从曾经独立生产的单打独斗，变为当下联系更紧密的 MCN（多频道网络）组织形式。具体而言，它们团结头部 PGC 资源，形成专业内容生产矩阵，以此获得更具组织化和规模化的综合竞争优势，并优化推广与赢利链条，实现生产者与平台的双对接。资本的支撑以及 PGC 内容的系统聚合，保证了优质内容的稳定输出，短视频的生存半径再度被延长，也因此获得了更大的生存空间。

3. 政策与文化的双重作用

政策环境和文化环境以“有形之手”和“无形之手”的形式，调控着短视频的发展。近些年，国家相继发布了《网络短视频平台管理规范》等多个文件，短视频机构在政策导向下开展内部整顿，从机构把关和内容审核等层面，进一步规范短视频传播秩序，推动短视频进入可持续发展的通道。在文化环境里，短视频契合了当下社会流行的文化理念与生活方式。“以人为本”是短视频的文化基因，这缘于其是从民间文化走向公共传播，从一开始就是以“生活化”为其底色[19]34-43。新时代，大众文化的盛行以及文艺作品“接地气”的价值导向，对短视频的内容生产与产业勃发形成了正向作用，同时也符合短视频“分享生活”的理念。在海外文化环境中，短视频在不同国家与地区受到的待遇却有云泥之别。以 Tik Tok 为例，它在与中国文化接近的日本、泰国等国家大受欢迎，而在美国、印度等国家，却因违反相关法规，以及受所在国政治环境影响而遭遇罚款、“封杀”和强制收购。可见，短视频的成功与否不仅是传播与运营的问题，同样也需在政策生态与文化情境的导引下“入乡随俗”。

（二）短视频的内外竞争

1. 同类的差异化生存

短视频面临的第一方面竞争来自网络视频媒介内部的同类竞争，具体表现为同类媒介产品的竞争。当前，市面上活跃的短视频平台数量众多，“抖音”“快手”“火山视频”“西瓜视频”“美拍”等短视频产品占据市场顶端，其中头部平台间的竞争尤为激烈。截至 2022 年 6 月，“微信视频号”月活跃用户数（MAU）破 8.10 亿，“抖音”月活跃用户数达到 6.80 亿，“快手”月活跃用户数则为 3.90 亿，三者用户规模之间存在较高的重合。[20] 从总体上看，数量如此众多的短视频平台能够同生共存，很大程度上依赖差异化的竞争方式，其内在理念与目标人群并不完全相同，因此避免了在同一领域中的过度对抗。“抖音”更加偏向专业化生产，并以头部机构生产者为主导，目光主要放在一二线大城市，在“抖音火山版”上 25 岁到 40 岁的青壮年尤为活跃。“快手”以用户为中心，尤其聚焦三四线以下城市的青年群体的日常生活。[21] 除此之外，在短视频与传统长视频的竞争当中，二者也逐渐找到了共存之道。中国互联网络信息中心（CNNIC）发布的第 50 次《中国互联网络发展状况统计报告》显示，截至 2022 年 6

月，我国短视频的用户规模达9.62亿，占网民整体的91.5%[22]。从数据来看，短视频正在全面超越长视频，但基于不同的属性基因与应用场景，短视频往往成为长视频的信息推介窗口和链接前台，而长视频则为短视频提供了素材来源和内容支撑，二者逐渐找到各自恰当的生态位。未来仍会是一个“短长”并行的时代[19]34-43，二者相互借鉴、共同进化并实现优势互补。

2. 异类的同质化竞争

短视频面临的另一重竞争源自其他媒介类别对其生态位的挑战，即异类媒介的同质化竞争。短视频与其他媒介竞争的逻辑主要是建立在对彼此优势功能效仿的基础上的进化与竞逐。一方面，其他媒介寻求在原本功能之上进化出与短视频类似的额外功能属性。譬如，传统新闻App越来越多地将“热搜”内容以视频化逐条播送的形式呈现在首页上。而一些社交软件，例如微信，也在2020年初开启了“视频号”的功能板块内测。该功能被嵌入微信手机端的“发现”栏，放在了仅次于“朋友圈”功能的第二列，足见开发者对其寄予的期望。另一方面，各大短视频平台也尝试通过向其他媒介取法，实现自我超越。比如，强化社交属性。“抖音”发布了“随拍”功能，尝试鼓励用户社交和分享，还推出了账号互通的社交软件“多闪”进行功能互补。“内容+社交”的组合公式正在吸引用户和沉淀用户方面发挥相辅相成的作用。前台的短视频反而更像是一个窗口，与后台内容产生深度勾连。短视频与不同媒介间的相互借鉴和学习，达到了优势功能互联互通的效果，它们以相互融合的方式，走出了一条协同进化的发展道路。

（三）人与短视频的选择适应

短视频与人之间的互动关系是典型的耦合关系。短视频的出现是媒介对现实世界的趋同，其背后是以人的偏好为尺度。同时，短视频所营造的世界不断地改造着人们的生活方式，并催生新的需求和行为，进而反向为短视频提供新的生存空间。

1. “物竞人择”下的人性化结果

媒介的进化发展往往按照人的需求意愿进行，人的选择对媒介的进化方向有着巨大影响，正如莱文森形象地指出的，一种信息技术存活的概率取决于它满足人类需要的优势[9]69+153。伴随着时间碎片化时代的来临，短视频适应于更多空间，且在满足用户消费心理方面具有优势。它的内容集中，且有算法推荐功能的“趋人性化”机制支持，合乎当代人对内容选择与消费的实际需求。从形式上讲，短视频由横屏转向竖屏，并将点赞和收藏等功能键集中在右侧，也更加贴合用户的使用习惯。从功能上看，现下的短视频不仅可以记录用户的喜好，进行有的放矢的内容推送和引流，并且可以对这些偏好数据进行更加深入的分析，与电商和直播带货相连接，创造更大的商业价值，满足消费需求。相较于传统的网络视频来看，目前短视频平台已经在事实上独立出来，成为新式的补偿性媒介，并在媒介丛林中找到了自身的生态坐标，这也是“物竞人择”的必然结果。

2. 短视频赋予人可见性空间

依据红皇后媒介进化论的观点，虽然人创造了短视频的媒介形态，但短视频的应用也对人类社会产生了巨大的推动力量，它提供了某种可供性[23]，即媒介技术对具有特定感知和技能的行动者而言，所具备的行动之可能。如今，短视频平台的业态布局早已不局限于其原本的娱乐功能，它以生生不息的文化力量，重塑着社会结构和大众的生活方式，为用户提供了“看见”与“被看见”的可见性空间[24]，使用户之间的交流在同一框架内被他人看见[25]。以两大短视频平台“抖音”和“快手”为例，两大平台的口号（slogan）分别为“记录美好生活”和“记录世界　记录你”，均凸显了对于生活环境的记录功能。无论是网络中流行的美妆文化的意见领袖对于新消费时代的引领，还是文化博主对于中华美学生活方式的倡导，均在可见性空间的生产与消费中实现了“自我展演”和“被人关注”，同时塑造着国人的生活理念与生活方式。从更长久的时间维度来看，短视频不断创造着大众的新需求，并拓展着可见性空间的边界。未来，这种新需求将会继续催生新的媒介功能与形态。

四、短视频未来的进化方向

在红皇后媒介进化论理论框架下,短视频面临着不进则退的生存挑战。而从短视频进化规律背后的动力机制中不难发现，未来短视频依然具有十分广阔的发展空间，并将于外在环境、媒介竞争，以及与人协行中不断迭代升级，保持不断奔跑的状态。

（一）环境变化：全景、沉浸与破界

环境的变迁影响着媒介的整体发展，而在诸多环境因素之中，变化最为剧烈的往往是科技环境。目前来看，5G 技术的广泛使用，将使短视频所处的生存环境发生更加深刻的变革，为短视频的发展带来由量变到质变的转化。短视频具备文字、语音和画面等多维度的信息传播功能，传播门槛大幅度降低，这可能带来重大利好，短视频将成为大众的基础沟通形式。5G 网络更高的速度给 VR 的推广和应用提供了基础环境，也给短视频带来了更具深度的全景式体验，进一步打破了虚拟和现实的界限。短视频有

望被广泛地应用于在线教育、远程医疗、会议办公等领域，并在科技的积累和推动下，进化为一种全新的沉浸式媒介。

（二）万物皆媒时代的融合演进

物联网的时代即将到来，在可预见的未来，短视频仍然将继续拓展其应用的深度与广度，并与其他媒介在竞争中叠加融合，转型升级为多功能复合型的媒介形态。万物互联意味着万物皆媒，短视频有机会被应用在几乎所有场景之下。例如，智能家居、智慧城市等领域均会向短视频开放，为其提供更大的用武之地，并结合智能化的可穿戴设备，共同构建新的移动空间网络，推动信息的场景化传播。同时，短视频的竞争将会分流，并继续走向垂直、细分和多极化，短视频的内部分工将呈现具体化、明晰化的态势。而其他媒介对短视频功能的借鉴和开发，难免“蚕食”其既有用户规模效益。差异化的短视频应用将会根据功能定位完成“角色扮演”以应对不同场景的使用，各类短视频共同占有生态位，并通过与其他媒介的相互融合和功能补充，最终实现适应万物相连时代的协同进化。

（三）重构人与社会的连接

恰如尼尔·波兹曼所言，“媒介即隐喻”[15]3–18。媒介的形式在很大程度上决定了媒介的内容表达。短视频未来将会朝着更加人性化的方向前进，在社会多个关键领域发挥巨大作用。而短视频功能的裂变与强化，意味着媒介形式的转型升级也将反向作用于人的生活空间，对其实现更深层次的改造。短视频在功能呈现上，将突破视觉消费窗口的标准功能，建构起一个连接人与社会的通道。当下的短视频已经融合了商业推广、直播、社交等功能应用。从属性描述上来说，类似于有一个提供多元化服务的接待前台，短视频借助多元化服务窗口，将用户引导至其所需要的商品、长视频、直播内容等页面。随着短视频链接功能与社交功能的加强，短视频将链接更多领域，提升大众的媒介使用满足感，强化对社会的认知及与社会的互动，成为人更加全面的感官的延伸。可以说，短视频通过物质空间的构筑以及社交空间的再造，实现了用户在可见性空间的生产、消费，以及对物质世界的信息化投射的接收[27]。短视频正在成为一种全新的社会交往语言，以其多维的、嬗变的传播特征，重新连接人与社会，在从媒介工具化到媒介社会化的跃迁中，重构人在社会中的交互关系与圈层位置。在社会媒介化的潮流中，短视频将作为一种制度建构的要素，逐步作用于社会文化的变革，深度地卷入社会的整体变迁。

注　释

[1] Van Valen, L., "A New Evolutionary Law," *Evolutionary Theory*, No. 1, 1973, pp. 1-30.

[2] Brockhurst, M. A., et al., "Running with the Red Queen: The Role of Biotic Conflicts in Evolution," *Proceedings of the Royal Society B: Biological Sciences*, Vol. 281, No. 1797, 2014, pp. 20141382-20141382.

[3] 林文刚编:《媒介环境学：思想沿革与多维视野（第二版）》，中国大百科全书出版社2019年版。

[4] Strate, Lance, "Understanding MEA," *In Media Res*, Vol. 1, No. 1, 1999.

[5] 保罗·莱文森:《人类历程回放：媒介进化论》，邬建中译，西南师范大学出版社2016年版，第7页。

[6] 陈功:《保罗·莱文森的媒介进化理论对媒介环境学的超越》,《当代传播》2013年第2期，第24—26+29页。

[7] 陈功:《保罗·莱文森的人性化趋势媒介进化理论》,《湖南科技大学学报（社会科学版）》2016年第1期，第178—184页。

[8] 胡翌霖：《技术的“自然选择”——莱文森媒介进化论批评》，《国际新闻界》2013 年第 2 期，第 77—84 页。
[9] 保罗·莱文森：《思想无羁：技术时代的认识论》，何道宽译，南京大学出版社 2003 年版。
[10] 胡翌霖：《媒介史强纲领——媒介环境学的哲学解读》，商务印书馆 2019 年版，第 96 页。
[11] 乔治·巴萨拉：《技术发展简史》，周光发译，复旦大学出版社 2000 年版。
[12] 凯文·凯利：《科技想要什么》，熊祥译，中信出版社 2011 年版。
[13] 查尔斯·达尔文：《物种起源》，周建人等译，商务印书馆 1995 年版。
[14] 郑燕：《人是媒介的尺度——保罗·莱文森媒介思想研究》，山东大学博士学位论文，2014 年。
[15] 尼尔·波兹曼：《娱乐至死》，章艳等译，广西师范大学出版社 2009 年版，第 37—57 页。
[16] 孟建、赵元珂：《媒介融合：粘聚并造就新型的媒介化社会》，《国际新闻界》2006 年第 7 期，第 24—27+54 页。
[17] Andersen, P., *What is Web 2.0?: Ideas, Technologies and Implications for Education*, Bristol: JISC, 2007.
[18] 张新阳：《5G 直播：从量到质的维度之变》，《青年记者》2019 年第 23 期，第 6—7 页。
[19] 彭兰：《短视频：视频生产力的“转基因”与再培育》，《新闻界》2019 年第 1 期，第 34—43 页。
[20] QuestMobile：《2022 中国移动互联网半年大报告》，2022 年 7 月，questmobile.com.cn/research/report-new/254，2022 年 8 月 28 日访问。
[21] 陆地、杨雪、张新阳：《中国短视频发展的长镜头》，《新闻战线》2019 年第 1 期，第 28—32 页。
[22] CNNIC：第 50 次《中国互联网络发展状况统计报告》，2022 年 8 月，http://www.cnnic.net.cn/gywm/xwzx/rdxw/20172017_7086/202208/t20220831_71823.htm，2022 年 8 月 31 日访问。
[23] 保罗·莱文森：《软利器：信息革命的自然历史与未来》，何道宽译，复旦

大学出版社 2011 年版。

[24] Gibson, James J., "The Ecological Approach to Visual Perception of Pictures," *Leonardo*, Vol. 11, No. 3, 1978, pp. 227-235.

[25] Dayan, Daniel, "Conquering Visibility, Conferring Visibility: Visibility Seekers and Media Performance," *International Journal of Comumunication*, Vol. 7, 2013, p. 139.

[26] Meikle, Graham, *Social Media: Communication, Sharing and Visibility*, London: Routledge, 2016, pp. 93-94.

[27] 何志武、董红兵:《可见性视角下移动短视频的空间生产、消费与价值悖论》,《新闻记者》2019 年第 10 期, 第 12—19 页。

生命的尺度："道器"视野下青铜器纹饰美学的时空维度

陈亚琦*

摘要： 青铜器纹饰是反映早期中国观念、艺术造型、文字、图像、技术和环境的古老媒介，从其材料、形式、结构、物种和生命的变化中，我们可以剖析先民世界观背后复杂的自然关系和社会结构，在广阔的"道器"视野下探讨纹饰文化的时空维度和美学特质。纹饰在信仰理念、工具技术和生命美学的塑造下生长变化，本文从时间和空间维度探索在人与社会、自然、动物的关系中激活传统造物美学的现实价值，并对中国早期造物自然法则的生命哲思和美学形式之关系进行系统性的探讨，以把握人与自然的复杂关系和价值尺度，进而在历史脉络中揭示纹饰的美学意义，拓展传统纹饰作为中国本土的原生文化在世界视野中的内涵和外延。

关键词： 青铜器纹饰；生命；时空维度；美学

中国传统纹饰饱含深刻的人文哲思和物质意识，对现代生活有启发性价值。本文具体关注商周时期的青铜器纹饰，从传统文化思想和集体意志的深厚历史背景和生命体验出发，揭示造物观的哲学内涵和思想特色，注重当时语境的造物思潮和社会体系的

---

* 陈亚琦，系清华大学美术学院博士研究生。

发展机制，力求较准确地从原始材料中体会商周先民[①]的造物原意和生命精神。本文试图突破现代美术学科边界，分析、理解、把握和传播纹饰文化，结合文献和相关实物，运用多层次结构视角，探索传统纹饰物质文化的总体历史，进而反观传统纹饰的视觉文化历史，在有形与无形的断裂处找寻真实，在想象和现实的组合中构建并延伸复合型纹饰的多维立体图景，重建殷商时期造物观的自然文化和社会风貌。

一、青铜器纹饰的造型意识与发展导向

青铜器艺术代表了深厚而神秘的东方文化，呈现出中国文化特有的趣味、格调、格局、意境，兼具文化审美和实用功能属性。商周青铜器是连接人与自然、人与政治权力、人与生产生活的物质媒介，在时间的推移中青铜器及其纹饰实现了从工具到生活的转化应用。近年来关于青铜器造型与纹饰的研究已有所突破，但在造型美学方面仍有较大探索空间，尤其是青铜器设计意识中潜藏的原生之美与生命表达还有待挖掘。中国传统纹饰在时空的推移和延展下打开了文化视野，其文化传播性体现为造型的指涉功能。纹饰可以表达观念、身份、象征、美学、社会功能等，其作为统治阶级掌权及与其他世界沟通的工具，有着非常明确的等级划分、特殊意涵。《易经·系辞》中提道：“形而上者谓之道，形而下者谓之器。”纹饰铸造体现出了“器”和“道”的密切结合，同时展现了本土文化的独特精神。纹饰与器物在交织中形成了一种不可分离的“道器”境界，这是先民对于生命感知的形式表达，其因循自然的造物观启发着纹饰的再造意义。器物

① 本文提及的“先民”“先民精神信仰”是指商周时期的先民及先民精神信仰，文中皆以“先民”作表述。

中潜藏着古人的造物智慧、生活态度、审美理想和宇宙观念，这种造物精神促使现代人对生活世界持有自然、纯粹、从容、积极和知性的态度，进而启发和引导着社会生产和文化创新的发展路向。

青铜器文化由铭文、纹饰、器体造型、技术工艺等组成，四者都是青铜器文化的传承载体。而纹饰最先被用于记录生活、记事、天文历法、宗教活动、自然环境等，其所形成的符号化思维引导着人们的生产生活。比如，虎的形象在中国古代被认为可以大小变换、自由伸缩[1]008，还有龙与蛇之间的神秘关系，它们大多与天象及生活生产相关联[1]173。关于商周青铜器纹饰有着丰富的文献材料、生活现象和神话记载。[2]先民赋予青铜器通神、辟邪、感应、吉象的功能，使它们能以多变的形象呈现于世。[3]上古造物观的原型模式与神话礼仪有助于我们把握纹饰的意涵。[4]纹饰结构空间蕴含的形象、技术、形式是古人思想和文化生活的记录。其中，人、兽、神的复合型①纹饰是商周时期较为常见的类型，往往涉及上古中国社会的政治、宗教、经济、仪式、饮食、民俗丧葬和宇宙观等领域，从多角度反映出当时器物与思想互相渗透的多维立体景观。青铜器以物质形态唤起了文化记忆，并激发了现代与过去的对话。

二、器与纹饰的生命之道

本文重点关注纹饰的内在关系和集体意志，选取青铜器复合型纹饰媒介作为转化传统纹饰的一个案例。它以传统美学为基点，通过器、纹、文的组合及其交织构建出完整的图景，在青铜器艺术的历史发展与转化应用中占有重要地位。从这个角度来看，笔者认

① 人、兽、神的复合型是指基于现实和想象的超自然形象，是具有神性和奇幻特性的人兽等多物种的组合形象。

为它是在中国美术史上早于绘画艺术的一个重要的艺术综合体。

青铜器及其纹饰印证了中国先民的历史意识与精神世界。商周青铜器在宗教信仰、艺术活动与政治生态的复杂格局中生产发展。[2]480基于前人的研究，本文对青铜器上大量的由多物种交织组合的纹饰加以多层面的分析，以认识其组合排列中呈现的隐含在先民潜意识里的五行观和自由精神；从形象到实物，本文以对形象思维、经验方式、社会结构和生产生活的考量作为探寻人、自然、物之复杂关系的切入点。如图 1 展现出了纹饰所包蕴的自然与生活的主题。多样的纹饰穿梭于器物之上，形成了具有时空维度的故事世界。学界所见出土和遗存的青铜器大部分已经失去其完整性，且正是这种不完整，给予了笔者对传统纹饰造型进行更多研究的空间：从对图、物、文等材料的解读中，能够挖掘工匠和其服务对象的造物观、铸造过程及文化传统，复现当时的文化景观。

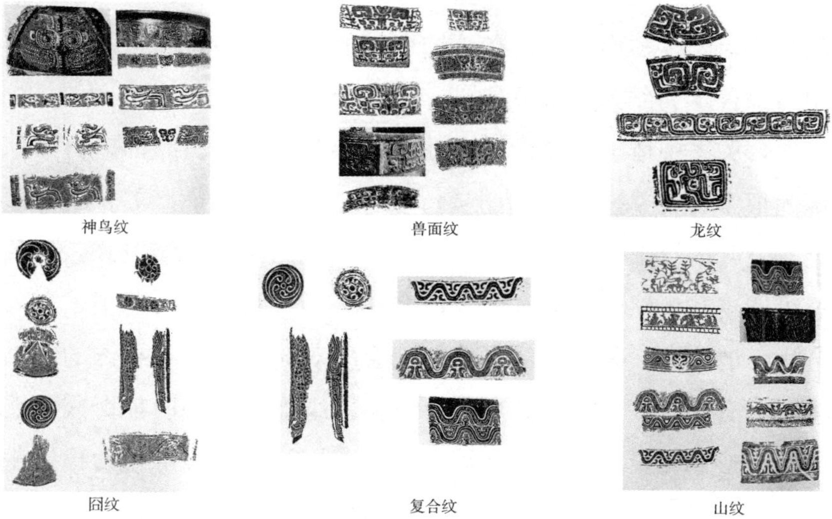

图 1　青铜器纹饰及其组合①

① 图片来源参见林巳奈夫：《殷周青铜器综览（第二卷）——殷周时代青铜器纹饰之研究》，广濑薰雄、近藤晴香译，郭永秉润文，上海古籍出版社 2019 年版。

（一）原型①意象在器物中的表征

人类自古受制于自然现象和疾病危害，通过不断探索自然和宇宙规律求得生存，人与自然在共存与纠缠中复合存在，在不断的突破中获得生命的延续。笔者以自然和情感为根源探讨人的宇宙观，站在现当代视角回应人与生态的关系。先民把自然当作保护者、养育者、指导者，即“神”。宇宙天地皆有“神”，人与物在相互渗透中彼此包容。人对自身和宇宙的敬畏与恐惧，反映为在造物和祭祀活动中的祈求。青铜器承载了人对自然现象和生命体验的观念，亦是人从自然世界到现实世界再到可能世界的探索，帮助人在造物中追寻自然、真实与超越的世界。

纹饰形象原型取材于生活现象，是基于自然经验和生活本身产生的，并强化了先民对自然物象的共同认可。原型图式包含抽象和变形等多种形式[5]，在纹饰原型的变形与转换中，其形式体现出一种生命结构和审美创造。它从形象上区别了神、人、兽，在复合关系中体现出纹饰的内在力量和多变维度。纹饰以自然信仰为根本，并从具体的鱼、鸟、虫、兽、植物和生灵中提取原型。复合的纹饰形态体现出先民将神灵实体化的思维方式，这种思维体现在生活的各个方面，以多样化形式及功能展现了人对生产生活的诉求。因而，从自然与社会的双向层面思考纹饰的复杂内涵，有助于我们认识其本质。青铜器纹饰基本偏向神奇或邪恶的复合形象，更具触动力和能量，在商周社会语境下作为稳定生产生活和社会秩序的形象而存在。自然界中有水、火、气、土、

① “原型”指通过对人、自然物象和经验现实的想象或转化而构成的普遍性形象，具有包罗万象的丰富意涵。参见卡尔·古斯塔夫·荣格：《原型与集体无意识》，徐德林译，国际文化出版公司2011年版，第9页。

山石、植物、动物、人等有机物和无机物，这些形象通过人的精神意志形成有形有象的纹饰实体。将天地之物糅合，结合物种特性和象征意涵以强化神力，是先民混天地之观而生存的造物方式。

（二）青铜器纹饰中的自然意识

“天下万物生于有，有生于无。”万物生长处于运动和循环之中。先民将对自然现象的直接经验作用在生产生活中，采用造物方式展现和保留记忆，通过不同的形式延续生命的多样存在。从历史背景和社会结构来看，人与自然、人与物的关系既复杂又单一，人基于生存和突破自身局限的需要来建构纹饰体系。对于自然经验和超自然的问题，人为弥补了经验历史的缺失，在客观经验现实中形成了超验的精神和活动。青铜器纹饰中的夸张和变异是先民基于现实与想象而创造的，先民通过观察，发现自然万物与生命的联通及世界变化的哲理，认为一切事物处于相互涵摄的关系中，对万物的变化规律有着深入的思考和践行。物本身有颜色、形状、习性等自然属性，而在时间的推移中，物的含义和所指不断变化。自然环境、气候和地理变化对社会和文化发展的影响不容忽视[6]，人类活动改变自然，自然亦改变人类，二者在相互渗透中互相影响。对于现今紧迫的自然问题，值得注意的是，商周时期的原生环境带来的气候和环境感受让人的感知更为鲜明，这充分说明，丰富的物种及鲜明的生态特性对造物意识有重要影响。人们从自然观念和生命体验中可以感受到纹饰世界潜藏的特殊意涵。

先民通过观察世间万物，体察天地自然及生活变化。现实变化中蕴含着自然宇宙规则和生存法则。先民杂糅的设计理念体现在人与物的相互渗透、交错的多变形象中，比如对灾难、疾病、生死的恐慌与神秘信仰等皆体现在纹饰组合中，映射出先民对生命的崇高诉求及其宇宙世界观。“形而上谓之道，形而下谓之器”，先民是在深刻的自然意识和生命哲思基础上打造了体现“道”“器”理念的纹饰设计。在商周语境下，统治者通过物质媒介联通其他世界，祈求神力和护佑，获得心理和身体上的特殊能力，借助神化和祭祀的手段有意识地利用自然现象主宰生产生活。物质文化印证了中华文明的记忆和认知，先民在逐渐脱离自然的过程中形成了具有强大能量的形式语言。青铜器纹饰基于自然素材，将超自然想象和社会现象加以整合，展现了融合之力。生存环境是古人唯一的生活参照，自然界中的一切存在都与人的生活生产密切相关，比如自然物种在生态发展中受到威胁、破坏会产生强劲的生命张力。这种种自然规律与生活现象，激发着先民在生命的体悟中进行造物活动，从而在深刻认识与改造创新中，通过物质文化，让自然变化和社会生活归于一种秩序化和条理化，并逐步迈向更高级的文明样态。

（三）青铜器纹饰的工艺技术与社会生产

万物有着自身的机能和作用，物种在特定环境下被人赋予了现实而神秘的意涵。谢林曾提出：“‘人的精神是一种将自身有机化的自然’，一种由内在出发构造自身的存在者。”[7] 精神的支配性和重要性如是。宗教礼仪和生命之道作为纹饰文化的基本内容与核心价值，体现了先民造物观的基本意识。“古人通过观察自然世界物种的生长发展及生活经验的认识去构建一种宇宙观模型，认为万物自有一定规律，将金、木、水、火、土五种元素对应五行说，比作百物的组成元素。”[8] 青铜器作为艺术综合体是集体意志的产物，发挥着凝聚人心的功能，其造型透露出先民对技术的推崇及其掌握的精妙技能，其多样的技术形态推动我们找寻纹饰中所蕴含的生命哲理。

青铜器纹饰中包含丰富的元素和复杂的结构，纹饰与器物、器物与人在铸造及祭祀活动的交互中形成完整的体系，而纹饰布局组织体现出其服务对象和工匠们强大的造物信仰及高超的生产技术。青铜器纹饰形象是从物种原型中抽取具有鲜明特征的部分并进行强化，复合生成的另一种独立形态，并不断生发出新的表现形式。独立造型与器物在相互依附中组合成型，展现出功能和审美的双重属性。纹饰演化在诸种因素的共同作用下体现出普遍性价值。本文从纹饰本身及其社会背景、生活主题及工艺技术方面把握青铜器的制作机制与内在动机，选取了具有代表性的“虎食人卣”青铜造型，展现了多物种与人的复合形象的生成样式和功能意涵，并通过把握先民信仰精神中以生存生产为诉求导向的内在动机，揭示传统纹饰在媒介传播与构建文化认同方面的意义。

商周先民最初是从图形和符号层面认识世界与交流传播，这造就了中华民族较强的视觉思维和特殊审美能力。在纹饰结构和技术表达中，弯曲交织连续的视觉图式遵循着自然之道和万物变通之理，从变化中探求真理和真实。青铜器及其纹饰由多种工艺技术实现生产，体现出先民强大的生产和技术能力。商周时期的社会生产条件等复杂因素促进了青铜艺术的鼎盛发展，大量的青铜器成为考察这一时期历史特殊性的重要因素，其纹饰造型也成为我们探索先秦时期先民精神世界和造物观念的重要线索。唯有深刻领悟“生命”表达，方可揭开一层层叠加且复杂的纹饰世界的面纱。

三、生命哲理：纹饰文化的设计意识与价值尺度

青铜器及其纹饰作为先民与其他世界沟通的媒介，在器物形

制与纹饰组合中展现出多元兼容的设计格局。纹饰造型兼具物质文化和精神文化两个层面，纹饰文化中的哲思启发笔者对造型美学展开延伸探讨。青铜器纹饰是先民精神的具体化、形象化、物质化。中国传统思想中有着自觉内化一切形象的造物意识，将青铜器纹饰作为特殊媒介上升到一个哲学高度去探讨是有必要的，对于中国现代艺术发展模式具有重要的策略指导意义。

在分析先民的造物观时，需要先认识先秦语境下人与动物边界的模糊性，如图 2 与图 3 所示，青铜器造型由多物种元素交错而成，在技术和艺术层面彰显出先民独特的审美思维。人与动物在相斥相合中既彼此独立，又相互纠缠。要通过不同的层面、视角和方式，接近器物本身，基于多向度、多背景和多线索的关联分析法，从物质文化回溯先民强大的生命精神和造物意志。

图 2　商后期青铜器虎食人卣①

① 图片来源参见朱凤瀚：《中国青铜器综论（上）》，上海古籍出版社 2009 年版，图版一・八。

图 3　商后期青铜器鸱鸮尊①

（一）时间

人、自然、万物、社会各有自身的时空运行法则。《老子》曰："有无相生……高下相倾。"万事万物在相互比较对应中存在。艺术也是同理，将没有的东西变为有，把泥土、石头、木头、金属这些富有天地精气的物质体，通过人的精神意志造化成有形有象、富有灵气之物。纹饰的设计法则在《庄子·齐物论》的"天地与我并生，而万物与我为一"中得到了印证。天地在循环之中，保有无限和化生的力量。纹饰形象及其意义并非一成不变，在时代的转变中会出现转换。如在新王朝确立时，为体现统治者身份地位的主宰符号，就需要继承延续，从而重组世界。[9] 西周的造物体系于传承中融合、改造、构建了新的纹饰机制。[10] 而青

① 日本泉屋博古馆藏，图片来源参见朱凤瀚：《中国青铜器综论（上）》，上海古籍出版社 2009 年版，图版一·七。

铜器作为时代之器，在内外之力的生命交织下整合为新的文化形态。古代造物观的构建是一个复杂的过程，其中既有主动构建的思想意识，又有不自觉被时代风尚影响之处，在时间的推进中以不同的形式延续，比如饕餮纹在共时与历时的研究视角下，其形式和内容不断地变化，通过新的纹饰布局和复合设计延续其文化生命。

古人对天地自然的运行规律认识中饱含了极强的延续生命的意识，通过分析先民的宗教信仰和造物观，可以揭示古人深刻的生活哲思，富含深刻意蕴的青铜器纹饰在历史的长河中延续了先民的人生哲理和美学理念。由从纹饰形象中提取的物种可知，先民对自然秩序的追求在不断变化中超出界限，其结构布局包含了天地之道和万物生长规律，在动态多变的推移中实现时间和空间的延续。中国古代符号化的思维模式和造物方式启发我们，要从多维度探索纹饰形象在不同时期的意义，进而打开纹饰世界所包蕴的生命精神和美学意趣。

（二）空间

传统纹饰形象以人、动物、非动物、植物为主，依据当时的环境推测，是与自然与人的共生关系有关。“中国之自然律为内在，中国之自然律为万物之性，又由中国思想之以物之性，表现于与他物相感通之德量，此三点为中国自然宇宙观的核心。”[11]这里涵盖了形象的哲学，变的哲学，动的哲学。相关学者对中国自然宇宙观①进行了多层面的探讨，发现其中体现了人对自然变异

① 中国自然宇宙观是指人对自然、万物、生命、宇宙的认识和渗透关系。参见王中江：《出土文献与先秦自然宇宙观重审》，《中国社会科学》2013 年第 5 期，第 67—85、205—206 页；余谋昌：《中国古代的自然价值论》，《中国哲学史》2004 年第 2 期，第 14—21 页；张晓凌：《中国原始艺术精神》，重庆出版社 1992 年版，第 282 页。

与运动规律的认识和改造。从“自然”到“人”再到“物”的循环生产规则，是在遵循自然规律的前提下形成的造物体系。“道生一，一生二，二生三，三生万物”，展现了万物在天地自然间的循环关系。通过对纹与文叙事关系的探讨，可以把握纹饰的多样世界[12]，从纹饰的内在意蕴中挖掘生存智慧，把握先民对生态和物质文明的精神信仰与劳动践行。从纹饰结构空间延伸至社会空间，从其空间布局中可见古人较强的三维空间意识，他们基于人与自然万物共在的空间塑造文化想象与精神世界，通过对各种现象的探索和象征符号解释自然天象和空间意识。传统纹饰不仅为表达美而生，更是一种历史和生命的传递，体现了生命不死、艺术不死、思想不死的造物理念。

先民的生死与泥土有很强的关联，其造物也与之相连。先民由土到金属物质的打造不仅是积聚材料的精华，其中更有人的精神内化，青铜器的材质和意涵加强了纹饰历史延续的效能，强化了造物的时空意识。“早期中国的礼制生活本就是通过多维度材质的物质表达的复杂景象。”[13]器物中不只有我们所见，还有未见和未知。人在自然变化与社会发展中逐步认识宇宙世界，人对自然、世界、物的观念聚集于物的转化，以此来表达思想和文化。人们通过大量造物表现出重构自然社会的信念诉求，纹饰文化中包含了人对材料与自然的转换应用，青铜器纹饰的结构空间展现出多维立体的视觉形式。随着时间的推移，纹饰文化在不同领域逐步普及，其历史的复杂性和动态性强化了纹饰元素的多样结构和丰富特性，纹饰中所蕴含的视觉结构和文化功能在空间的拓展中以生命的形式持续生长。

（三）设计意识与价值尺度

青铜器纹饰是集成哲学、宗教、艺术、文学的艺术综合体，在象征和超越间有着独立而开放的边界，其间的相通性能融贯艺术与其他学科。纹饰线条与结构空间所呈现的生命张力打造出了纹饰的整体格局，这些纹饰由不同的元素和部位复合构成，使得相互分割的形态在器物整体设计中实现了共存，彰显了古人造物设计意识中的宇宙整体观和超越观。历史在不断的解体、重组中留下痕迹，先民赋予时间以形象，采用形象化的方式表达思想观念，在形象生产化、空间化、时间化、历史化中生成了一套造物体系。

青铜器铸造是极为系统且需要秩序化的工作，各种门类的工匠集合不同的精神气质和内在情感，凸显了早期造物体系的秩序和多元特性。人作为一个复杂的个体，处于时空中是有生命限度的，人通过物质形式在不同的空间中延续生命。先民造物的经验和体验在特定时空中能实现一定程度的超越，而精妙的青铜器纹饰体现了先民对生命的认知智慧。

青铜器纹饰结构呈现的微缩世界，彰显了商周时期的辉煌历史与难以撼动的文明秩序，是我们在特定层面反观当时的文化、艺术、技术和社会价值的重要对象。纹饰的镂空结构中包含了追求自由与超越的理念，体现出对生命境界的表达。青铜器造型表现和视觉感知与生存空间的结合，至今依然以不同的形式作用于现代生活中，比如绘画、雕塑、建筑、电影、游戏及文化设计中都有纹饰符号的转换应用。不少学者和艺术创作者在现代数字社会，依然将中国文化的根脉作为研究与创作的核心路径，从而在技术蓬勃发展的时代重新审视和构建着文化记忆与精神世界。

现有纹饰研究大多限于视觉和历史文化方面，对纹饰的想象力和生长力缺乏关注。纹饰研究需要置身于历史语境中，把握纹饰设计机制，展开传统与现代的对话。近年来，整体社会对现代艺术发展的短视和审美缺乏，导致了社会对文化设计较为粗浅的传承与转化。在此背景下，纹饰造型不仅是视觉研究的问题，更是深层次的文化问题。纹饰美学与造型机制体现了人与物在互相渗透中的不断完善和超越，展现了中国传统纹饰设计的艺术精神。这激发我们重新审视纹饰中的生长力，站在时代语境下把握研究尺度，基于历史感知与时空联想，结合大量文献、实证及应用拓展研究的视野与方法，进一步探讨传统纹饰造型的生成机制。这将有助于丰富中国造型艺术的理论和实践体系。

四、结　语

我们所见传统纹饰形象大多取之于自然，先民通过认识其自身属性和塑造强力形成了有规制的形象系统，在知识、文化、自然、技术、工具的结合中不断延展着青铜文明。笔者从自然现象和物质文化出发，在图像学、文化史、艺术史和观念史层面对纹饰文化展开关联性阐释，在具体分析中见证了早期物质文化的多元景象，从而在社会文化、生命精神和造型美学三个层面揭示纹饰特质，凸显纹饰与文化的多元复杂性和统一性；从纹饰的文化、信仰、形式、技术和价值内涵等方面探讨生命的表达，梳理纹饰结构性的时空叙事。在探讨纹饰造型美学的过程中，笔者从文献和多方材料中发现，部分造型理论呈碎片式夹杂在中国传统文学、典籍、神话和历史故事之中，充分体现出传统文化精髓在不同领域践行的丰富延展。传统纹饰多元兼容的设计意涵和生命精神激发我们根植于中国本土文化，打开传统纹饰美学的可能世界；力争在广阔的视野下回应当下艺术研究实践的跨学科现象，从现代艺术偏向观念表达和数字科技的视角反观传统纹饰文化及其生命美学，基于先民知识信仰与生产力量的历史背景，在造型美学视角和方法论上对传统纹饰文化进行反思和探索，重构历史与我们所处时代的联系。

注 释

[1] 南方熊楠：《生肖奇谭》，栾殿武译，湖南人民出版社 2022 年版。

[2] 张光直：《中国青铜时代》，生活 · 读书 · 新知三联书店 2013 年版，第 444—467 页。

[3] 邓启耀：《铸鼎象物与迁鼎兆运》，《民族艺术》2019 年第 4 期，第 100—109 页。

[4] 叶舒宪：《中国神话哲学》，陕西人民出版社 2018 年版，第 63—108 页。

[5] 张晓凌：《中国原始艺术精神》，重庆出版社 1992 年版，第 294 页。

[6] 王利华：《中国环境通史（第一卷）——史前—秦汉》，中国环境出版集团 2019 年版。

[7] F. W. J. 谢林：《对人类自由的本质及其相关对象的哲学研究》，邓安庆译，商务印书馆 2008 年版。

[8] 杨宽：《西周史》，上海人民出版社 2016 年版，第 735 页。

[9] 让 · 鲍德里亚：《物体系》，林志明译，上海人民出版社 2018 年版，第 90 页。

[10] 李峰：《早期中国：社会与文化史》，刘晓霞译，生活 · 读书 · 新知三联书店 2022 年版，第 113 页。

[11] 唐君毅：《唐君毅全集（第九卷）中国文化之精神价值 · 中国文化与世界》，九州出版社 2016 年版，第 61 页。

[12] 傅修延：《试论青铜器上的“前叙事”》，《江西社会科学》2008 年第 5 期，第 23—44 页。

[13] 徐坚：《时惟礼崇：东周之前青铜兵器的物质文化研究（修订版）》，上海古籍出版社 2021 年版，第 207 页。

生命传播

▶ 数智时代重现日常生活中的共情传播：邻近、交谈与势力

▶ “个性”的隐匿与唤醒——日常生活研究下的经典之“人”

▶ 讲述“生育”：女性博主视频自媒体中的生命叙事

▶ 数智时代老年群体的生存危机与认知转向

▶ 认同叙事：生命传播视域中的情感传播机制

数智时代重现日常生活中的共情传播：邻近、交谈与势力

师曾志*

摘要：数智时代日益重现日常生活的生机与活力，其交流、对话背后力量的博弈影响到社会方方面面的改变，成为现代传播学必须重视的研究要素与底色。互联网、人工智能等信息传播技术的发展挑战着个体的认知能力与思维方式。本文从对技术的理解入手，借用“邻近”“交谈”“势力”等概念，分析互联网传播技术从“信息圈”向“交谈圈”转变的意义，探析日常生活中社会本能与交往秩序如何化作变革社会的基础力量。智能社会在多重技术裹挟与迭代中，日益彰显出基于个人认知与情感的交谈、邻近与势力在日常生活中对社会解构与重构的直接或间接影响，以及以交谈为核心构建的交往秩序何以成为社会秩序与公共秩序中不可或缺的组成部分。

关键词：重现日常生活；共情传播；交往秩序；交谈；邻近；势力

数智时代技术的发展日益彰显出基于人们日常生活中感性交谈的生命力，共情传播深刻影响着社会政治、经济、文化等方面

* 师曾志，系北京大学新闻与传播学院教授、博士生导师。

的发展。近年来“网红”“UP 主”等借由各类平台，不断将个人自我的审美喜好和偏好放大、延伸，在此，个人审美品味“并非在于自己喜欢什么东西，而在于用怎样的方式表达怎样的意见，以使自己与众不同”[1]16–17。这种“与众不同”连接与联结的是个人的愉悦、喜好、趣味、品位、欲望等生命本能，构成了更多元的、更复杂的、贯穿社会关系的，如法国思想家米歇尔·马费索利所言的“社会本能”，即社会状态中弥漫着更多的基于感性、情感、偶然、失序等可产生共情的根基。马费索利用“审美氛围”或“审美气氛”来描述这种社会状态，在此审美回答了感性如何以非物质形式来表达的问题，社会中广泛弥漫着的感性力量也已影响甚至构成了物质性自身。在新媒介赋权的当今，共情气氛或审美气氛搅动着技术、资本、市场等，影响着政治、经济、社会、文化等的形式与走向，改变着人们的生存环境与生活方式，日常生活日渐重现出如其所是、如其所能的种种面向，这些都迫切需要我们重返传播学中“交谈与对话何以可能”的基本命题，以重新审视现代传播学的发展。

一、技术“作为真理的发生方式”

西方工业革命以降，技术所带来的权力统治主要在国家、民族、种族、阶级等场域展开，它导致国家主义和民族主义兴盛，种族歧视与屠杀、资产阶级剥削与无产阶级革命等亦成为时代的特征。技术创新从未停下脚步，而是不断延伸着人类的时空视域。在人工智能、机器深度学习等技术支撑下的现代生活里，传播交互与反馈速度的加快，成为无时不有、无处不能的现代传播基本特征背后的推动力量。重温海德格尔的“技术作为真理的发生方式”的精妙之处在于，其为追问人类与技术间的无尽关系敞开了思想与认识的道路，也在洞开中不断突破着人类的认知域。

互联网信息爆炸与反馈速度的加快给不同时空的人带来异质性的感受、觉知、想象、情感、观念等。在交谈互动中共同卷入并重构日常生活成为互联网传播的又一特征。全球政治、经济、文化、环境等危机不断加深，但关于战争、生化武器使用、恐怖主义等事件的信息却通过互联网传播将不同国家和民族的人们紧密相连，凸显了全球化以在地化方式实现的重要性。技术带来的社会变迁是全方位的，人们的观念更迭与认知加速，导致社会原有思想基础和制度结构等都日渐发生着深刻变革。

多数人将技术等同于一般的技艺工具，海德格尔则认为：“技术在其本质中乃是沦于被遗忘状态的存在之真理的一种存在历史性的天命”[2]404，即“技术不仅在名称上可回溯到希腊人的技艺，而且在本质历史上也源出于作为一种解蔽——亦即使存在者敞开出来——方式的技艺”[2]404。技术作为认识事物的途径或道路，具有由已知信息不断带出未知信息进而逼近真理或事物本质的能力，并在技术作用的具体关系、场景、场域以及归属中成就其自身。

日常生活中的技术统治是多面向的，在统一中有分化、在分化中有统一。统一与分化不仅是权力、资源、资本、利益等外在物化与非物化的过程，更是世道人心的认同。技术奇迹所造就的社会景观显示出权力、资本、利益等力量的博弈，也昭示了世道人心所向及由之产生的打破传统、千回百转的能量。法国哲学家奥利维耶·阿苏利正是深刻意识到“传播交互网的全球性飞跃和公众创造力的发展——现在公众能够部分脱离政府、公会、舆论领袖、企业、品牌、传统媒体、评论、专家权威的影响——要求对现有的评价模式进行改革，建立更多元的审美模式”[1]192的社会事实，发现正是交互性加强的现代传播激发了人们的巨大创造力与颠覆力，他们不拒绝在日常生活的衣食住行中满足自我的愉悦、喜好、品味等要求，感觉、知觉以及情感等更日益成为聚合与分化人群的重要媒介。共同感觉与共同感受所营造的审美与共情气氛促使情感共同体形成，也带出了个人有所为与有所不为的存在。以互联网技术为支撑的社交媒介与平台经济更是联合发力，在迎合人们日常审美品味需要、与人们消费共情的基础上，实现了自身的发展。

二、重现日常生活：缔造与回归

互联网传播表面似乎是失范的，实则有其内在的节奏与法则。瓦尔特·本雅明的“日常生活可能就是‘最极端的具体’”[3]17的思想，让我们得以理解“共享的生活和经验可以成为炼金过程中让嬗变得以发生的净化火焰”[3]17。这也为我们理解法国社会学家亨利·列斐伏尔的“日常生活的双重维度：平庸而深刻”[3]68提供了理据。源于个人感性诉求的象征世界越来越难以被少数人或组织长期操纵，“我感觉”“我们感觉”的“感性直接经验”成为重塑日常生活的动因，个人及群体话语权在交谈、模仿、复制、购买、消费、传播等不断降低的成本中增强，体现出日常生活不以人的意志为转移的特征。琐碎、平庸的日常生活却化育着社会的深刻变革力量，使得人们在不知不觉中开启了柏拉图“我们该如何生活”的寻根之旅。

在马费索利看来，学者在研究中忽略日常生活有两方面原因：“一方面，民众不知羞耻地专注于其生活的物质性方面，既不伪善，也不在乎其正当性。也就是说，民众关注的是与其邻近的事物，而非遥远的理念或延迟享乐。另一方面，民众逃离了对数字、度量、概念等的宏大幻想，而这些幻想一直都属于理论化过程。”[3]73事实上，一直有学者对日常生活的批判持谨慎立场，他们预见了日常生活中“卓越的创造、纯粹的创造”[3]132的方面，并肯定地指出：“当代微观群体的网络构成是群众创造力的最完美表达”[3]133。它需要我们：“不要有先验的判断，不要有先入为主的思想。只有这样的方式，我们才能够在惊人的部落拟态中看到另一种思考方式，或者至少是另一种生活方式，即与他异性的关系。”[3]法文第三版序《找到词语》20

在快速变化的社会中，重现日常生活意味着涌现出了比以往更为丰富复杂的生命创造力，它为我们提供了多重思想与思维方式，是存在形态与式样迭出的乐园，其所缔造与回归的，更倾向赋予人们现时的满足与未来的希望，而不仅仅是对过去沉重的回忆。网上异质性的表达给人们以全新的体验，公共事件中思想的交锋演变成了一场场自我启蒙，引发人们自我思想边界与思维方式的变化。须臾不可离的“庸常”、琐碎为马费索利理解日常生活提供了基础，他还提出了“日常认识”的概念，希望学者成为日常生活的一部分，在由人们的交谈所构成的复杂关系网络中进行观察与分析，以认识到理性存在于日常生活中。日常生活本身就是人类生死相依与搏斗的“战场”，每个瞬间都可能爆发出强大的生命力或破坏力。

三、共情传播中的社会本能与交往秩序

“网红”博主不断出现，各类公共事件持续发生。人们活在感觉与情感的共鸣中，使得人类存在的瞬时性显示出永久性的特

征。共识难以达成的背后却显现出，日常生活中蕴含着微小叙事的无穷魅力。感觉源于个人与想象物间的繁复关系。感觉在参与，也在连接；可联结，亦可行动。群体共情正是在此基础上进行着交汇与重复。个人的感受性在聚合的群体共情中是开放的，也是抵抗的，在多重时空、多变细微的斗争中形成动态的共情传播。

共情传播最为根本的是个人在遵守传统政治法律制度的前提下、在卷入政治—经济结构前，个人具身性交谈所凝结的共同感受力与共同感知力对人与社会的作用，凸显出身体感觉与知觉在主体建构中的存在，导致日常生活所迸发出的活力冲破了现实政治—经济结构与制度的约束。人们的感觉、知觉、情感等不间断地连接、联结与生成，改变着传统道德伦理中陈规陋习对人的束缚与统治，个人生命冲动下的社会本能也不断在交流中增强着社会的有机性。日常生活是我们的起点，亦是我们的终点。我们需要发现当下的意义，校正远离日常生活的探索与研究方式，不断提升捕捉自我存在的能力。

马费索利很早就意识到了社会本能存在的重要性。他认为，社会本能与社会关系相对应，我们可以在其中“找到社会本能特有的各项元素：生存的相对主义、日常的崇高性与悲剧性、我们竭力承受的尘世之重。所有这些都表现在了把一切黏合在一起的‘我们’之中”[3]97，而“日常生活或社会本能（相对于政治和社会）的主题强调社会直接经验的根本问题在于关系主义，它可以以一种更为琐碎的方式转译为个体之间或群体之间的并肩协力”[3]118。这种协力深处于人性、生命本能的微小叙事之中。

传统公共传播的研究注重的是社会秩序与公共秩序，而网络中的互动交锋看似杂乱无章，却有着人与人在微观世界感觉互动、吸引人心的魅力。社会本能犹如社会发展所需要的“腐殖质土壤”，以反讽、戏谑、嘲讽、无厘头甚至“发疯”（如当下所流行的“发疯文学”）等娱乐与消遣方式为存在形态与样式的变换提供着养分。美国社会学家欧文·戈夫曼所说的互动秩序成为维护社会秩序与公共秩序的前提，互动秩序将社会秩序与公共秩序的笼统、空泛拉回到交谈对话的具体语境与场域。这种关系主义的视域使人们的认知与思维方式从主体本位中突围出来，转向了关系本位与主体再造的传播学本体范式。

四、“邻近”中的共同感觉与共同感受

互联网技术迭代创造了无数连接与联结的可能性。物化与非物化结合的想象物，在人们的精神世界中不断欢腾聚合或疏离消散，构成了日常生活当下共在的“时代精神”。马费索利将其总结为“‘个人的生命历程经验在总体的生命历程经验中得到了修正和扩展’的根本的‘关系主义’，带领我们通往共同生活”[3]91。这里的关系主义，将我们从宏大叙事拉回到微小叙事之中。我们应思考与反思的，不仅是普遍性与象征性“是”什么的问题，更要通过共同感觉与共同感受感知人世间的复杂性与生成性，发现事物相互联系中的“能”与“实现”。

马费索利借鉴了以英国学者格雷戈里·贝特森为代表的帕洛阿尔托学派（又称交往传播学派）的“邻近”这一概念，认为它很好地考虑了“交流的文化元素和自然元素”[3]21，意识到“正是那些来自‘地方’、领地、邻近处的事物决定了我们的社会生活。一切都来自‘地方性知识’，而非投射性的、普遍性的真理”[3]75。互联网传播技术提供了“即使我们似乎被遥远的经济—政治秩序

所异化，我们也可以确保对自己邻近存在的主权”[3]57的保证，让传统社会中象征世界的抽象与空洞所激发的想象力回到了现实世界。

邻近“本质上指的是构成一系列‘我们’的基础。而‘我们’正是构成所有社会本能的基质”[3]197。在马费索利看来，社会本能以“星云”的状态存在，它们是一种异质混合，是各种元素处于混沌、无中心、杂乱无章等情境中有机、共在的状态——在共同体中进行着“融合”。互联网传播本质上构成了复杂互动式的关系网络，它可以用马费索利“基于归属感”的“在空间性中散布的部落”[3]196来表达，这也是马费索利将我们的时代称为“部落时代”的依据。

马费索利认为邻近具有两方面的特征，即“重要的不是个体，而是个体所归属的共同体。同样有时候，重要的不是基于事件的宏大历史，而是我们每天都要经历的琐事——恰恰是这些难以察觉的情境构成了共同体的结构”[3]173。他进一步指出：“邻近可能是一种‘社会化的游戏形式’。”[3]111他将邻近游戏纳入了美学视域，认为“游戏并不被终极性、实用性、‘实践性’或我们所说的‘现实’所困扰；相反，它使存在风格化，并揭示其本质特征”[3]111。网络上的邻近关系打破了物理空间里的人与人、人与自我的关系，这种邻近交谈“形成了我们可以想象到的所有社会影响的网络”[3]27。邻近思想将人们对自我与世界的理解从空洞、普遍的象征世界和物理世界中解放了出来，共情连接与联结的情感共同体的力量根植于日常生活，为生活世界的新经验与新方式提供着不断的源泉与不竭的动力。

邻近所应用的社交机制是“触觉关系”，即“共同体的融合可以是完全去个体化的，它创造出了一种不需要他者（指政治）

充分在场，并能建立一种空洞的关系”[3]99，人们“在人海之中彼此交错、掠过、触碰，建立了互动，产生了结晶，并形成了群体”[3]99。社会本能中的人性、神性甚至愚昧的兽性，都是时代发展中不可或缺的元素，只是在每个时代展现的方式不同。这是因为，“每个时代都会有一种占据着主导地位的感受性类型，这种风格能够指明我们与他人一同建立的关系的特征”[3]97。我们将作为隐喻的触觉定义为一种“所见即得”的感觉和状态。人们在各种听觉、触觉等感性邻近中产生了移情，个人在情感共同体中获得快乐，差异化与具体化的个人会形成无数的圈子与部落，它们也在快速转化与变换，娱乐与消费的形式层出不穷，正是在这种集体欢腾的聚合分化持续涌现的魔力中出现了种种公共事件。正如马费索利所言，“我们时代的特征正是大量圈子的灵活交织，这些圈子的有机联结构成了社会本能的各种形象”[3]105，揭示出社会“深度是如何在日常生活中藏匿于事物表面的”[3]104。社会本能将圈子群体所构成的社会关系正剧化，促使人们以感性和感受形成的观念连接去形塑群体和社会认同，最终推动公共政策的变化和社会变迁。

这种基于日常生活触碰社交机制的事实性存在，彰显了新媒介赋权下自我认知与自我体验的重要性。人们在与他人的相处中，越来越听从自我真切的需要。人们的所作所为在自为中展开的同时，追求的是“能和则和、不能和就远离”的原则。自我自为在邻近沟通与交流中看似获得了自由，实则是当人与自我独处时，才发现孤独与空虚对人深刻的宰制，而情感的重要性正浮现与强盛于这种孤独中。人们愈发需要在时空脱域的娱乐闲聊中打发情感的无聊与空虚，这就是当下对情感共同体的需要不是减弱而是不断增强的原因。娱乐以及娱乐资本抓住了人们的这种心理需要，使消遣娱乐充斥于日常生活的方方面面，围绕由情缘与趣缘所形成的抱团取暖的圈子展开。生活物质世界也在持续变幻中凸显出娱乐与消费的重要性。同时，娱乐中的反讽、戏谑也是人们对宏大叙事的一种消遣与抵抗，“社畜”中酝酿着出走与激进，“社恐”也激活了“社牛”的诞生。邻近关系所缔造的时机稍纵即逝，隐匿其中的心理感觉与感受力成为日常生活游戏展开的秘诀。

五、追问闲聊、交谈中的意义与价值

邻近关系通过闲聊、交谈等交往得以实现。交谈自古有之，它构成了日常生活的源泉活水。从社会本能范式而不仅是从社会关系中理解交谈，为我们打开了交谈的隐秘力量世界。在惊奇、好奇驱使下的邻近交谈可展现出不同的人格面具。在交谈中，群体部落的不断聚合与消散也往往能形成导引社会成长的隐蔽力量，由此形成的游戏规则最终会影响全社会制度的改变。

法国社会学家加布里埃尔·塔尔德将交谈作为舆论与传播研究的基础，其传播思想影响深远。交谈对他而言是指“没有直接用处和眼前用处的任何对话，包括为谈话而进行的谈话，为愉悦、游戏、礼貌而进行的谈话”[4]238。塔尔德清醒地认识到，温文尔雅、咬文嚼字式的交谈并不是原始人发明的。然而，原始的交谈“并不缺乏这样的社会意义”[4]239，即在交谈中人们“全力以赴、全神贯注地观察别人”[4]239。交谈是“人们彼此的自发注意达到顶点的标志”[4]239，而正是“凭借这种极端的注意，人们彼此渗透的关系远远超过了其他的社会关系”[4]239。

塔尔德很早就敏锐地认识到印刷媒介对交谈的制约与限制。

报纸等媒介表面上“使交谈更加活跃，使之空间上异质、时间上多样”[4]241，但是“约束现代交谈的最强大力量是书籍和报纸”[4]241，尤其是报纸，它“使人们的交谈在内容上统一”[4]241。人们无论身处何方，都能看到相同的报纸和电视内容，收听着类似的电台节目，可见人们的注意力被集中在了把关人设定的议题与内容上。

互联网传播打破了传统媒介的局限，把关人变得更加多样而灵动。陌生人在各类平台上因彼此的认同而聚合，看似超越时空、漫无目的的交谈，其实为交谈者打开并表达彼此认知的差异提供了可能。在邻近触觉机制的作用下，在认知差异中的交谈在更大时空中化作连接与联结的媒介，让交谈者摆脱了社会身份地位的束缚，这也正是互联网交谈的特征之一。互联网交谈变动不居：不仅重视交谈内容本身，也释放出交谈形式、表达过程及其中模棱两可的力量，它们都构成了交谈的必要组成部分。视听传播中人们的表情、手势、样貌、声调、语气等多种信息加入人们的交互理解，往往在不知不觉中透露出言语所无法表达的内容乃至事物变化的症候，不断加剧着人们的态度、情感、思维、思想乃至行为的聚合与分化，交谈及其效果愈来愈成为人们得以进一步交谈、连接、联结乃至合作或分化的基础。

传统交谈方式都有一个显而易见的前提，即身体在场。社交媒介的发达打破了传统交谈方式受时空局限的状态，其根本不同就是身体的缺席。交谈主体的多样化、交谈的异质化，让“交谈变成主人”成为可能。语言作为媒介解放也遮蔽着我们，单纯依赖语言所形成的思维定式与认知惯性代替或遮蔽了人们的感觉、听觉等媒介，也让我们更加偏好媒介的内容而忽略媒介内容存活于其中的具身场景与具体场域。交谈中个体的差异性导致人们对媒介感知力的不同，感知力背后隐匿着的是人们的认知与思维方式的差异。思想与行动的同时卷入是互联网传播交谈的又一特征，其带来的是人类生存形态的改变，这也正是波兹曼无法超越麦克卢汉的地方。如果个人与社会以静态、被动的状态完全受媒介内容的摆布，波兹曼所断言的“我们终将毁于我们所热爱的东西”就是有道理的，但他忽略了媒介形式实则根植于日常生活，个人、知识、技术、权力等在多重交谈中重新界定着媒介形式的边界与社会的走向。

重现日常生活的意义与价值就在于自我在邻近交谈中的卷入，扩展了我们探索与观察自我与世界的视域。互联网世界中随处可见的邻近交谈，无时无刻不在影响人们感觉、情感、情绪与想象的变化，个体认知与思维方式成为交流对话的基础。现代人已很难遵循与延续传统的规范和法则来定位自我生活。但传统束缚在逐渐瓦解之时，也将人们抛向了无法预知的未来，这需要人们在微小叙事中具有不断校准自我的意识与能力，也要求人们在邻近交谈中拥有更强的感知力与应变力。

六、 从“信息圈”向“交谈圈”的转变

人与各种技术无缝衔接所形成的“信息圈”只是传播的表象，更为深刻的是穿透人与自然、人与人、人与物、人与自我间关系所显现的以审美为核心的，由趣缘、情缘所构成的“交谈圈”，它推动着人们的观念、社会制度、社会结构等的重大变革，成为社会生活方方面面变革的动因之一。如果说“信息圈”对应的是社会关系，“交谈圈”则是社会本能的反映。这里提出的“交谈圈”指的是建构在个人而非个体层面的各类互动与共情，

交谈成为连接的媒介，基于个人的交谈是一种心态、一种态势、一种情境、一种氛围、一种气氛，借由互联网传播发酵，凸显个人日常生活中共同感觉、共同感受的能力以及审美品味的意义和价值。

不同于资本主义工业革命以来一向主宰社会与经济发展的货币资本，人心向背成为当下社会发展中各类竞争之法宝。人们的衣食住行在互联网各类电商、社交平台的交谈中有了符合自我品味的更多、更快、更廉价的选择，显现出个人摆脱了单一宏大叙事的教化与整齐划一的审美羁绊，显现了人们渴望自我身心愉悦的力量，揭示出隐匿于自我与自我、自我与他者中的邻近关切在社会建构中的重要性。

交谈中的个体身份是多变的，这显现出个人身份在确定中的含混性。与“个人”间交谈相对应的是“个体”在制度、法律等规定下的交流。在此，“个体”更强调的是个体权利与责任、义务间的平衡，而“个人”强调的是人的本能以及直接经验对社会聚合的深刻影响。马费索利在将多位学者对个体与个人的见解进行梳理后指出，“个体具有功能，而个人扮演角色”[3]87，其区分的重要性在于，“社会聚合的形式既可能优先考虑政治，也可能优先考虑我一直建议称为‘社会本能’的东西”[3]87。马费索利直言，在由政治—经济构成的社会外，还存在着依靠情感聚合群体与社会共在的事实，这个社会共在就是社会本能。

近年来一直有人疾呼：“世上闲聊太少了”“真正的对话交流在急剧减少”。在意识到情感缺失所导致的精神危机已成为时代症候的同时，人们在电商、社交等平台上的互动交谈却愈发变得富有灵气与想象力。互联网传播使得个人的自我意识得以凸显，传统闲聊与交谈看似变得奢侈，实则依然存在于塔尔德所谓的

“自愿性”“义务性”与“仪式性”交谈中，甚至释放出更多的自由与活力。

“交谈圈”在连接人们的审美、感觉、知觉、情绪、情感等具身体验并形成各类圈子部落的同时，也在提升人们的感知能力和感性智慧，影响与重塑着社会的审美、记忆与情感。跨越17世纪和18世纪的意大利历史哲学家、语言学家、美学家焦万尼·巴蒂斯达·维柯认为，包括感觉、记忆、想象在内的感知能力和感性智慧是一种创造力，其所呈现出的更加复杂异样的文化形态，实则也构成了不容忽视的文化驱动力。时代赋予了交谈新的意义与价值，从“信息圈”到“交谈圈”的变化，意味着从个体向个人的转变，社会本能释放出社会关系中的情感活力，使邻近交谈中的观念与行动并举。交谈以其表现、表达的差异化形式重复的却是相同的情感。需要警惕的是，人们在各类平台上的情感互动日益变成连接或联结人与人关系的媒介，甚至构成了“流量密码”。各类“网红”直播、相亲节目、网络综艺中用的“磕CP”、披露私人情感等方式，无不是在把亲情、友情等本属于私密空间的情感、情绪公之于众。在“流量”为王的逻辑下，情感、知性与知识甚至为“流量”背书，沦为“流量”的“傀儡”。

七、 重现日常生活中的“势力”与“权力”

塔尔德早在一百多年前就已意识到了闲聊的社会意义和价值。他指出：“功利主义经济学看来纯粹是浪费时间的多余的闲聊，实际上是最不可或缺的经济动因；因为没有闲聊就没有观点，没有观点就没有价值；反过来，价值又是政治经济学和其他现代社会科学的基本观念。”[4]242各类社交平台为了吸引人们的注意力，在竞争态势下不断为人们交谈互动创造条件，使得闲聊与交谈在更大的时空中展开。参与者和参与方式的灵变性也在时刻改变着交谈议题，讨论交流可能会在跨议题、跨行业、跨学科的方方面面展开。人们在交谈中不断变换着身份人格，其效果不仅是由现实社会的自我身份决定的，更受人们机敏灵活的感知力影响。社交平台上的互动正在借由以共情、感性审美意识形态建构起的新社会关系网络，形成新媒介赋权之势。交谈呈现出部落化的交相呼应以及多重关系的相互转化之态，冲击和改造着现实的政治、经济、文化等各方面的权力结构。

日常生活成了人们表演的舞台。在一次次网络事件的冲击下，人们也在进行着自我反思与自我校准。互联网传播在一定程度上抵制与消解着人们站在道德制高点上，“用普泛的词语讲话”[5]导致的“要么就是儿童，要么就是野蛮人”[5]的“神话”，其邻近、交谈的超时空与异质性解构了一盘散沙的乌合之众。人们很少为抽象、空洞、与己无关的宏大叙事而群情激愤，凸显出网民“逃逸”“矜持”的存在方式。“矜持”是马费索利提出的概念，用以表达“能通过沉默、狡计、斗争、被动、幽默或讽刺，有效地抵御那些希望主宰或取悦民众的意识形态、教诲和主张”[3]62。个人情感与情绪更多地在与己相关的邻近中产生连接与联结，个人人格以极其丰富的状态存在着，人们游走在自我的不同表达中，自我身份多样性犹如不断转化着的个人面具，这种“自我的可扩展性”在马费索利看来“可能是理解当代世界最合适的方法论工具之一”[3]4。

互联网世界中源源不断的自我连接与联结，让我们意识到日常生活具有了很强的隐喻色彩。日常生活作为社会本能与集体灵魂涌现的神秘洞穴，揭示出人们探索自然永远都在路上的思想方式，也唯有在通往其内部的刹那、瞬间、过程中，日常生活才能昭示出其价值与意义。其能作为人类生生不息的源泉，正是因为其存在形式的不断跃出，在显现事物本身的同时，也敏锐地捕捉到事物发展的趋势。麦克卢汉很早就认识到，“凡是把自己行动的和当代新知识的含义把握好的人，都是艺术家”[6]，他们往往是“具有整体意识的人”[6]。我们应在穿透语言理解善良与智慧、责任与能力的同时，探查到其背后的势力与权力间的日益复杂的生成关系。

马费索利用“势力”来描述这种基于日常生活的“共同体的力量”[3]89，它激活了大众的智慧、责任与能力，总是能在微小叙事中创造出新形式、新概念与新力量，并转化为群体生存所能接受的观念与形式。对马费索利而言，“生存”指的是“能够同时建立、超越和保障生命的东西”[3]84，因而“生存位于‘势力’的中心位置”[3]84，而“势力”意指“一种我们从未完全相信过的与死亡的永久斗争，无论这种死亡是严格意义上的自然死亡，还是由任何经济—政治秩序中的‘计划’因素所分泌的致命强制”[3]84。势力“基于这样一个事实：它的每一个行动都同时是某种异化和某种抵抗的表达。它是庸常和例外、忧郁和兴奋、欢腾和缓和的混合体”[3]68，它围绕延续与折返、承认与抵抗、反转与超越等在人的审美、观念、信念、信仰与行为、行动乃至生死中展开，它将人与自我、他人、自然斗争的直接经验都纳入了日常生活。世事在变，文化浮沉，人类生存的信念与意志却很难被任何政治经济力量所替代，日常生活成为人类发展生生不息的源泉与动力。

在马费索利的概念中，“势力”与“权力”是有区别的，即“权力可以并应该承担对生活的管理，而势力则必须承担起生存的责任”[3]83-84。这也是其社会学法则之一。美国学者本尼迪克特·安德森曾在无意中听到《美国精神的封闭》的作者艾伦·布卢姆与他人的对话。布卢姆说：“嗯，你知道，古希腊人并没有我们今天所理解的‘权力’概念，甚至柏拉图和亚里士多德也没有。”[7]127这促成了他在研究中更加慎重地避免权力研究的抽象化。后来，他又从其印度尼西亚的同学索尔马塞德·莫尔托诺处得到证实，爪哇人“并没有抽象的权力观念作为人与人之间关系的严格限定”[7]129。然而，“他们对‘具体的’权力有着清晰的概念，它是宇宙中固有的一种神力（mana），可以在神奇之物、灵魂和人类中被发现”[7]129。他认识到具体而微的权力不应被固化的权力所遮蔽，并深刻地指出：“马基雅维利是第一位从其思考中排除任何‘神圣的’或者‘神奇的’东西的西方政治哲学家。”[7]129现代权力的祛魅政治化导致权力研究日益远离人们须臾不离的日常生活，成为高度抽象的政治经济代名词。马费索利使用“势力”的概念，就是努力想让人们从权力的抽象思维中解脱出来，认识到共情时代，权力已然以势力的方式在日常生活中具体地普遍存在，并深刻影响着社会的进程与变革。

八、结　论

数智时代，技术在不断颠覆传统社会关系与社会结构的同时，凸显出社会本能中邻近、交谈以及势力在共情传播中的意义与价值，这是数智时代的总体特征。人们在社会巨变中看到了时代的变化，也在参与互联网传播与舆论中发现了一个新时代的到来。在历史呈现出的生命冲动与生命绵延中，除了意识形态、阶级斗争、资本权力博弈之外，人们的感知、感觉、欲望以及认知等对历史发展的作用也日益显现出来。技术作为认知自我与世界的方式不断迭代，在试图揭开自然的面纱之时，也撩动起人们对权力、资源、资本、权威等的欲望与情感。人要成为怎样的人，如何生活以及如何生活得有意义，需要在日常生活的自我选择中找到答案。人性的裸露拉开了重现日常生活中生命交相辉映的序幕。共情传播已成为人们日常生活的必要组成部分，人们在线上线下邻近交谈中要自我面对现实的问题，并在与之认同的群体中形成势力，以改变自身现状乃至命运。个人在自我的相信、选择和行动中成为自我，与之相伴的则是个人不得不承担起自我的责任。生活之不易，人性之复杂，令人们在顺其自然中更需要对自我理想与信念的支撑与坚守。

注　释

[1] 奥利维耶·阿苏利：《审美资本主义：品味的工业化》，黄琰译，华东师范大学出版社 2013 年版。

[2] 海德格尔：《海德格尔文集：路标》，孙周兴译，商务印书馆 2014 年版。

[3] 米歇尔·马费索利：《部落时代——个体主义在后现代社会的衰落》，许轶冰译，上海人民出版社 2022 年版。

[4] 加布里埃尔·塔尔德著，特里·N. 克拉克编：《传播与社会影响》，何道宽译，中国人民大学出版社 2005 年版。

[5] 维柯：《论意大利最古老的智慧——从拉丁语源发掘而来》，张小勇译，上海人民出版社 2019 年版，第 26 页。

[6] 马歇尔·麦克卢汉：《理解媒介——论人的延伸》，何道宽译，商务印书馆 2000 年版，第 102 页。

[7] 本尼迪克特·安德森：《椰壳碗外的人生：本尼迪克特·安德森回忆录》，徐德林译，上海人民出版社 2018 年版。

“个性” 的隐匿与唤醒
——日常生活研究下的经典之“人”

温志宏*

摘要： 日常生活研究的代表人物匈牙利社会学家赫勒和法国哲学家列斐伏尔都在马克思早期“异化”理论上更进了一步：赫勒以“个性”指称一种能够实现自由自觉行动，并实现“类”的精神跃迁的个体能力状态；列斐伏尔则以“质疑”和“契机”指出人在应对被异化命运时持有生命活力的可能路径。以上述理论与西方思想史上数个经典之“人”进行对比分析，可探究“个体”在应对外部情境和事件变化过程中体现出的不同自我模式，其现实意义在于提供一种思想镜鉴，以映照在互联网化的新社会系统中，个体如何从日常生活意义上获得面对社会结构性变革的行动自觉与路径。

关键词： 日常生活；“人”；个性；契机；异化

如法国社会心理学家塞奇·莫斯科维奇所说，“个人”是西方近代社会最重要的产物之一。从形而上学到神学，可供依靠的“中心力量”相继退场，个人的身体经验开始更多讲述关乎个体

---

* 温志宏，系北京大学新闻与传播学院博士研究生。

的人生叙事，个人也在一种更加意味深长的意义上——在他是通过向他自己做出指示和对这些指示做出反应而参与他自己的社会互动这样一种有机体的意义上——成为“社会的”。[1]

在此背景下，西方社会思想领域出现了不少经典之“人”，如“现实的人”“理性人”“政治人”“公共人”“游荡者”“局外人”等。探究这些在西方思想史上已具有普遍意义的“人”的诞生背景，不难发现，变动社会是其相同的生命底色。在匈牙利社会学家赫勒看来，社会愈是处于动态之中，个人与其身处其中的社会之间的关系愈是偶然，一个人终生所需要的用以确证自己生存要求的努力就愈加持久，近代以来的资本主义社会尤为如此。

如德国哲学家卡西尔所说，人只有以社会生活为中介才能发现他自己，才能意识到他的个体性。[2]307那么，数百年中这些经典之“人”在日常生活与变动社会之间这些既丰富又复杂的“搏斗”书写了何种人的价值的发展史？不同个体行动与社会环境之间的相互制约与构造缘何不同？个人在一生中，究竟如何实现对人的能力的自由确证和发展所能达到的可能性？

以上述问题作为研究基点，本文首先简述赫勒和列斐伏尔如何在马克思“异化”理论基础上进一步探讨日常生活及人在其中的存在理论，随后将相关理论与西方近代思想史中颇具代表性的经典之“人”的内涵进行对比分析。对于经典之“人”的选择当然无法穷尽，因此仅从现实、经济、政治、社会和个体等维度各列一二，通过观察经典之“人”应对变动社会时自发或自觉的意识与行动，探究个体身处外部情境和事件变化过程中体现出的不同自我模式。其现实意义在于提供一种思想镜鉴，以映照在互联网化的新社会系统中，个体如何从日常生活意义上获得面对社会结构性巨变的行动自觉与路径。

一、日常生活与“人”：“个性”的契机

在西方思想史中，形而上学、神学、数学和生物学等都曾作为某种中心力量供“人”依靠。但自近代以来，这些可为人求助的公认权威不复存在[2]31，人对自身越来越充满疑问。日常生活批判理论的代表人物、法国哲学家列斐伏尔是在马克思“异化”理论的基础上来探讨“人”和“他性”的。在他看来，人是一种有意识的存在，但人的自我意识只能从“意识到他的存在仅仅在他不是什么”中诞生，“他性”既是人的认识基础，同时也意味着异化。匈牙利社会学家赫勒则用“特性”和“个性”对“个人”进行了历史接续性的概念解析。“特性”是人天生而来的本性与素质，其在“生活中存在的”环境中自发建成，基于“特性”而活动的个人成为“排他主义个人”，而“在绝大多数社会秩序和社会关系中，特性都在充当日常生活的主体”。[4]26

列斐伏尔把经典之“人”所处其中的变动社会称为“关键时期”，其特征如结构濒临解体，战略居于主导地位，选择需要日趋明显，社会转变的分叉时刻已然显现等。[3]420 身处关键时期，“人”如何在日常生活中持有生命活力？这些活力又会给社会带来何种影响？“质疑”和“契机”是列斐伏尔的关键词——“质疑”让日常生活变得丰富多彩，而发现自我的“契机”正是在日常生活的沃土中发芽和生根[3]424；而在赫勒这里，“质疑”意味着发展出“个性”的个体自觉行动，体现了类本质发展的状态为“个体的个性”，那些同其类本质具有自觉关系并完全表达出自我价值的个体就是发展出“个性”的个体，他们最成功地汲取了价值实质，以个体的方式实现了某种“类”的精神跃迁。

观察18世纪以来西方现代思想史上诸多经典之“人”，恰恰可以发现，在模糊与琐碎的现实—日常生活中，“人”正是在“个性”的唤醒或隐匿之中找寻到或迷失了发展的“契机”。

二、“现实的人”：从“偶然”到“个性”

“现实的人”是马克思从费尔巴哈哲学中借用的概念，但和费尔巴哈所指不同，马克思认为“现实的人”是指在现实和历史中从事活动的人，即把人理解为充满感性的、现实性的和对象性的活动的人。这一“现实的人”有三个基本特征：首先是劳动实践的人，其次是在一定的社会关系中生成、活动和发展的人，最后是在历史中行动的人。在《1844年经济学哲学手稿》中，马克思提出“自由的有意识的活动恰恰就是人的类特性”[5]53，其实现在于人是劳动和社会关系“主体”，此“主体性”可概括为人作为活动主体在对客体的作用过程中所表现出来的能动性、自主性和自为性，完整的主体和真正的主体性意味着这三者的结合与统一。在马克思看来，人的本质是社会关系的总和，不同劳动和社会条件造就不同的个人，分析人的本质要从现实的前提出发，要看到参与塑造“人”的周围的生活条件。因此在现实生活中，主客观原因造成每个人的主体性不尽相同，而不同主体性在个体身上的体现就是“个性”。

一定程度上说，赫勒意义上的“个性”延续了马克思所说的个体身上的主体性，个性的生成意味着设定同类本质的自觉关系——对拥有能动性、自主性和自为性的主体性的认同，而个性的发展持续地同产生于给定社会中的可能性相伴随——这种可能性正在于马克思所说的不同社会关系与劳动条件。相对而言，那些缺乏创造精神、单纯服从环境支配、模仿他人并处处使自己更像他人的人，也就是使自我个性消融于共性之中的人，马克思称之为“偶然的人”，列斐伏尔称之为“内部导向的人”，他们没有独立性和个性，不能支配自己的命运，生活条件受偶然性即价值规律的盲目力量所支配[6]，这正是被“异化”的表现，即“人对自身的任何关系，只有通过人对他人的关系才得到实现和表现”[5]54-55，也是列斐伏尔所谓的“他性把我与我自己分开”[3]420。要克服异化，马克思提出“偶然的人”要向“有个性的人”转变，赫勒的路径则更为具体：“个体依据与类本质的自觉关系而建立起具有最高价值的东西，以及以他的个人天赋和需要为基础遵守这些价值的方式，以便能保证他自身的个性的充分确证。”[4]250

日常生活如何能在人道的、民主的和社会主义的方向上得以改变？在列斐伏尔看来，马克思是通过描绘和分析社会日常生活而提出改造社会生活的方式。[3]136赫勒则将马克思的理论“具体化”，认为“社会变革无法仅仅在宏观尺度上得以实现，进而，人的态度上的改变无论好坏都是所有变革的内在组成部分”[4]2，这与马克思重视人的个性发展与社会进步的关系理论一脉相承。

三、理性“经济人”：“公正的旁观者”

“经济人”是英国著名学者亚当·斯密思想中的核心概念。在《国富论》和《道德情操论》中，斯密探讨了资本主义社会生产关系的各个领域，在他看来，个人利益是人们从事经济活动的出发点，而从利己这一立场出发从事经济活动的人，就是斯密假设的“经济人”。在《道德情操论》中，斯密把这种基于个人利益的利己主义称为“自爱”，认为“自爱”是人类的一种美德，也是一切经济活动的必要条件，“自爱”唤起并保持着人类勤劳的动机，从而鼓励人们不断去创造物质财富和精神文明。这里的“自爱”可理解为赫勒所言“特性”的特点之一，即排他主义的动因——“他借以发现世界的过程是以他的自我为中心的”[4]9，而且这是一种同任何“我是”之物的情感关联。

赫勒曾指出“自我主义”是资本主义社会发展的一条原则，其背后更深层次的价值理念在于“追求个人利益从长远来看会导致‘所有人的福利’”[4]14。斯密把从个人利益到大众福利的这个过程看作一种内发于个体选择却达至并惠及社会的自然趋势。他生活在18世纪的欧洲，当时商业与制造业正风生水起，封建领主的财富与权力逐渐流失，商人和工匠成长为独立自主的阶层，城市和乡村也都设立了正常的政府。这场“革命”正是从日常生活层面开始的，新的经济要求推动了新的劳动分工和市场的发展，最初不过是潜移默化，新的社会秩序却慢慢在其中积累起来，如列斐伏尔所说，“最终产生了不可逆的、决定性的变革”[3]622。而在变革潮流中，如果“经济人”只是单纯的“利己主义”捍卫者，只如赫勒所说以个人“特性”为核心来生活，那么具有利己主义本性的个人在资本主义生产和社会关系中如何控制情感和行为，尤其是自私的情感和行为，从而为建立一个有必要确立行为准则的社会而有规律地活动呢?

斯密的答案在于一个“公正的旁观者”。人性中自私而原始的激情在社会生活中无法得到道德赞同，“公正的旁观者”就成为“积极道义”的体现，是“理性、道义、良心、心中的那个居民、内心的那个人、判断我们行为的伟大的法官和仲裁人”[7]。这也是赫勒意义上的“个性”作为一种超越性力量的出场：当个体能够与自我“特性”保持距离时，他也就获得了道德距离，有道德的个体并不回避把运用于他人关于真理和正义的同样标准运用于自身。[4]87这样与自我之间拥有道德距离的人，也是斯密反复强调的“公正的旁观者”，其角色在于公平合理地看待自我利益和他人利益。

四、“复数的人”：政治的行动者

在《人的境况》一书中，德裔美国学者汉娜·阿伦特阐述了“劳动者”“技艺者”和“行动者”三个不同的概念。在她看来，劳动、工作和行动分别对应着三种根本不同的人的境况：劳动相应于人作为动物的生物生命；工作相应于人类在地球上建造的人造物世界；行动相应于人作为不同个体却积极发展出人类能力的某种“复数性”。“复数性”既可理解为人作为群体而言的数量多数，又代表不同个体个性的丰富多元，意味着每个个体的独一无二性，“没有人和曾经活过、正活着或将要活的其他任何人相同”[8]。阿伦特将此视为属人的固有而独特的境况与条件，“政治”正是发生在复数的人类当中，是“复数的人”的行动。阿伦特通过质疑西方政治哲学家把“政治”等同于“制作”，因而在实践中压制“个人”，进而忽略了人的“复数性”，希望恢复和发现政治属性中每个人都能提供新视角和做出新行动的被忽视的人类能力。

阿伦特所说的“复数的人”与列斐伏尔所说的“内部导向的人”正好是相对的：“内部导向的人”有着极端敏感的直觉，但这种直觉被用来觉察他人的选择，他会按照其所在群体告诉他的去做，服从作为整体的社会强制性表达和模式，其组成的群体也是“失去了个性的、抽象的和不自然的”[3]419，这自然不是阿伦特意义上投身“积极生活”、自行生产着有意义故事的行动者。

阿伦特眼中的变动社会无疑契合了世界的“现代”进程，她认为荒谬的情形是，人的行动发起高速经济进程，而与此相关的人却日益把自己看作发展大潮中无助的随波逐流者。因此，阿伦特意在重新发现“行动”这样一种人的创造奇迹的能力，认真对待行动和人的复数性，其中也包括由行动引起、目前已变得无法控制的无限过程和危险。她提醒人们，人类不是无助的动物，人们能从事下一步的行动，要主动打破这类过程，并通过约定来控制它们。

虽然阿伦特并未指出“行动”——那种每个人都能提供新视角和实施新行动的被忽视的人类能力——究竟如何被唤起和实现，但不难设想，其所依凭离不开赫勒所言“个性”的出席或唤醒。海德格尔认为日常生活必然是异化的，赫勒却指出，即使在异化的日常生活中，主体对异化的反抗也总是可能的，个人可以在限制中获得一定程度的类本质，实现某种“有限的成就”。而这种相对自由的源泉就在于“行动对象与行动动机自觉的重新统一”[4]252，不是从满足基本生活需要出发，而是作为满足人的生活需要的方式，个体的个性被对象化为“自为的”主体[4]252。

五、从“公共人”到“政治人”：社会以及共同体

如马克思所说，人的本质是一切社会关系的总和，对于个人及其世界这样一个形式众多、关联复杂的历史性问题，赫勒从阶级、团体、群伙和共同体四个维度进行了拆解。在她看来，人类在历史上均从属于某个阶级，但日常生活却是通过具体团体来展开的，一个人可以同时隶属于不同团体，且属于哪个团体也充满

了偶然性，“当这一机遇因素被克服，当我的个性可以有机地、存在性地和持续性地同给定团体相互关联时”[4]30，团体这种社会结合中最原始的层次就变为了“共同体”这种高水平的结合。群伙介于团体与共同体之间，其突出特点在于成员之间的异质性及共同行动的偶然性。

经典之“人”中的“公共人”和“政治人”讨论的正是人与群伙或共同体的关系。这两个概念分别由美国社会学家桑内特和政治学家李普塞特提出。在桑内特深入公共生活研究的20世纪60年代，社会学界的主流视角还在政治领域，他却采用了人类学和历史学方法，通过分析18世纪以来大城市的日常行为和交往模式，来挖掘“个体”与公共空间中他人的关系及自我认知的社会意义。桑内特认为在大都市形成最初，熟人和陌生人构成的公共领域包括了差异较大的人群，这可以理解为赫勒所说的具有“临时性”和“生长性”特征的“群伙”。其中首先诞生的是齐美尔的“陌生人”，而当他们开始对彼此和都市奇异景象变得习以为常，开始熟悉并逐渐接纳加快的生活节奏、现代意义的时间观以及周遭的流动性时，就变成了桑内特眼中具有现代性特征的完美“公共人”。

随之而来的真正挑战在于，随着自公共领域而来的世俗经验开始被当成自我发展的一种前提，被重构的世俗知识系统与信念也让人在外在客体和内在感觉之间充满迷茫。值得探究的是，这里的“自我发展”是不是赫勒所说个人自觉的再生产过程，即“他开始重新塑造自己”[4]26，并以此开始对公共生活进行抵御？答案可能是否定的。桑内特研究发现，在世俗公共文化的压迫之下，“一种亲密性的意识形态给社会定义了一种没有上帝的人道主义精神：温暖就是我们的上帝”[9]359。“个人”在这里出现了，但为了应对变动的社会，应对环境的残酷、束缚和困难，自我趋向于成为“避难者”，以“一种追求稳定的隐藏欲望”来自我保存，“并使其他一切都去屈从于这一自我保存”。[9]360那些约束自己在公共场合表达感情的“公共人”，从“公共的”和“主动的”力量变成了旁观者，维持共同体本身的倾向——而非去挑战并发展自我人格——成为主要的行为目的，“个性”在这里选择了隐匿。

李普塞特考察社会政治基础的基础同样是“人”，由其“政治人”概念细分出来的“民主人”与“社会人”着眼于“个人”与“共同体”的关系。当个体从属于结构化的或有组织的团体或单位，或要在共同体之中获得相对同质的价值体系时，他如何在“特性”利益与“个性”价值之间做出选择？赫勒认为在某些共同体中，存在能够推动“个性”发展的条件，即李普塞特所说的具有“民主人”特质的社会条件，包括经济发展、良好教育、有序的社会流动、自由结社等，这些要素更能促进社会共识、安全感和开明心智，[10]3其中“民主人”因拥有更多自我意识和自我觉察，更能够意识到自己的命运，更有机会培养自我最有价值的才能，因而具有更多“个性”的特征。

与此相对，“社会人”的生存状态和生活习性滋长于更为复杂的社会境况，包括低教育程度、较少阅读、封闭性岗位、经济无保障、家庭模式专断及躲避公共生活等[10]80-81，上述因素可能催生更多“威权主义性格”并让现代政治偏离民主轨道，产生各种激进运动。赫勒认为，这正是“特性情感”更多流动的结果，“以我的共同体的名义，我可以使我最低级的本能自由放任，同时我却感到自己是高尚的”[4]40。

从“公共人”到“民主人”，桑内特和李普塞特都强调冲突以及面对冲突时个体不同的选择。此时，“个性”的出现有助于

“寻找方式把自己的印记打在从特定条件中生成的世界上面”[4]22。在冲突不断的变动社会中，如果“个性”隐而不见，社会人要么将变成沉默的大多数，要么可能丧失理解和判断力，成为共同体或群体行动的简单认同者。

六、“游荡者”与“局外人”：“个体”自为存在的可能

在列斐伏尔看来，资本主义世界并未如马克思所预料那般很快坍塌的原因在于势不可当的全球市场和商品体系。他对现代世界日常生活的异化特征做了这样的解释：日常生活不再是“私人的”，而是社会的；日常生活不再带有个性，而是受到商品、货币、技术的支配；日常生活受到媒体、经济利益和符号的控制；人们更多消费符号本身，符号替代物成为主体，符号价值大于使用价值，“消费闪烁着它神圣的光芒。通过所有可能和不可能的形体的愉悦，所有的梦幻，所有的沮丧，货币声称了它的王国、它的帝国、它的权威”[3]685。

那么，在被异化的城市大街上，“人”去了哪里？在本雅明看来，“人”从这里消失了，吞噬个人的“人群”出现了，人的活动被迫降格为适应性的活动。但同时，这里也成为隐遁的最佳场所，从浪漫主义推崇的“波希米亚人”、波德莱尔所说的“游荡者”，到本雅明提出的“密谋者”与“拾荒者”等，秉持这些身份的人独立于体制之外，是“单数的人”，持有否定的人生态度，以反讽和超脱的立场成为现代生活的英雄，波德莱尔称其为现代性的“真正主体”。

列斐伏尔认为，这些主体所撕开和否定的正是“日常生活”，而非形而上学和道德境界，他们在日常生活和社会关系中与他人

及自我发生了冲突，“人的失败、人的双重性、人的孤独和最终的一切成空，波德莱尔对此所做的思考不仅是精神的，也是非常形而下的”[3]97。这里，“主体性”反抗也从马克思意义上的以革命消灭劳动异化发展为对被商品和消费所异化的日常生活的找寻。

和列斐伏尔倾向从城市的整体性或日常生活中群体的可能性的研究关注方向不同，赫勒更多地是从城市中“人”的整体性和群体中的“个体”视角展开哲学思考。赫勒认为，以私有财产、阶级社会和异化作为主要特征的资本主义社会中存在大量以“特性”为中心的个人，也即被“人群”所吞噬的人。在这样的世界，“为我们意识”与自我意识同步发展，为了能够在世界中自我维持，与社会属性保持一致，“限制”构成了“特性”的基本目标，其方式便是在相当程度上认同其所在共同体的行为。在她的视域中，所说的“为我们意识”与自我意识同步发展，为了能够在世界中自我维持，与社会属性保持一致，“游荡者”或“拾荒者”呈现出一种日常生活中个人与共同体关系的选择：“我”没有把自己同社会最广泛的团体或共同体结合起来，“我”并非不渴望一种共同体，但“我”的个性发展需要一种经过自我选择的共同体。

一种更为极端的个人与共同体的关系状况应是20世纪“荒诞哲学”的代表作家加缪创作的“局外人”和“荒诞人”。如赫勒所说，“自为存在”并非必然属于社会，其成员为纯粹排他主义者的社会能够而且的确存在[4]252，在荒诞世界中，在有限又充满可能性的生命中，富有荒诞精神的“局外人”除了清醒——也可理解为赫勒承自黑格尔和马克思的“自为”状态——之外，其他一切都不可预测[11]。

可以说，不论是“游荡”“荒诞”还是“局外”，都意味着一种从日常生活中的“突现”。卢卡奇用这个概念来表示与日常生活异质特征相对应的“同质化”过程，这一过程来自发达个性引导下在日常生活中的行为的统一性，意味着个体全神贯注于某一个给定的对象化领域，没有同质化过程则不可能再生产“自为的”对象化，而同质化过程中发生的人的活动是创造与再创造。本雅明则认为，这是一种“破坏性人格”在现代社会拼凑完整自我的努力，而如果回到马克思的话，这意味着只有在完全自觉地自己创造自己的历史时，人们才能实现从必然王国进入自由王国的飞跃。

七、结语：朝向“完整的人”

如马克思所说，人类历史就是一部异化的历史。如果说19世纪欧洲的工人无法抗拒被卷入机械生产的异化命运，那么在21世纪，当互联网作为社会结构性要素已构成大众日常的“居住机器”① 时，当“一切社会交往中的基本成分都已变成以技术为中介的或技术嵌入的内容”[12]时，当人的劳动、情感与媒介体验被紧紧裹挟在“算法”之中时，马克思在百年前提出的问题并不过时：在被异化的现实中，一个“完整的人”的发展何以可能？

通过以上将日常生活理论与西方思想史上诸多经典之“人”的内涵进行对比分析，不难发现，尽管历史和日常生活表现得异常复杂，甚至总是受制于巨大偶然性和纯粹相对主义的摆布，但微观尺度的个人选择也充满了成为日常伟大时刻的可能性。从

① 此处借用了20世纪法国建筑师勒·柯布西耶的观点“住宅是居住的机器”。参见孙丹婷：《勒·柯布西耶艺术思想研究》，武汉理工大学博士学位论文，2019年。

“现实的人”到“理性经济人”，从“行动者”到“公共人”，从“政治人”到“游荡者”，正是“个性”的隐匿或唤醒决定着日常生活中的个体是否会在持续变化与冲突中变成“另外一个人”——只要出现一种从“自在”状态向“自为”状态转变的努力，“个人”便不会轻易被自己的社会产品拖累，即使深陷群体之中，“个人”也不会退化和消逝——改变的“契机”也就开始在日常生活的土地上生根发芽。

这也正是列斐伏尔和赫勒承袭自马克思和卢卡奇的有关日常生活研究的理论追求：把批判的思考从精神天堂降至日常生活，从而观察在异化的现实中，一个“完整的人”的发展何以可能。面对当下来自科技与媒介的异化可能，重新回到马克思也非常必要，马克思肯定现实的人是历史的主体，从历史发展的视角来看，新的现实阶段总是孕育于“原先各种孤立的和不起作用的因素”[5]75之中，对异化的扬弃因此也孕育在人类于时间中所展开的有关实践活动中。

注　释

[1] 布鲁默：《论符号互动论的方法论》，霍桂桓译，《国外社会学》1996 年第 4 期，第 15 页。

[2] 恩斯特·卡西尔：《人论》，甘阳译，上海译文出版社 2004 年版。

[3] 亨利·列斐伏尔：《日常生活批判（全 3 册）》，叶齐茂、倪晓晖译，社会科学文献出版社 2018 年版。

[4] 阿格妮丝·赫勒：《日常生活》，衣俊卿译，黑龙江大学出版社 2010 年版。

[5] 马克思：《1844 年经济学哲学手稿》，人民出版社 2018 年版。

[6] 袁贵仁：《马克思的人学思想》，北京师范大学出版社 1996 年版，第 133 页。

[7] 亚当·斯密：《道德情操论》，蒋自强等译，商务印书馆 1997 年版，第 165 页。

[8] 汉娜·阿伦特:《人的境况》,王寅丽译,上海人民出版社 2017 年版,第 2 页。

[9] 理查德·桑内特:《公共人的衰落》,李继宏译,上海译文出版社 2014 年版。

[10] 西摩·马丁·李普塞特:《政治人:政治的社会基础》,郭为桂、林娜译,江苏人民出版社 2013 年版。

[11] 阿尔贝·加缪:《局外人》,李玉民译,中国友谊出版公司 2017 年版,第 9 页。

[12] 克劳斯·布鲁恩·延森:《媒介融合:网络传播、大众传播和人际传播的三重维度》,刘君译,复旦大学出版社 2012 年版,第 118 页。

讲述“生育”：女性博主视频自媒体中的生命叙事

付砾乐*

摘要：视频自媒体的应用使“生育”去魅：通过拓展生育母题的影像化叙事，女性个体生命得以自我书写，并以视频类自媒体为载体延伸了对生命的叙事；同时，通过呈现夫妻关系与家庭角色的动态变化，生育视频不仅深描了女性博主的日常生活，也使社交媒体成为亲密关系公开化的场域；在此基础上，女性博主的个体生命经历连接起同辈女性群体的生育经验，补充了生育知识媒介化的存在方式。女性博主分享的生育视频及其行为显示出，个体作为主体，可在与他者和社会相关联的过程中，丰富生命叙事的时代价值。

关键词：生育；自媒体；媒介记忆；生命叙事

国家三孩政策的放开和推广意味着，作为制度与国家人口调节政策的“生育”，是社会发展与延续的关键性议题，而作为在产房里完成生命延续的“生育”和作为个体经历的“生育”，则是女性历经身体到心理的蜕变且不可逆转的生命历程。为保证孕

---

* 付砾乐，系北京大学新闻与传播学院博士研究生。

妇和胎儿的安全，不断进步的医学技术不仅注重提高分娩成功率，也为排查女性孕期潜在的健康问题提供了可供参考的护理、诊断与手术方案。而从文字到图片，再到影像对女性生育个案与历史的记录显示出，“生育”母题因连接人类生存、传统承继与社会延续的现实诉求而在媒介记忆中经久不衰。及至今天，移动互联网的发展使得媒介，尤其是视频媒介，为“生”与“育”打开了新的可见窗口。

一、“生育”的媒介记忆

《黄帝内经》提出身体须“阴阳平衡”，但属阴气质却在女性身体中占优势[1]44；古代的权威医书《褚氏遗书》也解释了生育问题，详细描述了阴阳诊脉逻辑；唐代的孙思邈更提出，应根据妇女所处的不同孕期采用针对性药方；及至宋代，医学改革使妇科作为特定门类进入中医的主流视野。与此同时，宋代社会的“重文”特质推动了《黄帝内经》等诸多医学著作的刊印，医者希望推广自己的产育处方也遣人抄写或印刷。[1]87可见，印刷术的革新不仅推动了妇产科进入主流中医学，也通过其“保留信息的能力将过去的事件和信息再现于现实”[2]，形成了关于“生育”的“媒介记忆”。

然而，私授式、家庭式的口授手抄记载妇女分娩事宜的文本在“印刷术文化霸权”[1]275之下形成一个“媒介黑箱”，加之宋元明朝代更替中的战火频发、饥荒与疫病流行、异域药物流入中原等因素，再度边缘化了医学文本中的妇科诊疗内容——尤其是分娩问题。

不过，新媒介技术改变了储存和传播记忆的方式，并成为建构记忆的行动者[3]，延续着关于生育的叙事。从纪录片《人间世》到2022年上映的英剧《疼痛难免》，专业团队制作的影像作品开始从医生的视角将生育视觉化，同时也将生育与分娩之痛拓展至私密生活空间之外的大众视野。然而，影视作品对生育的直观呈现，却可能让观众形成对“生育之苦”的深刻印象。在许多国家，分娩被媒体描述为危险的，总是伴随着死亡、风险以及并发症。[4]其后果是，女性对分娩过程的恐惧不断增加，在分娩方面的自我效能逐渐降低，并越来越依赖医疗技术介入分娩过程。[5]

随着视频类自媒体被广泛应用于生活日常，适龄生育女性分享怀孕、分娩及产后修复经历的视频不断增多，讲述建立在个人生活经历与记忆之上的生命自传，补充了纪录片和影视作品仅以他者视角呈现分娩的不足，更直面从孕到育全程中女性身心和社会身份的转型，并可能影响信息接收者的生育观念。

基于此，本文以女性博主分享于社交媒体的生育视频为观察对象，考察移动互联网环境中视觉自媒体叙事的特点，并反思在医学话语与国家宏大叙事之外，个体叙事对建构和拓展生命经验的作用。

当下适于发布视频的社交媒体平台众多，但长期深耕短视频领域的女性博主并非均已婚且已育，她们为生育视频所配的话题标签也各有差异，因而本文是以“生产日记”“生育日记”或“生产 Vlog”“生育 Vlog”为关键词进行检索，通过立意抽样的方式获取视频样本。同时，为保证视频的内容完整性和检索便利性，本研究将检索平台聚焦于新浪微博（以下简称“微博”）和哔哩哔哩（以下简称“B站”）弹幕网，按照关注人数和播放量从高到低的排序，选择了20个生育视频为样本，如同一视频被更新在两个平台，则取关注人数与视频累积观看次数多者为样本。见表1。

表 1　女性博主生育短视频列表①

序号	发布时间	博主名称	发布平台	关注人数(万)	累计观看次数(万次)	视频长度（分钟）	内容（生产医院、生产方式、产后护理）
1	2020.02.12	@我是 Vivi 可爱多	微博	402	1301.0	7	无痛、剖腹产双胞胎
2	2020.04.20	@Alex 绝对是个妞	微博	101.3	70.7	17	私立医院、无痛、顺产、月嫂
3	2020.04.29	@ANNbition	微博	164.4	78.1	11	私立医院、无痛、剖腹产、月子中心
4	2021.02.14	@Aiya 爱娅	微博	109.4	43.7	1	私立医院、无痛、顺产
5	2021.08.31	@郭姐哒	微博	256.6	229.0	9	私立医院、无痛、顺产
6	2022.03.15	@鱼九九	微博	87.2	30.5	17	公立医院、无痛、顺产
7	2022.04.12	@你好竹子	微博	471.7	1584.0	34	私立医院、无痛、顺产、月嫂
8	2022.05.24	@雨桐可儿	微博	851.1	44.7	10	公立医院、无痛、顺产、月子中心
9	2018.12.17	oo_ouou	B 站	16.2	52.8	10	私立医院、无痛、顺产
10	2019.09.19	阿飞 Kathy	B 站	43.9	151.4	18	私立医院、无痛、顺产
11	2019.11.20	雨琪在芬兰	B 站	95.8	24.4	14	国外（芬兰）、顺产（未打无痛）
12	2019.12.05	帅你一脸毛蛋	B 站	101.1	47.6	18	公立医院、无痛、顺转剖

① 按微博、B 站平台各自发布时间排序，表中累计观看次数时间截止到 2022 年 7 月 6 日。

（续表）

序号	发布时间	博主名称	发布平台	关注人数(万)	累计观看次数(万次)	视频长度（分钟）	内容（生产医院、生产方式、产后护理）
13	2020. 01. 12	可妈可吗	B 站	86. 3	60. 4	15	公立医院、无痛、顺产
14	2021. 01. 30	广式老吴	B 站	14. 5	74. 0	4	私立医院、无痛、顺产、月子中心
15	2021. 04. 08	G 姐—	B 站	67. 8	192. 8	11	二胎、无痛、顺产
16	2021. 06. 04	可妈可吗（二胎）	B 站	86. 3	46. 3	15	二胎、公立医院、无痛、顺产
17	2021. 09. 02	深夜小鱼干儿	B 站	59. 4	35. 3	10	私立医院、无痛、顺产
18	2021. 10. 15	renasteps	B 站	62. 2	63. 3	16	国外（韩国）、公立医院、无痛、剖腹产、月子中心
19	2022. 04. 20	啊呦大阿桔	B 站	42. 2	39. 5	16	私立医院、无痛、顺产
20	2022. 06. 18	Vickysoupsss	B 站	63. 5	24. 3	21	国外（澳大利亚）、私立医院、无痛、顺产

二、去魅“生育”：视频自媒体中的生命延伸

齐美尔曾言：“社会的普遍性来自社会生活中那显然小的、不重要的和细微的特征……日常生活中看似琐碎的对话才揭示了社会的本质特征，以及生活本身。”[6]在宏大叙事向微小叙事转变的自媒体环境中，“生活目标由每个人自己决定”[7]60成为视频内容的鲜明特质，每个人都在不断地返回自我，从个体经验展开“小叙事”。

（一）拓展生育母题的影像化叙事

法国哲学家利奥塔尔称，“在后工业社会和后现代文化中……大叙事失去了可信性”[7]135。他指出，在西方现代社会之后的文化语境中，“语言游戏”（如维特根斯坦所言）的增加将“追求共识的统一性转向差异、多元论、不可通约性和局部决定论”[7]61–67，因而抛弃了元叙事（解放的叙事和启蒙的叙事），并呈现出后现代性。系统的调解所依据的力量标准也“不应该根据缺陷进行调解，而应该不断造成新要求，从而重新定义‘生命’的标准”[7]218。

不同于虚构类影视作品以故事性和戏剧性来描述生产过程，也有别于纪录片追求以小见大或突出社会共识与价值的特性，视频自媒体叙事符合利奥塔尔所谓的“小叙事”特征：视频以第一视角拍摄可凸显视频文本的个体性、日常性，持续更新且内容不断丰富，“创造出与官方叙事、主流媒体以及主流意识形态相并行甚至相冲突的记忆空间”[8]，不仅拓展了影视剧作所呈现的社会生活边界，补充了专业影像作品制作中难以企及的生活细节，

也以口述和真人出镜的方式改变着视频与生活之间的互构方式。

在这种将日常生活视频化的过程中，视频创作者需要不断寻找适合视觉创作的生活素材，也需要不断反观自己在镜头前呈现的形象、状态是否符合自己女性博主的社会身份。生活的视频化也逐渐模糊了现实生活与视频生活的界限，使二者既相互交叠又相互影响。熟稔视频拍摄与制作流程的女性博主在现实与镜像之间自如切换，不仅培养了关注者的观看习惯与期待，也与其建立起了以视频为中介的情感联系。因而，生育视频不仅是女性博主常规视频内容的一部分，也是其用以维系、强化已有社交群体和拓展新社交网络、增加关注人数的热点话题之一。女性博主在视频中对从生育准备到产后全流程的具体描述与再现，也为观看者以旁观者身份一览女性生育所面临的身体之痛提供了视觉空间。

（二）女性个体生命的自我书写

视频自媒体的视听语言高度日常化，不仅记录了女性成为“母亲”的生活细节，延长了女性媒介化的个体生命，也产生了新的“重新部落化”效果，即为正在备孕和已为人母的女性提供了经验参照与共情基础。这再次验证了人的日常生活与社会关系已广泛且深度地卷入了媒介。

视频创作者的自我呈现也重新定义着“自我”。玛莉琳·布鲁尔等认为，个体的自我建构有三类：由自身来定义的个体自我，根据与他人关系来定义的关系自我，以及由其与所属团体的关系来定义的集体自我。[9]这三重自我同样体现于视频中。首先，生育只是女性的人生选择之一和人生阶段的一部分，具有不可复制性和独特性，此即由个体自我定义的女性；其次，分娩的完成彻底改变了博主的人生轨迹，成为母亲意味着家庭角色与社会身份的双层叠加，这凸显出关系自我对女性博主特定社会性别身份的定义；最后，作为具有一定网络影响力的博主，她们将继续分享日常生活来延续和扩大影响力，这使其特定女性博主的职业身份在集体自我定义下得以强化。

因此，女性博主将生育经历视频化，以网络自传的形式描摹了自身作为女性的性别角色、作为母亲的家庭角色和作为新媒体使用者的传播角色相互交织的生命故事，从而使视频既成为“生活文献”——包括口述史、传记、自传、日记以及图片、影像等[10]，又具有“技术传记”的特征——关注普通人在日常生活中使用技术的生命故事[11]。

在生育视频中，女性的身体展演依旧是视觉中心。妆容精致、身材姣好是大多数女性博主俘获关注者的视觉因素，即使身处孕期的女性博主也依然注意视频中的形象。但当逐渐升级的宫缩阵痛袭来时，女性博主逐渐扭曲的表情和辗转反侧的身体使得“疼痛”二字成为视频最突出的记忆点。待到孩子出生时，从生理上彻底转型成“母亲”的女性博主又面露喜色，生理之痛与新生之喜的融合互构了生育视频的情感价值，深化了女性个体生命书写的生命意义。

三、深描“生活”：亲密关系的社会化呈现

日常生活的视觉再现意味着，视频媒介与日常生活互为表里。在视觉叙事空间里，镜头的运用、焦点的形成能突出被摄者的生活细部，放大情绪与情感。通过视频素材，观看者可以窥见博主的家庭空间、工作环境或度假场景，并认识与博主关系最紧密的家人与朋友。将人际关系公开于视频中不仅为观看者提供

了深入博主私人生活的机会，也强化了博主的性格特质与社会身份。

（一）动态调整的夫妻关系

在生育视频中，丈夫是仅次于妻子高频出现的家庭角色。在5号@郭姐哒的视频里，她的丈夫在驱车带着她前往医院时才意识到，孩子即将出生、自己的家庭角色即将转变，并因此激动落泪；在2号@Alex绝对是个妞的视频中，她的丈夫看到她宫缩的痛苦，心疼地说："只要是知道、见证过生产过程的人，就都知道女人是多么厉害。"这些视频的共性是，她们的丈夫不仅是高频出镜的生活成员，也已在观看者心中形成了"好伴侣"的印象。

作为全程陪护的伴侣，丈夫成为记录妻子分娩经历的拍摄者顺理成章。妻子将录制设备交付给丈夫不仅体现了夫妻间的信任关系，也显示出信任在亲密关系中不可或缺：女性选择以自己的身体孕育新生命的前提是，自己将身心全然交付于一个值得信赖的合作伙伴以实现"共赢"。

在生育视频中，丈夫的拍摄视角与看着待产妻子的实际视角合二为一，观看者看到了丈夫对妻子的陪伴，其中夹杂着新手父亲对新生儿即将到来的手足无措与满怀期待，还饱含着丈夫对妻子忍受阵痛、辛苦生产的怜惜与爱护。观看者自然而然地接受了丈夫角色的出现，不仅因为他们早已熟悉了女性博主视频中这个特定的男性角色，也因为丈夫陪护妻子时所展示出的体贴、温柔与理解，符合观看者对"合格丈夫"和"和睦家庭"的心理期待。

巴迪欧曾言，爱情处理的是一种差异，爱的实现也并不在于所谓的孩子是爱情的结晶，而在于"爱的持续"——孩子的到来是"爱在生命中发明的另一种不同的持续方式……每一个人的存在，都将面对一种全新的时间性……是一种生命的重新创造”[12]。视频的分享放大了女性博主与其丈夫的日常生活，使得亲密关系具有了可被观看的公开性。同时，这些视频不仅构成了博主与其丈夫共同庆祝家庭新生命到来的纪念性仪式，也成为社交媒体上可被重复观看的媒介记忆。

（二）重新指认的家庭角色

“在爱中，每个人都是从头开始”，美国存在主义心理学家罗洛·梅援引了克尔凯郭尔的话，他认为这个开始是我们称作人之间互相关怀的关系——其根本形式是愿意从另外那个人身上得到快乐，在极端情况下为他受苦[13]。这番话不但适用于夫妻关系，也解释了“新手”父母面对新生儿时转换身份背后的心理变化。生育视频中常出现的“接受自己成为母亲从心理上仍是一个过程”的表述意味着，女性——包括男性——产后还须在与孩子的相处中熟悉和明确“母亲”（或“父亲”）这一新家庭角色。女性博主的父母也会遭遇亲子关系的错认与重新指涉，例如在7号@你好竹子的视频中，她的母亲会下意识地对外孙女说“宝宝，妈妈来抱你”之类的话。

新生儿的到来改变了原有的核心家庭结构，成为夫妻重新确认自己家庭角色的“他者”，“新手”父母也共同经历着对自我的找寻和关怀。作为一个视觉文本，视频在呈现两人家庭向三口甚至多人家庭的结构性转变时，便成为博主与其丈夫共同运用并具有自我指涉能力的符号系统，夫妻二人原有的网络昵称也被叠加上了“某某妈”“某某爸”的新符号。在不断重复确认自己的新家庭角色的过程中，博主从心理、情感和身体经验上逐渐适应了“母亲”的角色，这一身份也将贯穿今后的日常视频，并从根本上改变一位女性的视觉媒介镜像。

新生儿与其父母建立情感联系也需要时间。例如，竹子的丈夫是一位外国人，从肤色到语言都不同于家里的三位中国女性——竹子、竹子的母亲以及月嫂，孩子每次看到父亲时陌生又迷茫的神情也都为视频所记录。同样应注意的是，新生儿的视频形象完全取决于博主的视觉偏好，对新生儿身份信息的网络暴露程度也取决于博主的视频更新频率。可见，在女性博主与新生儿建立的视频关系中，母亲，包括父亲，具有绝对的视觉话语权与传播权。因而，即使博主称生育视频是自己送给孩子的出生纪念礼，其本质仍是博主的一次自我呈现。

四、理解“生命”：经历、经验与知识的媒介化共存

福柯认为，无论是“规训权力”还是“生命权力”，都是以知识为中介，来运作“他者”的。知识既作用于个体层面的肉体，又穿越了大众层面，在与权力交织的过程中获得了“真理”的地位。[14]媒介则能帮助知识到达其对象。无论是医学专家还是新闻媒体，知识传播者与媒介掌控者的社会身份都与权力不谋而合，因而生育在社会维度的呈现始终带有“疼痛”但“必要”的标签。但女性博主的生育视频不仅分享了个体经历，也为同辈群体带来生育经验，突破了传统叙事中生育的单一刻板面孔，在社会继替与传统道德约束之外，给女性的生存方式带来了多维的敞开性与选择性。

（一）生育之痛的解蔽

自我或许是微不足道的，但却并不孤立，它处在比过去任何时候都更复杂、更多变的关系网中。[7]61社交媒体不仅为用户拓展

了人际交往的连接网络，也丰富了共同话题之下的相似经历与媒介记忆。记忆建构是动态的社会过程，由不同的参与者、社群、媒介和文本共同塑造。[15]而不同社会制度内外乃至社会整体中的社会互动也越来越多地通过媒介得以实现。[16]生育视频在“回忆生育”这个话题之下，大多围绕产前准备、产房待产与生产和产后恢复三个阶段展开叙事。在具身性的媒介实践基础上，视频文本以个体生命经历编织成具有群体共识性的生命经验，为已经成为母亲的女性观看者提供了回忆自身生育经历的窗口，为备孕女性观看者提供了经验与情感支持，为尚未成为母亲的所有女性提供了解蔽生育之痛的观看对象。

这种联结在生育视频中最直观的体现就是弹幕评论。“看哭了”“感动”“母亲很伟大”和“姐姐辛苦了!”等表达对博主的喜爱与祝福的弹幕均较为常见。与此同时，博主的自我分享也获得了诸多共情回复，如“我是无痛都来不及打，孩子就出生了”等评论，“能帮助妈妈们形成一个同辈支持社区，以经验共享的方式提供工具性和情感性支持”[17]。

亦有网友表示视频给了自己正视怀孕的勇气，如“看了视频感觉好像没有那么恐惧生孩子了”“一边内心恐惧，一边觉得好感动，真的太伟大了”。可见，社交媒体上分享的个人经历与群体经验不仅建构了观看他人生活的视觉景观，还能起到一定的知识分享与公共教育作用，这些视频记忆在社交媒体的连接、分享与信息传播等功能的加持下，成为连接视频创作者与观看者分享知识、获得情感共鸣的桥梁，其流露出的积极情绪在一定程度上能为女性备孕与分娩提供参照，并缓解部分生育焦虑。也正是在视频分享、评论回复与社群讨论等诸多互动之中，女性博主与观看者共同建构起关于生育的媒介记忆。

（二）生育焦虑的遮蔽

不可忽视的是，生育视频同样也是女性博主的经济能力、社会地位、家庭结构与知名度的体现。例如，Alex 经历过一次流产，但相对宽裕的家境允许她两次选择私立医院以避免排长队，且能选择自己的主治医生、助产士、独立待产房，产后月嫂与父母的共同护理能减轻自己抚养新生儿的身体与心理负担。样本中的大部分女性博主也选择了国内的私立医院，11 号@ 雨琪在芬兰、18 号@ renasteps 和 20 号@ Vickysoupsss 三位博主在国外完成分娩，8 号@ 雨桐可儿和 14 号@ 广式老吴等博主则选择入住月花费在 10 万元到 30 万元不等的月子中心进行产后修复。

但对于大量孕产妇而言，经济能力决定了生产医院的选择范围，不同孕产妇的体质差异也会影响其待产及产后恢复情况。此外，产后抑郁现象近年来也逐渐为人关注和知晓。产妇激素水平波动、频繁的母乳喂养打乱了母亲的作息规律、部分家庭存在“丧偶式育儿”现象（丈夫因无法切身体会妻子的身心变化而激化夫妻矛盾）、父母无暇帮忙、收入水平不足以支撑长期雇用月嫂等一系列问题，使得生育对每一个女性个体生活的改变不尽相同。

女性博主的视频固然开启了一扇讲述“生育为何”的门，但她们的生育经历能被更多人看到、知晓与其社交媒体影响力息息相关，这不等同于大多数女性的生育压力得到了缓解，更不意味着生育所牵涉的一系列家庭问题与社会问题得到了解决。这反而反映出，女性博主作为话语权力的掌握者在生育话题的讨论与传播中占有大多数女性难以企及的优势，其分享的生育经历同样也制造出一种生育迷思——生育之于女性是不是一场值得的经历？

同时，女性博主分享的生育经历及其经验在医学层面的参考价值如何也有待考究。毕竟，妇科作为医学专科历经数年发展才逐渐形成知识体系，即使分娩并不等同于一种疾病，但产前、产中和产后对孕妇与新生儿健康情况的观察与监测仍需要专业医生与科学手段。女性博主分享的生育视频虽然提供了一定的经验，但孕期女性仍须遵从医嘱以保证母婴安全。

五、追问“生存”：个体生命叙事的时代意涵

女性博主们每完成一次视频分享都是在以自我书写的方式形成其个体独特的生命记忆，生育作为其经历也自然成为视频内容的主题。

巴迪欧认为，主体并非实体，所有的主体都是被定性了的主体，即主体并非特指单一的人，也代指具有某种共通社会身份的群体或集体，对主体的界定取决于观察对象的属性及其所关涉的事件类型。[18]考察“主体”概念总绕不过人的作用，而考察人的主体性自然也无法忽略其生活的时代背景与社会权力关系。正如福柯所提出的，“人作为主体在被置入生产关系和表意关系的同时，也同样地被置入非常复杂的权力关系”[19]。分享行为使个体经历成为群体经验，不仅再一次证明以视频为代表的社交媒体已经深度媒介化了人的生活日常，也印证了个体叙事在政治话语与科学话语之外形成另类知识的可能性，并具有与后两者共存的生命力。

利奥塔尔认为，精神有一个普遍的“历史”：精神是“生命”，这个“生命”自我展现、自我表达的方式是，把自己在经验科学中的所有形式排列成有序的知识，并通过如大学这类具有

经验科学话语和民间文化合法性的机构来言说，以延续知识的合法性；但人这一具体的实践主体，在自由的自我建立和自我管理过程中，可以突破元叙事的束缚，从而使知识的合法性获得新的活力[7]124。个体叙事在当代的自我探索与表达，为既有知识与传统的跨界流动与跨媒介传播提供了新机会，也正是“生命”（同时也是“主体”）的发展机制显示出了叙事的价值。

可见，在主体不断确认自我与他者以明确自身主体性的过程中，单一主体与他者的关系性也在持续动态地生成与交叠，也正是在主体与关系的不断重新确认中，生命叙事得以丰富。同时，在公共议题之下出现的混合主体与集体主体以合作或集体行动的方式促进公共议题的敞开与解决时，在既有议题以事件形式通过媒介形成历史并在当代再度显现时，生命叙事才得以延展。

注　释

[1] 费侠莉：《繁盛之阴——中国医学史中的性（960—1665）》，甄橙主译，江苏人民出版社 2006 年版。

[2] 邵鹏：《媒介作为人类记忆的研究》，浙江大学博士学位论文，2014 年 3 月，第 15 页。

[3] Zelizer, Barbie, “Reading the Past against the Grain: The Shape of Memory Studies,” *Critical Studies in Mass Communication*, Vol. 12, No. 2, 1995, pp. 214-239.

[4] Morris, T., and K. McInerney, “Media Representations of Pregnancy and Childbirth: An Analysis of Reality Television Programs in the United States,” *Birth*, Vol. 37, No. 2, 2010, pp. 134-140.

[5] Jordan, Robin G., and Murphy Patricia Aikins, “Risk Assessment and Risk Distortion: Finding the Balance,” *Journal of Midwifery & Women's Health*, Vol. 54, No. 3, 2009, pp. 191-200.

[6] Davis, Murray S., “Georg Simmel and the Aesthetics of Social Reality,” *Social*

Force, Vol. 51, No. 3, 1973, pp. 320-329.

[7] 让-弗朗索瓦·利奥塔尔：《后现代状态：关于知识的报告》，车槿山译，南京大学出版社 2011 年版。

[8] 黄顺铭、李红涛：《在线集体记忆的协作性书写——中文维基百科“南京大屠杀”条目（2004—2014）的个案研究》，《新闻与传播研究》2015 年第 1 期，第 7 页。

[9] 彭兰：《视频化生存：移动时代日常生活的媒介化》，《中国编辑》2020 年第 4 期，第 37 页。

[10] 吴世文、杨国斌：《“我是网民”：网络自传、生命故事与互联网历史》，《国际新闻界》2019 年第 9 期，第 40 页。

[11] Kennedy, Helen, “Technobiography: Researching Lives, Online and Off,” *Biography*, Vol. 26, No. 1, 2003, pp. 120-139.

[12] 阿兰·巴迪欧：《爱的多重奏》，邓刚译，华东师范大学出版社 2012 年版，第 64 页。

[13] 罗洛·梅：《爱与意志》，宏梅、梁华译，中国人民大学出版社 2010 年版，第 330 页。

[14] 李敬：《传播学视域中的福柯：权力，知识与交往关系》，《国际新闻界》2013 年第 2 期，第 63 页。

[15] Connerton, Paul, “Seven Types of Forgetting,” *Memory Studies*, Vol. 1, No. 1, 2008, pp. 59-71.

[16] 施蒂格·夏瓦：《文化与社会的媒介化》，刘君、李鑫、漆俊邑译，复旦大学出版社 2018 年版，第 21 页。

[17] 周培勤：《学哺乳 ：基于网络社区中妈妈关于母乳喂养讨论的话语分析》，《妇女研究论丛》2019 年第 5 期，第 21—33 页。

[18] 阿兰·巴迪欧：《存在与事件》，蓝江译，南京大学出版社 2018 年版，第 483—484 页。

[19] 米歇尔·福柯著，汪民安主编：《福柯读本》，北京大学出版社 2010 年版，第 281 页。

数智时代老年群体的生存危机与认知转向

李　堃*

摘要：媒介技术更迭和普遍存在的危机持续推动社会生活向线上迁移，提高数字化生存水平不仅考验个体能力，也涉及其与现实环境的互构。老年群体在其中遭遇的种种困境说明，这并不是一个自然而然的过程，生活模式、连接和行动方式的转变给这一群体带来多维度的失语危机，但个体资源和能力的激活以及社会权力结构与运行机制的调整中也蕴含着赋权的可能。除了制度层面的扶持，老年人数字生活质量的提高还要在自我认知、社会联结和技术支撑等多元赋权的基础上才能实现。

关键词：老龄化；数字技术；赋权；交往理性

第七次全国人口普查数据显示，我国 65 岁及以上人口约有 1.9 亿，占总人口的 13.5%[1]；2021 年 6 月，国家发展和改革委员会、民政部和国家卫生健康委员会共同制定了《“十四五”积极应对人口老龄化工程和托育建设实施方案》，进一步细化了改善养老、托育服务基础设施条件等的要求与细则[2]。2021 年底，

* 李堃，系北京大学新闻与传播学院博士研究生。

中共中央、国务院发布《关于加强新时代老龄工作的意见》，明确提出要“提升广大老年人的获得感、幸福感、安全感”[3]。老龄化及其未富先老、未备而老和孤独终老的三大特征[4]意味着变老不仅是个体生存问题，也是社会发展问题。

人口结构老龄化和媒介形态新型化是社会发展的两大趋势。数字技术对现实生活的全面侵入彰显了其作为社会基础设施的重要作用，适应、使用和驯化新技术成为影响生活质量的重要因素。不同于年轻一代的互联网原住民，老年群体在面对生活场景迁移以及话语规则转变时往往需要更多的时间。尽管有研究表示，中国老年数字弱势人群正在借助微信以特定的步调努力跟上潮流，实现数字崛起[5]，但新冠肺炎疫情迫使现实生活向线上全面迁移，老年群体在卷入时所面临的种种困境意味着，这一群体的“数字化生存”问题仍值得关注。关注老年人在当前媒介环境下的生存现状，建设跨越年龄边界的技术环境，能够帮助老年群体改善自我认知，回归自我生命体验，建立情感联结，获得新的支撑体系。

一、多维度失语：老年群体的数字化生存危机

1865年，临床外科医生保罗·布罗卡首次使用“失语”（aphasia）一词表示“由于神经中枢病损导致抽象信号思维障碍，而丧失口语、文字的表达和领悟能力的临床症候群”[6]。20世纪90年代，有学者意识到，“失语”不仅仅是一种生理现象，并将该词引入社会和人文学科的研究。目前新闻传播学领域内有关“失语”的研究集中于关注媒体失语与困弱群体失语。一方面，随着后现代性对元叙事的颠覆以及对旧有权力制度的否定，传统媒体

的公共性逐渐被消解，在危机事件和争议性事件中处于失语状态[7]；另一方面，由于边缘化的社会地位，以农民工为代表的困弱群体在快速更迭的社会环境中处于一种互动失衡的状态[8]，因而陷入理解障碍和自身无法言说的窘境，而老年群体也身处其中且面临多维度的失语危机。

（一）失衡的互动：多元媒介与刻板形象

随着移动通信、大数据和人工智能等技术的快速发展，媒介已不仅是人们获取信息和社会交往的基础手段，而且能够产生社会性的结构力量。以互联网为代表的新一代媒介技术更是以“连接一切”的方式重构了社会，重构了市场，重构了传播形态[9]，也“以完全独特的方式教它的使用者如何看待世界，感知世界，在世上行事”[10]116。丰富多元的媒介形态带来了信息和观点的快速流动和交换，也在政治、经济利益驱动下建构起物质性和精神性的表意系统，即媒介形象。这是媒介选择性建构的结果[11]，能够塑造个体对自我、他人和社会环境的认知态度、互动方式和情感取向。与传统媒体的资源方式分配相同，“目前主流科技单一服务于年轻人的现状，对其他群体不够友好”[12]。媒介资源的倾斜会在无形中使老年人认为自己是社会上的少数，也影响了其他群体对老龄化社会的认知。随着社会对老年群体的争议性越来越大，这一人群在互联网环境下正面临着“污名化”的处境。[13]

在传统的中国社会，老年人往往作为经验、智慧和权威的象征，掌握社会话语权；进入大众传播时代，媒体虽部分取代了老年人的权威地位，但是作为传统经验和知识的掌握者，老年群体仍受尊敬。新的媒介形式则完全改变了人们接收和传递信息的习惯，为个体提供了利用媒介传递信息、表达意见和抒发情感的渠道，打破了原有的叙事逻辑。统一和标准的宏大叙事被灵活多元的微小叙事所替代，但“人人都是麦克风”并没有改变老年群体的边缘地位。一方面，由于硬件设施和技术门槛等限制，老年群体在进入和适应互联网时需要更多的时间和耐心，尽管老年网民的规模逐渐增大，但占比不高[14]。另一方面，由于老年群体特殊的心理特点和情感需求，不同于年轻人享受在匿名的互联网中发表观点和释放情感的状态，与初级群体保持联系是其接触和使用互联网的首要目标[15]。对老年人来说，网络更像是信件、电话和面对面沟通的数字形式，而不是自我呈现和表达观念的新空间，这一群体仍处于被呈现和被建构的境况。

（二）交流的无奈：数字移民与数字原住民的冲突

人口老龄化是人口结构的转变，其依托后现代化、信息化和媒介化的社会环境。在传统社会中，老年人处于社会关系网络的中心位置，家本位的文化及集体主义巩固了其主导地位。但是，随着社会分工的进一步细化以及社会关系、知识体系和话语结构的全面转型，这一群体逐渐在被边缘化。年轻一代凭借技术普及和快速接受新事物的能力逐渐掌握了互联网话语权，而老年人则陷入“听不懂”和“道不明”的状态。

在复杂的互联网络中，人们不再追求共识和认同，任何的兴趣爱好和文化形态都能找到栖身之地。“以特定语言为沟通基础形成的网络‘小圈子’分布在网络这片海洋中，隐秘而又孤立存在着。”[16]新媒介技术将“不定量多数”的受众变为节点化的用户，其“是传播的基础单元，他们可以根据意愿来构建个人化传播中心，这样一个传播网络的基本单元也是社会网络连接的基本单元，同时还是内容—社交—服务的融合单元以及资源的贡献单元”[17]。这一变化要求个体拥有迅速接收和理解信息的能力，同时可以按照网络语言的规则进行对话。这种语言方式的突出特点是个性化、圈层化、狂欢化和情绪化等。新的表达和沟通机制对老年群体并不友好，尤其是对日常词汇和表达方式的解构更增加了老年人对网络语言的理解难度，这一群体自然无法立刻理解、接受和适应新的媒介环境和语言系统。

“可观察的社会关系是由语言的招数构成的。”[18]39生活、工作和娱乐场景的线上迁移，改变了用户信息获取和情感连接的方式，也扭转了社会叙事逻辑和话语规则。以往能够触发集体认同的元叙事被打破，异质的、不确定的、去中心的网络语言被频繁使用且不断生成新的异质元素，这一过程伴随着剧烈的认知变革和迭代。作为伴随着互联网成长起来的数字原住民，年轻一代往往是网络语言的使用者和创造者，他们深谙其中的游戏规则，能够迅速适应网络语言的快速更新和繁殖；由于传统语言规则的惯性，老年人更习惯严肃、说教式的语言风格和标准化、英雄式的表达方式。语言行为是一种普遍的竞技，随着互联网向日常生活的进一步渗透，老年群体在新一轮的社会结构和社会关系转型中被迅速边缘化，常常面临“线下强势”和“线上弱势”的尴尬处境，而年轻人甚至不再抵抗，而是直接采取疏离的态度，在网络上“自娱自乐”。

（三）消极的认知：基于知识转型的负面自我

自我认知并不是一个仅存在于个体内部的理性判断过程，而是在感觉流动中、在交流对话中不断形成与积极发展的。积极的自我认知与接纳是自我支持的前提，也是表达自我情绪和发挥自我效能的保障。“无论是‘规训权力’还是‘生命权力’，它们对

‘他者’运作的中介都是相同的：知识。”[19]传统的知识恰恰是纸的意外产物，这一载体蕴含着永恒性、稳定性和社会忠诚度[20]71-72。在传统社会中，知识是内在化的，与个人的生命历程和生活经验密切相关，年长则意味着知识和经验丰富。因此，老年人往往拥有权威地位和社会话语权，是社会资源的持有者和家庭场域中的强者。

当互联网成为知识传递的主要媒介时，网络化的知识便失去了稳定的基础。在持续的链接和点击中，知识不断被丰富和拓展，始终处于悬而未决的状态。知识外在化是后现代的明显特征，以前那种知识的获取与精神和个人本身的形成（“教育”）密不可分的原则已经过时，而且将更加过时。知识的供应者和使用者与知识的这种关系越来越类似商品的生产者和消费者与商品的关系形式，即价值形式[18]2-3。在充满诱惑的互联网生态中，权威性不再取决于个人的地位和专业性，而是在不断编辑、阅读、审议等连续的体系和周而复始的过程中，通过协商产生的。[20]83-85判断知识是否有用的标准也发生了转变，获得经济利益成为重要准则，当下知识焦虑泛滥与知识付费的盛行恰恰证明了知识的性质和功能的转变。

上述变化中蕴含着对以老年人为代表的传统权力的反叛。过去对智慧和经验的强调也在不知不觉中塑造了以社会贡献能力为标准判断老年人存在价值的传统，有用性成为评价老年群体的最重要准则。在年轻一代通过互联网快速汲取“有用知识”的同时，以往备受推崇的内在化的、默会的知识失去了它的价值，知识的来源和判断对错的权力也从老一代转至年轻一代。伴随知识的商品化和唯利化，老年群体的权威性被打破，在以有用性作为标准衡量老年群体社会价值的文化环境中，老年人从“社会智力的贡献者”变为“社会资源的消耗者”，面临知识、技术和规则的反向输送。当低价值和无用性成为老年群体的标签时，“脱离既有利于老龄化的个体，也有利于社会，因为老年人不像过去那样有用或可以依赖，必须让年轻人担任过去由他们占据的职位而把他们挤出去，以保持社会体系的平衡”[21]。这种普遍存在的社会感知会使老年人产生消极的自我认知，形成“不受待见”“遭嫌弃”和“被排斥”的自我评价，由此逃避社会互动和新技术接入，也失去了持续提供资源和生成知识的可能。

二、多元赋权：老年群体数字化生存的认知转向

在大众传播时代，尽管老年群体遭遇了媒体资源分配不均、呈现度低且形象单一等问题，但是仍因知识的稳定和内隐以及话语资源的集中而拥有一定的社会认同。互联网则彻底颠覆了旧有的话语结构、叙事逻辑和知识性质，影响着老年群体的自我认知、社会互动与媒介形象。从现实情况看，当下依托互联网构建的社会文化对老年群体并不友好。

老年不是个体必然的生命历程，却是人类将共同面对的生活处境，当下的老年群体是未老之人觉知未来自我的视镜。解决互联网时代老年群体面临的技术排斥和交流障碍等问题，改变老年群体被观看、被呈现和被建构的困境，需要唤醒老年群体的自我觉知，在观照个体生命的基础上，依托技术赋权，建立起与其他社会群体的信任和情感联结。

（一）“照顾你自己”：日常生活中的自我安置

英国社会学家安东尼·吉登斯认为，社会结构不仅对人的行

动具有制约作用，而且是行动得以进行的前提和中介。[22] 目前60岁以上这一批老年人基本经历了中华人民共和国成立后复杂变革的全过程，具体的历史事件影响了其价值观念和意识形态，家本位文化及与其有着紧密关系的集体主义曾是一代代人应对社会转型的生存智慧。与家本位文化相联系的是一种父母对子孙负责、在代际关系上向下倾斜的责任伦理。[23] 这种牺牲和奉献精神是一种行为规范或生活方式，也涉及老年群体的生活目的。社会的急速变迁导致了在日常生活中无处不在的旧习惯和扑面而来的新规则并存于世，既使亲代原有的知识、经验甚至价值判断丧失了解释力和传承价值，也使子代第一次获得了“指点”父母的机会。[24] 急剧的社会变化和频繁迭代的新媒介技术将老一代拖拽至巨大且混沌的互联网络中，集体主义文化遭到个人主义观念的冲击，旧有知识和经验被废弃……以手机为代表的新物件的普及，并没有改变年长一代的劣势地位；相反，“父不如子”“师不如徒”的现象进一步成为整个社会的常规景观[25]，代际关系和家庭结构的颠覆已变成人们的日常体验。年轻一代凭借强大的吸收和接受能力，快速适应甚至重新界定着社会生活场域和规则，而年老一代则显得无所适从。

随着元叙事和共识被颠覆，每个人都返回自我，也由自己决定生活目标，人的生存越来越与个体如何安放自我心灵有关。从启蒙叙事到生命叙事，从经验社会到体验社会，从集体自我到个体自我，如果说未老一代还在以旁观者的身份观察老年群体的生存状态，而老年人早已被深深卷入。在结构自反性与自我性并存的环境下，老年群体应回归日常生活，在个体生命的“绵延”中，体认和观照自我 。正如马丁 · 布伯曾说：“你必须自己开始。假如你自己不以积极的爱去深入生存，假如你不以自己的方式去为自己揭示生存的意义，那么对你来说，生存就将依然是没有意义的。”[26]老年是人生阶段之一，处于时间中的自我才是常态的生存方式。年长一代只有在日常生活中完成自我理解与安置，跨越语言和技术的鸿沟，才能以积极的姿态自醒、自立、自决和自治，找到倾向自我的生活目的和行动方式，完成从找寻“是什么”“为什么”到“如何能”的转变。

（二）“我们不一样”：沟通中的理解与联结

“人的本质是人的真正的社会联系。”[27]“不同的网络关系将提供不同类型的社会支持。因此，一个人为了保证生活需要的大量的社会支持，就必须与多种多样的人保持社会关系。”[28]371“变老”不仅是微观的生命体验，也涉及社会角色和社会关系的转变。历史背景和时代境遇将共存同一时空的人划入不同的代，也形成了截然不同的感觉、认知、经验、思想、表达和行动模式，这种断裂自然会引发冲突，这种矛盾正在被技术和社会的快速发展持续放大。当认同和价值的统一性被打破，启蒙叙事面临崩溃时，有人认为，这种崩溃造成了社会信息的瓦解和社会集体向一种离散状态的过渡，个体原子被抛入荒谬的“布朗运动”[18]。但随着互联网络和移动技术的发展，个体不仅没有变成孤立的存在，反而成为嵌入复杂关系网络的节点，化解冲突的唯一出路就是沟通。

对处于不同文化和使用不同语言的人来说，对话并不容易，但却十分必要，这要求不同群体之间建立起一种新的沟通方式。这种沟通应该是以理解为导向的行动，主体间通过符号和语言沟通以求最终达到对彼此的理解。理解意味着沟通双方在彼此认可的规范性背景下对相关话语的正确性达成一致，还意味着交往双方能对世界上的某种事物达成理解，并且能够使对方认识到自己的意向。[29]沟通的前提是双方的平等。一方面，年老一代在“需要内省，需要用自己青年时代的所作所为来理解眼前的年轻人，交流才是可能的”[30]；另一方面，年轻一代不能执着于技术优势，轻视老一辈的生活经验，而应主动走进老年人的日常生活，在角色调整和转换中融合视域，达成互相理解和尊重。

理解考虑的是代际的交往理性，而联结则指向情感共鸣。同情是人的天性，是人的原始情感，是正义、仁慈、克己等一些道德产生的根源。同情心要求人们通过设身处地地联想，关注别人的命运和幸福，模拟自我在对方环境中的感官印象，从而获得相似的体验以达到对他人的理解和共情[31]。对他人的同情、与他人的共鸣是综合感性直觉和理性判断之后产生的情感，需要在场的、具身的交往实践。代际要摆脱压制和疏离的态度，保持自身独特性，获得主体间性，在日常交流中了解对方的生命故事，熟悉对方的表达方式，理解差异性行为，建立正确的认知、亲密的情感联结和共生的良性秩序。

（三）“媒介即权力”：技术赋权下的能力释放

“媒介即人的延伸”的前提是“一切技术都是肉体与神经系统增加力量和速度的延伸，而且除非力量和速度有所增加，人体新的延伸是不会发生的”[10]128。任何力量和速度的变化都是一种破坏和瓦解的力量，会引起系统模式、功能和权力结构的变化。“网络里形成的是新的社会关系，这种新的社会关系其实是一种权力再造或者权力解构的过程。这种新的权力的产生和新的社会关系的现状，也在意味着它在推动新的社会发展的方向。”[32]人在技术赋权下以肯定性的姿态入场，获得新的尺度。赋权是一个社会互动过程[33]，天生带有传播的实践性，新的媒介与信息流动和社会交往相关联，可以改变传播场域和权力机制。

“新媒介时代的到来，不仅是一个新技术的发明和使用的问题，而实质是信息传播的媒介化配置（包括技术平台、时空组合、游戏规制等）所形成的包含社会制度和政治权力的新的文明史的到来。”[34]从这个意义上来说，新媒介赋权指的是个体、群体、组织等，通过互联网社会交往连接获取信息、表达思想，从而为采取行动、带来改变提供了可能，强调多元主体在传播中产生、实现或消解、丧失其统治与支配的能力[35]。新媒介赋权打造了线上表达与行动的新情境，逐渐影响现实生活并指向社会问题的解决。

市场经济带来了年轻人向上流动、老年人向下流动的结果，这导致一种新型的不平等正沿着代际的向度逐渐积累，并在公私领域中引起了极具戏剧性的冲突[36]。农村电子商务曾借着互联网的东风对接城乡资源，缩小城乡差异[37]，面对老龄化这一人类共同面临的生存境况，技术也有可能跨越年龄门槛，帮助人们自在地生活和有尊严地老去。一方面，技术及其适老化发展能够根据老年群体的身体状态和心理特点，提供个性化、精准化和智能化的服务，满足这一群体的生活需求、社交需求以及情感需求。另一方面，老年人要主动在技术变革中找寻自我的可成就性。作为资深公民，这一群体几度经历和拥抱中国社会变革，技术是其中的重要内容。老年人有理由做到抛弃对新技术的恐惧和排斥，积极介入和接受，释放自身的适应和改变能力、表达和交流能力，扭转被动呈现的局面，在交流中与他人建立信任与情感联结。

三、结　语

“时间的无情力量——这是实际性的力量，它不知不觉地、毫不声张地，战胜了每个人类生命千辛万苦建构出来的意义。”[38]“老年”则是时间在生命历程中的集中体现，个体在时间流转中，意识到生理机能的变化以及社会功能和角色的调整。作为人类整体的生活状态，老龄化已经引起世界范围内的关注，各国政府都试图通过政策调整和资源再分配等提升老年人的幸福感和满足感。但这一目标的达成不仅需要宏观制度的支撑，也事关个体的认知、态度、情感与行动。新技术与价值坐标迁移、知识性质和话语规则的变化共同将老年群体推至边缘化的处境，但其中也蕴含着赋权的可能。在打破旧有社会结构和运行机制的同时，新技术也赋予个体直觉、表达、思维等方面的合法性，老年人获得自我安置的可能，也能够依托以理解为目的的对话建立与其他群体的情感联结。新一轮技术的发展可能释放其能力，也将进一步使生命在时间中绵延。

注　释

[1]《第七次全国人口普查主要数据情况》，2021 年 5 月 11 日，中华人民共和国中央人民政府网，http：//www. gov. cn/shuju/2021－05/11/content_5605760. htm，2022 年 12 月 14 日访问。

[2]《关于印发〈“十四五”积极应对人口老龄化工程和托育建设实施方案〉的通知》，2021 年 6 月 17 日，中华人民共和国中央人民政府网，http：//www. gov. cn/zhengce/zhengceku/2021－06/25/content_5620868. htm，2022 年 3 月 5 日访问。

[3] 新华社：《中共中央 国务院关于加强新时代老龄工作的意见》，2021 年 11

月 25 日，中华人民共和国生态环境部网站，https：//www. mee. gov. cn/zcwj/zyygwj/202111/t20211125_961733. shtml，2022 年 3 月 23 日访问。

［4］穆光宗、张团：《我国人口老龄化的发展趋势及其战略应对》，《华中师范大学学报（人文社会科学版）》2011 年第 5 期，第 29—36 页。

［5］周裕琼：《数字弱势群体的崛起：老年人微信采纳与使用影响因素研究》，《新闻与传播研究》2018 年第 7 期，第 66—86+127—128 页。

［6］唐菱：《失语症分类研究概述》，《湖南大学学报（社会科学版）》2003 年第 5 期，第 100 页。

［7］庄猛：《由“媒介失语”谈新闻与社会的互动关系》，《新闻知识》2011 年第 1 期，第 96—97 页。

［8］陈成文、彭国胜：《在失衡的世界中失语——对农民工阶层话语权丧失的社会学分析》，《天府新论》2006 年第 5 期，第 93—97 页。

［9］喻国明、方可人：《传播媒介：理论认识的升级与迭代——一种以用户价值为逻辑起点的学术范式》，《新闻界》2020 年第 3 期，第 34—41 页。

［10］马歇尔·麦克卢汉：《理解媒介——论人的延伸》，何道宽译，商务印书馆 2000 年版。

［11］吴予敏：《论媒介形象及其生产特征》，《国际新闻界》2007 年第 11 期，第 51—55 页。

［12］赵丽、李杼红：《老年人数字化生活现状：需求因人而异，有人成“数字贫困户”》，2020 年 8 月 25 日，澎湃网，https：//www. thepaper. cn/newsDetail_forward_8872035，2021 年 5 月 15 日访问。

［13］阎瑾、王世军：《新媒体语境下我国老年人形象污名化探析——以“大爷”“大妈”为例》，《传媒》2018 年第 17 期，第 79—81 页。

［14］《第 49 次中国互联网络发展状况统计报告》，2021 年 2 月 3 日，中国互联网络信息中心网站，http：//www. cnnic. net. cn/hlwfzyj/hlwxzbg/hlwtjbg/202202/P020220318335949959545. pdf，2021 年 6 月 6 日访问。

［15］Simonova，I.，P. Poulova，P. Prazak，and K. Blanka，eds.，“Older Adults as the Internet Users：Age and Gender Approach，” *International Journal of Innovation and Learning*，Vol. 27，No. 4，2020.

[16] 郑欣、朱沁怡:《“人以圈居”:青少年网络语言的圈层化传播研究》,《新闻界》2019 年第 7 期,第 26 页。
[17] 彭兰:《移动时代的节点化用户及其数据化测量》,《暨南学报(哲学社会科学版)》2016 年第 1 期,第 79 页。
[18] 让-弗朗索瓦·利奥塔尔:《后现代状态:关于知识的报告》,车槿山译,生活·读书·新知三联书店 1997 年版。
[19] 李敬:《传播学视域中的福柯:权力,知识与交往关系》,《国际新闻界》2013 年第 2 期,第 63 页。
[20] 戴维·温伯格:《知识的边界》,胡泳等译,山西人民出版社 2014 年版。
[21] 郭爱妹、石盈:《“积极老龄化”:一种社会建构论观点》,《江海学刊》2006 年第 5 期,第 126 页。
[22] 安东尼·吉登斯:《社会学方法的新规则:一种对解释社会学的建设性批判》,田佑中等译,社会科学文献出版社 2003 年版。
[23] 杨善华:《中国当代城市家庭变迁与家庭凝聚力》,《北京大学学报(哲学社会科学版)》2011 年第 2 期,第 150—158 页。
[24] 周晓虹:《文化反哺:生发动因与社会意义》,《青年探索》2017 年第 5 期,第 78—87 页。
[25] 周晓虹:《文化反哺与器物文明的代际传承》,《中国社会科学》2011 年第 6 期,第 109—120+223 页。
[26] 马丁·布伯:《我与你》,陈维纲译,生活·读书·新知三联书店 2002 年版,第 134 页。
[27]《马克思恩格斯文集》第 1 卷,人民出版社 2009 年版,第 501 页。
[28] 詹姆斯·S. 科尔曼:《社会理论的基础(上、下)》,邓方译,社会科学文献出版社 1999 年版,第 371 页。
[29] 尹新瑞、吴帆:《文化传承与沟通行动理论:和谐代际关系建构的理论视角与方略》,《湖南社会科学》2019 年第 5 期,第 53—60 页。
[30] 玛格丽特·米德:《代沟》,曾胡译,光明日报出版社 1988 年版,第 78—79 页。
[31] 亚当·斯密:《道德情操论》,李嘉俊译,台海出版社 2016 年版。

[32] 师曾志、胡泳等：《新媒介赋权及意义互联网的兴起》，社会科学文献出版社 2014 年版，第 10 页。

[33] 陈树强：《增权：社会工作理论与实践的新视角》，《社会学研究》2003 年第 5 期，第 70—83 页。

[34] 雷吉斯·德布雷：《普通媒介学教程》，陈卫星、王杨译，清华大学出版社 2014 年版，第 5—34 页。转引自黄月琴：《新媒介技术视野下的传播与赋权研究》，《湖北大学学报（哲学社会科学版）》2016 年第 6 期，第 140—145+164 页。

[35] 师曾志、杨睿：《新媒介赋权下的情感话语实践与互联网治理——以“马航失联事件”引发的恐惧奇观为例》，《探索与争鸣》2015 年第 1 期，第 41—44 页。

[36] Kleinman, Arthur, et al., *Deep China: The Moral Life of the Person*, Berkeley: University of California Press, 2011, p. 9.

[37] 杜永红：《乡村振兴战略背景下网络扶贫与电子商务进农村研究》，《求实》2019 年第 3 期，第 97—108+112 页。

[38] Habermas, Jürgen, “Taking Aim at the Heart of the Present,” in Kelly, Michael, ed., *Critique and Power: Recasting the Foucault/Habermas Debate*, The MIT Press, 1994, p. 149.

认同叙事：生命传播视域中的情感传播机制

姜奇平　姜知萌*

摘要： 本文以媒介变迁为切入点，依托生命传播相关理论，讨论传播过程中叙事方式的转变，重点研究情绪、情感对传播机制的影响，特别是情感传播机制在认同叙事过程中所起的作用。本文认为，传播学转向的方向是从理性传播转向生命传播，其特点是在理性传播中加入情感传播因素。传播方式从认知叙事向认同叙事转变，也是生命传播发展的必然趋势与结果。认同叙事通过情感传播，为以意义为中心的传播提供了基础，反映了传播从追求真相到意义认同的发展趋势。本文结合案例分析了符号叙述学视域下，网络情感传播的意义认同机理。

关键词： 认同叙事；认知叙事；情感传播；生命传播

本文依托生命传播相关理论，研究了情绪、情感对传播机制的影响，旨在揭示和描绘从“认知叙事”（知其所是），到“认同叙事”（验其所愿）的发展路径。笔者认为，认同叙事通过情感传播，为以意义为中心的传播提供了基础，反映了传播从追求真相到意义认同的发展趋势。

---

* 姜奇平，系中国社会科学院信息化研究中心主任，《互联网周刊》主编；姜知萌（通讯作者），系中国传媒大学新闻学院本科生。

一、传播学的“生命”转向：从理性传播到生命传播的转变

（一）数字媒介带来叙事方式的改变

随着数字时代的到来，传播学正在发生一场从理性传播向生命传播的转向。这一深刻转向背后，是从工业时代的理性文明到数字时代的生态文明的背景范式转变。在这个漫长的过程中，人们从对抽象理性的执着，转向对具体生命的关怀。其特点为“超越普遍主义而在具体的自我知往知返中寻找到无穷无尽的生命源头”[1]13。

数字媒介所蕴含的传播理念开始呈现出自己的独特之处。一个突出表现是，在互联网传播中，诉诸理智的认知叙事式微，与此同时，诉诸情感的认同叙事崛起。在网络传播中，人们明显看到情感因素正成为新的传播要素。“情绪、情感、意识、观念无始无终却又无处不在地无常、互变、流变、裂变、蝶变以及涌现。”[1]13因此，数字智能时代的传播学有必要将情感机制纳入研究视野。

传播学在研究情感机制时，不能仅停留在传播现象层面，而需要感悟本体层面的变化。这种本体层面的变化主要表现在，传播的聚焦点从“所是”的存在（being），日益趋向“所谓”的生成（becoming）。换言之，是从事物的状态存在不存在（如真相是否存在），转向事物中涌现生成的意义（如主体间是否认同）。

（二）叙事方式转变背后的范式根据

这种叙事方式的差别最终可以通向哲学理念上的最高分别。

牟宗三提出，应把“存在”（being）与“生成”（becoming）① 作为哲学理念上的最高分别。他认为，这是东西方文明的最终区分。在其著作《四因说讲演录》中，他论述道，西方人的终极之问是“to be（or not to be）”，关心的是状态，即“在”（或者“不在”），这是理性存在的本体论基础。而中国人的终极之问是从“生之谓性”的“生”讲存在[2]。这个“生”，既是生命传播的源头，是“becoming”，也是无常、互变、流变、裂变、蝶变和涌现。这是生态或生命存在的本体论基础。“生成”（becoming）一方面由“是什么”（to be）决定，即从哪里变到哪里；另一方面也是更主要的方面，是由“做什么”（to do）决定。做还是不做，决定着变还是不变。而所有情感只是对于在“在”与“做”时，由碰壁还是不碰壁带来的反应。碰壁，是对“在”的否定，即悲；是对“做”的否定，即惧。不碰壁，是对“在”的肯定，即喜；是对“做”的肯定，即欲。这正是从情感的符号现象学中得出的结论。[3]117-123

生命传播的六个特征，即自我卷入、实时性、动态变化、时机与机缘、知行合一、过程重于结果[1]9，反映的都是牟宗三在各种场合反复所讲的生成的特征。值得注意的是，这些特征与东方文化的相容程度要高于与西方文化。源自西方技术的互联网与传播结合，形成的世界更像是东方的因陀罗网②。“互联网即因陀罗网，大众媒介已超越语言本身，在心念、心智基础上形成记忆、交感的生命有机体。”[1]8这一点发展了麦克卢汉“媒介即人的延伸”的思想，昭示着媒介由外而内向人延伸。更进一步而言，是

① 按牟宗三所讲，《中庸》中的“动则变，变则化”就是指“becoming”，对应《易传》中的“乾道变化，各正性命”。

② “因陀罗网”在这里的含义不仅是数字之网，更是智慧之网。

从感官表层之人，深化到内在生命之人。①“对意义、概念甚至无意义不断延展与反思，释放出遮蔽其后的感觉、情感、知觉、意念等的潜能、张力。”[1]10

由此可以认为，传播学的转向是从理性传播转向生命传播，特点是在理性传播中加入情感传播因素。这种转向为东方式的传播提供了历史机遇，也构成了传播方式转变的新时代背景。传播方式从认知叙事向认同叙事转变，是生命传播发展的必然趋势与结果。情感在其中所起的作用不仅在心理层面，而且在涌现生成这种更为一般的存在方式的层面。这深化了人们对于数字化生存的理解。

二、认知叙事向认同叙事转变的影响

（一）后真相时代，认同叙事成为主导

传统认知叙事的着力点是提供真相。要判断这种叙事的好坏，只存在“真假”这一标准，即是或不是，存在或不存在。对认知来说，人们看重的是传播内容的真实性。至于了解真相后，受众产生什么样的情绪反应，是否要找人交流以获得共鸣，已不属于这种以文本为中心的叙事部分了。

认知叙事的突出优点是，对于事件的存在状态具有辨别真假的功能。如今的主流媒体还保留着一定的权威性与可信性。当一个消息真假难辨时，人们往往会求证于主流媒体。

而认同叙事的核心特点在于认同，即对于意义的承认。在认同叙事中，人们往往更看重交流中彼此的倾向性和生命底色是否

① 在此意味着媒介从人的感官的延伸深化为感觉背后的意义的延伸。

相近。除了平等关系中的认同之外，支配与服从关系中也彰显着认同的力量。例如，在互联网的舆论场中，人们也会依据心理认同对意见领袖进行判断和分类，以此决定是否相信和追随。这时，真相的重要性反而退居其次。例如，2020 年 1 月底至 3 月中旬，美国总统特朗普在自媒体上发布了许多关于新冠肺炎的不实消息，但他的忠实拥趸并不以为意。他们会将这些信息理解成一种情绪暗示，换言之，是意见领袖对自己发出“没有什么关系”的信号。这就好比临终关怀时，护士对患者说“没有关系，你很快就会康复”一样。真假并不重要，立场正确、情感正确才重要。

有学者把这个认知叙事向认同叙事的变化，称为“后真相”时代到来。2016 年，“后真相”被西方学术界选为年度关键词。但早在 1992 年，美国《国家》杂志就将后真相定义为“情绪的影响超过事实”。后真相的特点在于，人们更倾向根据自己的情感来相信哪些是事实、哪些不是事实。事实已经不再重要，情感超越了真相。当这种情况走向极端时，“人们发现事实真相不再具有凝聚共识的力量，而是成为被公众情绪支配的‘道具’”[4]2。特别是在新媒体上，主导性的叙事已经发生变化。“模棱两可的陈述由于迎合了民众的情绪，人们相信它胜于事实真相。随着网络舆论的演进，一个突出的倾向是事实真相已经不再左右舆论的发展，情绪（情感）在网络舆论中占据着主导地位。”[4]3

从积极的方面来说，这不意味着真相不再重要，更不代表假新闻具有了正当性与合法的地位，而是人们不再满足于真相，要求在获得真相的基础上，进一步获得认同感的满足。如果说真相是产品，认同就是服务和体验。人们在得到产品的满足后，开始升级自己的需求，要求进一步得到服务和体验上的满足。这是数字时代带来的改变。

（二）叙事方式的变化，带来叙事方法的改变

第一，情绪代入改变了零度新闻的写法。在传统的认知叙事中，叙述真相的方法主要须满足“5W+1H”的要求，即谁（Who）、何时（When）、何地（Where）、何事（What）/为何（Why）、如何（How）。这要求新闻从业者交代清楚某人、某时、在某地、由于某种原因、做了某事、出现了某种结果。零度新闻坚持的原则是不能在事件中寻找你要的东西，而应努力判断事件中到底发生了什么。业界人员对在认知叙事中进行情绪代入持反对态度。他们认为这不是客观叙事。笔者在当记者时，曾遇到这样一件事：一只猴子爬上了港口吊车的驾驶舱，上蹿下跳，谁也抓不住它。报道记者在描述现场时，画蛇添足地来了一笔“此猴快乐无比”。编辑部主任批评说，记者又不是猴子，怎么知道猴子快乐无比？不知道就不要乱说。新闻需要客观地反映事实，不能进行主观推测。

但在认同叙事的逻辑下，情况发生了改变。值得注意的是，新媒体与主流媒体在这方面形成了反差，前者较多地追求主观情绪的表达。在表征情感中，作者处于“子非鱼，安知鱼之乐”的位置，不再是主角；而受众取得了“此猴”的资格，他们知道自己的快乐与痛苦。受众通过跟帖等方式，对内容产生着情感反应，与此同时，又生产和传播着新的情绪内容。自此，如罗兰·巴特所说，“作者已死”，而受众也获得了一种主体权，与作者一同加入认同叙事。

第二，曾经以作者为中心、以文本为中心的结构，让位于受众对内容的再阐释。在认同叙事中，有一种奇怪的现象多了起来。新闻网页上挂出许多“5W”不全的“旧闻”。其内容中没有

时间、地点，从新闻学对“消息”的概念角度来讲，它们没有任何价值，空用“令人震惊”“令人愤怒”等放大情感效果的标题来博人眼球。这种内容能有生存和广泛传播的空间，说明受众有一种情感认同的需要。在互联网中，许多受众更关注新闻内容下面的跟帖，他们可以在那里得到共鸣，或寻求发泄。这种叙事改变了“作者—内容—受众”之间的线性结构关系，把受众的主体性释放了出来，使其成为情感互动内容的生产者。认同叙事将文本仅仅作为能指，以受众的语用式的理解为所指，形成了“作者—受众”“文本—语境”之间的意义循环。

生命传播把文本与语境的关系，形容为鱼与水的关系。具体而言，“意识、观念、思想等如鱼一样，要关注其互照与交彻中‘水’的媒介性质、特性、属性等与‘鱼’的关系、连接、相续等变化”[1]21。如何理解和把握传播中属于理性认知范畴的“意识、观念、思想”，与属于意义认同范畴的“情绪、情感、体验”之间的关系，成为传播学研究未来需要展开的重要课题。

三、传播方式改变背后的人的改变

（一）理性人同时成为情绪人

传统认知传播的前提假设是“理性人”假设。勒庞的《乌合之众》是早期情感传播理论经典著作，他基于人的情绪和心理取向，提出了“情绪人”的理论假设。何飞将情感传播界定为，个体或群体在社会互动中，通过情感话语的表达和叙述，唤起、激起集体情感，从而达到情感共鸣，并形成集体认同的过程。[4]40

情感共鸣不完全是一种心理现象，它以意义认同为基础。从意义生产的角度看，受众的阅读过程也是一个参与过程，意义的生产是由作者与受众共同完成的；从意义交流的角度看，内容的意义不仅是由文本提供，而且只有在同语境结合时才得以完成语义的循环；从意义实现的角度讲，传播的内容只有得到受众的认同或情感共鸣，其意义才能得到最终实现。

（二）认同叙事："为承认而斗争"

认同叙事是以情感传播的形式，争取意义认同。阿克塞尔·霍耐特（Axel Honneth）在《为承认而斗争》一书中，对传播中的意义认同给出了一个深层解释——"为承认而斗争"[5]。这最初是黑格尔在《法哲学原理》中提出的一个理论[6]。霍耐特结合米德的思想，将之概括为"从普遍化他者角度来认识自我"[7]107。他认为，主体认同的形成过程中存在三种承认形式，即爱、法律和团结，并进一步指出，这三种承认形式遵循着以道德斗争各阶段为中介的发展过程的逻辑。[7]126

认同叙事的本质是，在认知叙事文本所表达的对他人的承认中，产生对自我的承认。换言之，对他人的认同构成了对自我和所在共同体的肯定。认同包括自信、自尊、自豪三种基本类型。"自信"由爱的体验而来，"自尊"由法律（权利认同）而来，"自豪"由团结（共同体认同）而来。三者共同构成社会冲突的道德语法。

在互联网传播中，为承认而斗争的本质在于争取意义认同。这体现了卡斯特所说的网络社会中"认同的力量"[8]。相对而言，认知叙事追求的目标只是工具理性层面的，即有价值或没有价值。真实是有价值的，虚假是没有价值的，仅此而已。工具理性与意义认同的关系是手段与目的的关系。理性与价值都是实现目的的手段与工具；而意义才是目的本身。从这个意义上来说，为承认而斗争指的是在传播中，主体之间是在竞争谁的目的更有意义、具有不被他人当作手段的地位；而传播中的不被承认，意味着个体的目的只是主观目的，只能处在黑格尔所说的主奴关系中被支配者的地位。在认同叙事中，为承认而斗争导致“客观存在的‘事实’被建构出完全不同的意义系统”[4]104。

认同叙事会对构成事件的社会语境产生能动的影响。比如，作者通过视觉叙事对受众情感造成冲击。具体而言，作者在新闻报道中展现记忆点深刻的视觉元素，如受害者的外貌十分出众或新闻事件现场的画面非常惨烈等。除此之外，新闻事件中当事人的言语对情感的刺激程度，当事人的家庭条件等事件的外在因素，也会严重影响人们对新闻内容的综合判断。

当然，人们在对形成情感共鸣和集体认同感的过程加以理解的同时，也需要全面认识与对待“为承认而斗争”。针对利用情感传播操纵舆论的行为，人们要警惕被别有用心的人或势力“带节奏”，导致把事件引导到与事件无关的社会性恶意上去，或把正当的意义认同操弄成对正当意义的否定。

四、认同叙事的情感符号学模态与符号叙述学下的情感传播

认同叙事带来了传播功能从认知到体验的转变。“生命传播强调的就是互联网时代人类情绪、情感、欲望等在交流互动中的意义和作用。”[1]20

认同叙事首先要研究意义表征的语法。我们把认同叙事分为两类叙述句法，即“是”（to be）与“做”（to do）。前者是一种状态判断，后者是一种过程描述。法国符号学家 A. J. 格雷马斯

将这一分析框架称为意义的模态结构。[9]谭光辉在格雷马斯的情感模态理论基础上，进一步将情感区分为主体模态和他者模态。他分别从肯定与否定两个语法极性出发，将情感定位在“在”与“做”两个维度上，并区分出八种基本情感：自我方面的喜（肯定在）、悲（否定在）、欲（肯定做）、惧（否定做）；他者方面的爱（肯定在）、恶（否定在）、恩（肯定做）、怨（否定做）。谭光辉以此为基础，辨析出喜爱（爱+喜）、同情（爱+悲）、爱欲（爱+欲）、敬畏（爱+惧），轻蔑（恶+喜）、悲厌（恶+悲）、傲慢（恶+欲）、恶心（恶+惧），尊敬（恩+喜）、妒忌（恩+悲）、感恩（恩+欲）、惭愧（恩+惧），喜怨（怨+喜）、悲怨（怨+悲）、愤怒（怨+欲）、卑贱（怨+惧），共 16 种复合情感。[3]117-123这种分类有助于我们把握情感传播背后的动力机制的构成。

我们可以用谭光辉提出的情感的符号现象学原理，举例说明符号叙述学视域下网络情感传播的意义认同机理。

（一）同情在传播中的认同机理

2009 年 5 月 16 日，夏俊峰与妻子在沈阳马路上摆摊时被城管查处，后因发生争执，持刀刺向城管并致其中 2 人死亡。夏俊峰事件发生后，立即引发全网热议。夏俊峰的妻子为救丈夫，不断通过微博向社会求助。她的动机是“得想点办法，有关注度才能救老公”。她的努力也有了效果。一则新闻评论说：通过她之口讲述的小贩生活，让每一个辛勤耕耘的国人心生同情。

从情感的符号现象学视角分析夏俊峰事件的传播，同情是爱与悲的复合情感。爱属于情感模态中对他者“在”的肯定，悲属于情感模态中对主体“在”的否定。[3]119也就是说，在同情的情感传播中，认同叙事要满足两个基本条件：一是对他者状态的肯定性认知，在案例中是网友对夏俊峰的肯定认知。这一点可以通过传统的认知叙事实现。二是对主体“在”的否定，在案例中是将自己的情感带入夏俊峰这一角色和情境之中的受众，感到自己的状态是受到否定的，因为自己也像夏俊峰一样可能受到不公正对待。事实上，受众自己是否受到不公正对待，与夏俊峰是否受到城管的不公正对待之间没有必然联系。但在认同叙事中，网友宁可希望存在这种联系，宁可信其是，不愿信其非。其中的认同逻辑类似“兔死狐悲”。换言之，网友经由夏俊峰的“死”，移情到自己的“悲”。许多网友希望“借他人酒杯，浇自己块垒”。舆论中，不乏网友因个人际遇而产生合理或不合理的不满情绪的发泄。这时，事件真相到底怎样与这种情感共振相比，已变得不那么重要了。

从认知叙事角度看，整个事件中存在一个明显的不平衡：网络空间中，描述夏俊峰一家如何可怜的信息，远多于描述两位城管各家如何可怜的信息。而且，几乎所有信源都指向前者，只有搜狐财经网于 2013 年 9 月 25 日发表的《夏俊峰之死》的报道中提及两位遇害城管家庭的可怜之处[10]。

如果平衡了报道双方的可怜之处，事件就变成了“可怜之人杀可怜之人”。那么，网友同情背后的悲情就无处倾诉，不再有“酒杯”可以盛放之地了。加之，不把情绪极化，认同将无法集中，流量与广告都将受影响。于是，报道城管家庭的可怜就变得“不正确”了。换言之，就是与网友的情感认同取向相悖。这时，真相开始变得不重要。真相不需要伪造，只需要取一些，再舍一些，就可以达到彰显所愿与遮蔽所不愿的目的。认同叙事不仅是知其所是，即认知事件的全面的真相；它在此的功能更是验其所愿，用卷入这场情感叙事的主体经过选择的事实与真相，验证其所愿意认同的意义。

这时，若传播者只告诉大家，你看到的悲情事件不是真相或不全面，传播效果就微乎其微。因为，即使网友在这件事上被说服了，他们的怨气也没被疏导出来，下次再遇见其他事件，他们的负面情绪又会发作。在夏俊峰事件中，网友由认同叙事所表征出来的认同原型，多来自平时积累起来的心理能量。这与事件的真假无关，而他们也只希望以事件为由，将其抒发出来，并寻求认同的情感共鸣，以达到获得承认的目的。

国家和政府想要解决这类问题，需要抓住源头，缓解现实矛盾本身，而不是就事论事，仅停留在认知层面。除此之外，对待网络谣言问题也应重视传播中的认同机理，不能仅是辟谣了事，还需要分析大众为何会将谣言“信以为真”，并关注其背后的动机，这样才能有针对性地解决问题。总之，国家和政府层面应善于获得大众的意义认同信息、信号等，以做到善解民意，这既有利于化解社会矛盾，又能更好地满足人民群众实现美好生活的愿望。

（二）“饭圈”社会认同的形成

随着互联网兴起，交流成本降低，个体话语权提升。在这一背景下，“粉丝”从过去被动接收媒体的信息，变为可以通过舆论等行为主动干预甚至扰乱娱乐产业。“粉丝”群体的缔结也由原来分散的个人追星行为，逐渐演变为当下更具情感认同的“饭圈”共同体。

国家对“饭圈文化”的治理首先应从“粉丝”的情感认同心理视角切入，在“粉丝”与偶像的二重关系结构中进行行为引导。“粉丝”一方面对偶像表达喜爱之情，另一方面也能够影响偶像的社会责任感。“粉丝”之间这种相似的情感驱使他们建构起独特的“饭圈”社会，并逐渐形成一系列独特的规则，例如“刷榜”“控评”“打投”等。“粉丝”的心理是将自我追求投射到明星身上，借助明星实现自我认同：彼此共同遵守“饭圈”规则，维护群体利益，得到社会认同，满足自尊以获得对自我价值的肯定。

“饭圈”对偶像有“人设”要求。“人设”的本质是粉丝自我认同在明星身上的投射。比如，女性偶像多是貌美、单身的年轻人，以满足部分未婚男性“粉丝”的情感代入需求。这种“人设”供他们把对理想伴侣的认同代入并移情其中。实际上，他们所要认同的是自己追求的理想目标。

在“饭圈”中，偶像的经纪人需要对其进行设计与包装。如果一个偶像的定位是小女生的理想伴侣，那么他的婚姻状况甚至需要保密。因为一旦“粉丝”了解了该偶像已婚的真相，“理想伴侣”这个认同就会变质为对有妇之夫的认同，这会导致“粉丝”的流失，会造成认同共同体的危机甚至解体。反过来看，真相并不那么重要。例如，偶像结婚与否的事实并不重要，只要保持其未婚的“人设”就可以。这就好比，女演员扮演的角色是未婚的，与女演员本身的婚姻状况并没有关系。观众要移情、代入的对象是电影主角，哪怕她是由已婚的妈妈扮演的，只要屏幕上的她是未婚的即可。

（三）愤怒情感的认同叙事逻辑

愤怒在情感符号学分类中属于一种复合情感，是由怨与欲两种基本情感复合而成。它的基本情感动力特征是：“否定他者做”，

即怨；加上“肯定主体做”，即欲。[3]117-123

在认同叙事中表征愤怒时，传播主体要在传统认知叙事的单向传播基础上，通过文本和语境的双向传播完成。具体而言，表征愤怒是由文本（事件本身）和语境（受众反应）两个条件构成。前者必须是令人生怨的。也就是说，传播主体反对事件中当事人的做法，即“否定他者做”。后者是受众的反应与反馈，这必须是产生行动愿望的。也就是说，受众愿意做点什么，即以“肯定主体做”来反对所怨的目标。相反，如果不产生行动愿望，情感将被归类为“否定主体做”，即面对事实，不做反应，自暴自弃。

以陈春秀高考被顶替案为例。2020 年 5 月 21 日，陈春秀在成人高考后查询分数的过程中，意外发现自己 16 年前竟已经“上过一次大学”。5 天后，山东理工大学招生处工作人员向陈春秀证实，她的学籍当年被同县考生陈某某顶替使用。此事在网上曝光后，立刻引发热议，无数网友对高考冒名顶替现象表现出极大愤怒。

陈春秀事件本身就具备“天怨人怒”这个条件。但在单向传播时代，对于报纸上刊登的这类报道，受众看完后往往愤怒一阵子也就过去了。网络时代的双向传播结果则不同，网友的跟帖构成了传播内容的一部分。这种变化带来了认同叙事中行为效果的一面。愤怒的表达中加入了受众参与这一以往没有的叙事要素。在陈春秀事件中，网友不仅有对事件本身的“怨”，而且有口诛笔伐的“欲”——要实现群体的自我认同，即“肯定主体做”的这种愿望。

综上所述，认同叙事反映了互联网传播的新特点，即客观事物越来越多地被反映到主体的“知”，与主体世界对客观事物的反应这种“行”融为一体。认同叙事在认知叙事对事件本身进行客观叙述的基础上，大量融入了受众基于意义认同的情感反应，共同形成了整体、有机的内容，在事实把握中实现了意义认同。这突出显示了生命传播的一个趋势，即受众的情感反应构成了生命传播中行为、活动的一部分，使整个传播成为知行合一的完整叙事。

完美的生命传播应做到真相与意义的统一。在网络世界中，传播的多元主体应将认知叙事中的格物与认同叙事中的致良知有机地结合起来，以达到实事求是的境界。

五、小　结

本文重点研究了情绪、情感对传播机制的影响与作用。

第一，传播学的转向是从理性传播转向生命传播。其特点是在理性传播中加入情感传播因素。在这一转向下，“理性人”同时又成为“情绪人”。

第二，情感传播方式的特点是从认知叙事向认同叙事转变，并在这个过程中引发叙事方法的改变。

第三，在情感传播中，情感所起的作用不仅体现在心理层面，而且体现在意义层面。这反映了传播实践从追求真相到意义认同的发展趋势。

在认同叙事中应注意，情感传播不能违反理性而变为非理性的情绪发泄，要避免由此带来的负面作用。

注　释

[1] 师曾志等编著：《生命传播：自我·赋权·智慧》，北京大学出版社 2018 年版。

[2] 牟宗三：《四因说讲演录》，上海古籍出版社 1998 年版，第 2 页。

[3] 谭光辉：《情感的符号现象学》，人民出版社 2021 年版。

[4] 何飞：《符号叙述学视域下的网络情感传播研究》，四川大学出版社 2021 年版。

[5] 阿克塞尔·霍耐特：《为承认而斗争》，胡继华译，上海人民出版社 2005 年版。

[6] 黑格尔：《法哲学原理》，范扬、张企泰译，商务印书馆 1979 年版。

[7] 阿克塞尔·霍耐特：《为承认而斗争——论社会冲突的道德语法》，胡继华译，上海人民出版社 2021 年版。

[8] 曼纽尔·卡斯特：《认同的力量（第二版）》，社会科学文献出版社 2006 年版，第 44 页。

[9] A. J. 格雷马斯：《论意义（上下）》，吴泓缈、冯学俊译，百花文艺出版社 2004 年版。

[10]《今日头条算法原理》，2013 年 9 月，搜狐网，https：//business. sohu. com/20130925/n387213175. shtml，2023 年 2 月 14 日访问。

国际传播

美国对华舆论战：背景与观点缕析

王　帆*

摘要：美国总统拜登就职以来，美国对华舆论攻势继续加紧。本文简要回顾了美国对华舆论战的背景，归纳了美国舆论在涉华问题上的八个主要观点，以此总结对美舆论战的基本思考并提出了三点建议，以应对美国对华舆论攻势。

关键词：中美关系；对华舆论；对美舆论

自2021年拜登政府上台执政以来，美国社会以选举结果为诱因展现出有史以来尚未有过的撕裂，极化政治问题严重，国内政治分化态势明显，社会阶级矛盾尖锐突出，种族对立不断加剧。疫情蔓延下，美国的经济、社会、政治生态都出现了诸多转变，为拜登政府执政带来了更大的不确定性。与此同时，美国多年来在海外的霸权行径开始反噬其国际地位和形象，使其陷入前所未有的全球“领导”危机。相比之下，中国的稳定发展、在疫情防控中的突出表现和国际社会影响力的不断攀升受到了美国的忌惮，这些因素都促使美国政府加紧了对华舆论攻势，意图形成对华“叙事之战”，掩盖其国内深刻矛盾和国际形象下滑的事实，由此遏制中国的发展，为破坏中国实现中华民族伟大复兴而造势。

*　王帆，系外交学院院长、教授。

一、美国展开对华舆论战的背景

自2017 年将中国定位为首要战略竞争对手以来，美国对华政策展现出比以往 40 年中的任何时候都更强的攻击性。2022 年国会中期选举后，民主党、共和党两党分别主导参、众两院的事实，迫使民主党政府加紧利用“反华”这一两党共识的“最大公约数”议题来弥合国内政治裂痕，既有的对华战略竞争态势正加速向战略对抗转变，这与中方强调的构建以协调、合作、稳定为主基调的中美关系主张严重错位。中美关系处于 2001 年以来最复杂、最困难的时期。当前中美关系处于全方位深层次危机之中。

拜登政府上台后，美国将中国作为系统性战略竞争对手的定位没有改变，美认定：中国是美国的“国家安全和自由开放的国际体系最重要的、系统性的挑战”[1]，是其面对的“最严重的地缘政治挑战”，是唯一的既有意愿也有能力重塑国际秩序的竞争者，在全球范围内、全领域内应对“中国挑战”是美国的“全球优先事务”[2]，未来崛起的中国必将取代美国并重建国际秩序。因此，未来美对华战略主轴将是全面竞争与对抗。限制中国崛起的速度与规模，打击中国的实力升级，“规锁”中国战略发展空间，压缩中国的战略选项，是美国政府的必然选择，对华开展全方位、全领域、全要素的竞争与遏制来“应对中国挑战”，成为美国政界的基本共识。拜登政府在 2022 年 10 月出台的《国家安全战略报告》中明确提出，将通过投资、结盟、竞争三个主要方式在全领域应对“中国挑战”[2]，将动员其传统盟友在国际上对中国开展全面、深度、强硬的围堵、对抗和打压，中国未来所面临的外部舆论环境将出现巨大变化。

二、美国舆论在涉华问题上的主要观点

2022年以来，全球新冠肺炎疫情与乌克兰危机影响交织叠加，美国国内矛盾凸显、问题频出，拜登政府面临中期选举后的一系列内外政策调整，诸多因素的综合发酵引发了以美为首的西方国家对中国的更多对立与不满，美对华舆论攻势升级的可能性在增大，中国面临空前的舆论压力。自拜登上台以来，美西方涉华舆情围绕疫情溯源，抗疫模式竞争，中国经济技术发展、人权事务、民族事务、台湾问题、南海问题等我国国内问题，以及乌克兰危机，关税贸易，国际规则秩序，全球供应链安全等国际问题不断设置议题，以建立符合西方意识形态的舆论宣传方式，试图主导国际舆论态势，歪曲中国形象、阻滞中华民族伟大复兴的进程。

美国在涉华议题上主要强调以下几点。

（一）渲染美国具有制度优势

美国政府认为并宣扬美式民主是世界上最优越、最完善的制度，优于其他类型制度模式，认为民主价值观是美国的全球力量和持久优势所在，“是国际体系的核心，是几十年来全球发展与繁荣的根本因素”[3]。美国在舆论场上强调，在意识形态方面，美国和中国制度之间的鸿沟正在变得像美国民主制度和苏联共产主义之间的鸿沟一样巨大，美国要在全球范围内捍卫民主，反击中国的政治制度和治理模式，证明“美国民主仍能成就大事并应对最重大的挑战”[4]。

拜登政府上台以来，“人权”成为美国外交政策的核心，美

国各界都在宣扬：美国自身在人权问题上较中国有巨大优势，而中国在发展治理和处理民族事务中常违背“人权”；美国作为世界人权和民主的“典范”，有权力干涉中国台湾、香港、新疆等地区的“人权”问题，有义务在世界范围内推行美式概念与模式，以符合西方意识形态和思维的方式。2021 年 12 月 23 日，美国总统拜登签署了《防止强迫维吾尔族人劳动法》[5]，就新疆人权、种族问题对华施压。此后，美西方从政府到媒体，对华形成了以“人权”“民主”“自由”为核心标签的强大舆论围攻圈。2022 年 6 月 15 日，荷兰常驻联合国日内瓦办事处代表保罗·贝克斯（Paul Bekkers）代表 47 国，针对中国新疆所谓“人权”事宜发布联合声明[6]，对中国进行舆论围攻。2022 年 6 月 29 日，美国皮尤研究中心（Pew Research Center）发布民调显示，在来自 19 国的受访民众中，有 79%对中国的人权政策持负面看法，其中高达 82%的美国民众对华持消极态度。[7] 2022 年 9 月 1 日，美国务卿布林肯（Blinken）公开表示，美国将就新疆所谓“人权”等问题持续向中国究责。[8] 事实上，中国的“人权”话题一直是美西方政客、主流媒体和社交网络的热搜高频词，对“中国违反人权”话题的网络搜索则几乎集中在美国。[9] 而对中国的人权、民主等问题的抨击和对美国民主制度的赞扬亦出现在了 2022 年 10 月公布的拜登政府《国家安全战略》报告中[10]。

（二）煽动“武统台湾论”和“军防台湾论”

中美关系中最核心、最敏感的问题是台湾问题。拜登政府上台后，台海局势更显紧张，美国舆论界也充斥着“中国武统台湾、中美必将大战”的论调。拜登政府在台湾问题上频频“口误”，对“台独”势力和外界释放出错误的政治信号①，着重描述“中国政府对台湾地区的武力威胁”，甚至由国防部发布《中国军力报告》这种官方文件，预测“中国将在 2027 年对台武力进攻”[11]，营造台海对抗氛围。同时，美国从官方到民间都在公开强调美国与台湾之间的盟友关系，指出一旦中国大陆对台发起武力进攻，美国或将进行军事回应以护卫台湾；除美国官方人员表态②外，包括多家智库、媒体在内的美国社会舆论都在渲染战争氛围，通过连篇累牍的报告、报道强化台海紧张局势，鼓吹中国大陆已有“武统台湾”计划表，煽动战争情绪。在涉台问题的智库分析和媒体报道中，美西方往往并非基于台湾本身，而是通常将其置于中美博弈框架下进行探析，在这些“解读”与“报道”中，中国政府通常被塑造成一个“好战”且“野心勃勃”的“威胁”和美好现状的“破坏者”，台湾则是在“威胁”之下胆战心惊却不甘示弱、充满活力的“自由民主捍卫者”，美国是唯一有能力对抗“威胁”、保护盟友的“救世主”。[12]在俄乌冲突爆发后，美国对于中国台湾的相关舆论造势进一步升级，将台湾与乌克兰做类比，要求欧洲盟友多关注中国大陆对台湾构成的“威

① 2021 年 2 月，拜登在美国有线电视新闻网（CNN）的节目中称“美国政府必然会就台湾议题发声”；2021 年 3 月，美国国务卿布林肯在国会听证会上将台湾称为“国家”（country）；2021 年 10 月，布林肯又表示不存在关于台湾协议的声明；2021 年 8 月，拜登在接受美国广播公司（ABC）采访时，将对台湾的承诺类比于对北约盟友的承诺，称“如果有人入侵或对美国盟友采取行动，美国定会做出回应”；2021 年 10 月 21 日，拜登接受美国有线电视新闻网采访时表示“如果台湾受到中国攻击，美国承诺会出面保卫台湾”；2022 年 5 月 23 日，拜登在访日期间被记者提问“若台海发生战事，美国是否愿意军事保护台湾”时表示，“会，这是美国做出的承诺”；2022 年 6 月 11 日，美国国防部部长奥斯汀在香格里拉安全对话会发表言论，“美国将继续支持包括台湾在内的盟友，这一点尤其重要，因为中华人民共和国对其领土主张采取了更具胁迫性和咄咄逼人的做法”。

② 2022 年 4 月 5 日、5 月 3 日，美军参谋长联席会议主席米利分别在国会众议院军事委员会听证会、国会参议院拨款委员会小组听证会上多次强调，“2027 年中国人民解放军建军 100 周年时，中国将具有‘武统’台湾的实力”。

胁”。在美国的舆论渲染下，2022 年 9 月，北大西洋公约组织（“北约”）主要政治决策机构北大西洋理事会（NAC）召集成员国首次为中国台湾举行了专门会议，会议重点讨论北约如何使中国政府意识到其对台湾采取任何军事行动的潜在后果[13]。

（三）妄称“美国吃亏论”

近年来，美国坚持将中美互利共赢的经济合作歪曲为中国不断窃取美国知识产权，强制美国企业技术转让使美国制造业流失，并声称：中国以多种经济形态构成的经济发展模式使得美国无法进行市场意义上的竞争，导致美国丧失了巨大经济利益；长此以往，中国将会使美国丧失已经削弱的经济优势，将会超越并最终替代美国；美国原本可以获利更多，但中国的不正当竞争使得美国损失极大。

在对华贸易中，拜登政府本质上延续了“特朗普主义”，坚持以本国利益为唯一目的和标准的行为法则，以“中国实行国家主导的非市场贸易经济体制”和中国进行对外贸易体制的结构性改革为切入点，宣扬“美国吃亏论”。2022 年 2 月 22 日，美国贸易代表办公室（USTR）发布了《2021 年中国加入世贸组织承诺报告》，报告认为，中国没有履行 20 年前加入世贸组织时做出的开放市场的承诺，反而保留，甚至扩大了由国家主导的非市场经济和贸易方式，有关政策和行为挑战了世贸规则，对全球各地的工人和企业造成严重伤害。[14] 3 月 31 日，美国贸易代表戴琪（Katherine Chi Tai）发布了《2022 年国家贸易评估报告》（简称“NTE”），对美国主要出口市场上针对美国商品和服务出口、美国外国直接投资和美国电子商务的重大外国壁垒进行了全面审查。报告认为，由于中国实行的是一种国家主导的非市场的贸易体制，在农业、工业、技术转让、进口政策、跨境数据流动、电子商务、金融服务、外商投资等方面对美设置严重的壁垒，在知识产权保护、商业秘密保护、网络侵权方面执法力度欠缺，在国内产业补贴、对外贸易政策、监管政策、审批流程等方面缺乏透明度，因此对与中国开展贸易与合作的美国产业、企业造成严重的不利影响，从而伤害了美国的经济。[15]美国的这一说辞是典型的霸权逻辑，是以市场竞争为名，谋取对美国有利且独占的不公平竞争。这一说法对美国国内不明就里的民众具有极大的煽动性和欺骗性，成为美国对华舆论施压的重要手段。

（四）宣扬“中国威胁论”

在新冠肺炎疫情背景下，美国社会整体对中国的发展产生了更深的恐惧感。拜登就任总统后，美对华政策虽有所调整，但有关“中国威胁论”的声音却更大。在军事方面，美强调中国是其最重要的战略竞争对手，是其国防面临的主要挑战，美国国防的首要任务就是要应对中国日益增长的多领域威胁。[16]美国国内充斥着“21 世纪中国是美最大的地缘政治经济威胁”的相关舆论①，拜登政府从言论到行动都刻意凸显中国威胁，强化美中对立。2021 年 2 月以来，美国防部、中情局、国务院相继成立了针对中国的工作部门。[17]美政府发布的报告如《临时国家安全战略方针》《2021 年度威胁评估》《印太战略报告》《2022 年国防战略》

---

① 美方认为，中国利用经济上的发展，加大了军事上的投入，其军队现代化水平得到巨大提升；中国在西太平洋已经形成了局部军事优势，在南海岛礁进行军事化建设，在南海主权争端问题上有野心，在香港问题上通过新的国家安全法，对台不断强化军事威慑，军事慑止能力不断增强。这对美在这些地区的军事存在和军事安全构成直接的挑战。

等几乎都会强调中国威胁，政府官员更是常在公开场合渲染中国威胁。2022年7月6日，美国联邦调查局（FBI）局长克里斯托弗·雷（Christopher Wray）与英国军情五处负责人共同表态，宣称“中国政府对我们①的经济和国家安全构成最大的长期威胁”[18]。值得注意的是，近期美国渲染的“中国威胁论”出现了一些新的变化。首先，宣传表述多采用更加温和的“挑战”（challenge）一词代替“威胁”（threat）一词，以此来弱化美对华的“攻击性”，凸显自身为了“应对中国挑战”而采取一系列手段的合理性。② 其次，对华发起“中国威胁论”的舆论攻击更强调盟友的联合作用。2022年6月，北约在美国的建议下，发布了年度战略报告，首次称中国是“北约30国联盟的威胁”[19]。此外，“中国威胁论”“中国挑战论”现已遍布美国全领域，并不局限于常规军事政治领域，还蔓延到了社会生活、国际交往的各领域，相关表述如“中国制造威胁论”“环境威胁论”“科技威胁论”“‘一带一路’威胁论”“意识形态威胁论”“民主威胁论”“北极威胁论”“太空威胁论”“数字威权主义”“修正主义国家”“债权人帝国主义”“疫情防控政策威胁论”“中国威胁全球供应链安全”等。

（五）鼓吹“新冷战论”

疫情之下，中国社会稳定有序，经济稳步发展，军事实力逐渐加强。美西方在极力渲染“中国威胁”时，将中国正常的经济发展延伸至“美苏冷战”。一方面，官方公开强调不寻求与中国

---

① 雷强调的“我们”，指的是美、英及其他所有盟友。

② 2022年10月公布的《国家安全战略报告》《2022年国防战略》中都未直接将中国称为“威胁”，而是用“挑战”一词。美国关于“中国威胁”的学术研究、媒体报道也开始更多地采用“中国挑战”这一表述。

进行冷战对抗，美国总统拜登、国务卿、国家安全顾问等都在不同场合，多次表明立场称：美国不寻求与中国展开新冷战。[①] 但另一方面，美国新闻媒体和智库却纷纷将美中紧张态势类比为美苏对峙，将中国的正常发展解读为对抗美国的冷战博弈，舆论氛围中充斥着零和博弈的冷战思维。俄乌冲突爆发后，美国各界加紧了这一舆论攻势，并将传播重点放在“中国与俄罗斯正在发起一场新冷战”这一话题上，在舆论引导中将“中俄”与“新冷战”关联。包括外交关系协会、胡佛研究所在内的美国多家知名智库，包括《美国经济学人》《外交家》《外交》《外交政策》《纽约时报》《华尔街日报》在内的多家期刊和媒体都曾不止一次发文，通过分析研究中国或中俄如何对美乃至全球开启“第二次冷战”，来进行相应的舆论引导和传播。

（六）助推“疫情溯源论”与“疫情赔偿论”

新冠肺炎疫情暴发以来，美国社会就一直充斥着对华开展“新冠溯源”的舆论。拜登政府上台后，美国政坛上上下下不断借新冠肺炎疫情攻击中国，甚至将其称为“中国病毒”“武汉肺炎”，而美西方的社会舆论也偏向于对中国进行疫情追责、要求中国进行赔偿。拜登于 2021 年 5 月 26 日下令情报部门展开为期 90 天的新冠溯源调查，意在通过“科学的官方调查”方式在疫情

---

① 2021 年 11 月 7 日，美国国家安全事务助理沙利文在接受采访时强调，中美关系不是新冷战；2022 年 3 月 18 日，拜登在与习近平视频会晤中强调，美国不寻求与中国开展新冷战；2022 年 5 月 26 日，美国国务卿布林肯在乔治华盛顿大学发表对华政策演讲中表示，美国不寻求和中国开展新冷战；2022 年 6 月 11 日，美国国防部部长奥斯汀在香格里拉对话全体大会上发表演讲时称，美国不寻求新冷战或亚洲版北约，不寻求将区域分裂成敌对阵营；2022 年 9 月 21 日，美国总统拜登在联合国世界领导大会上称“我们不寻求冷战，美国不要求任何国家在美国或其他国家之间进行选择”；2022 年 11 月 14 日，美国总统拜登在与中国国家主席习近平会晤后，对媒体表示，“没有必要与中国开始新冷战”。

问题上打压中国。[20]澳大利亚、日本等多国政府和媒体闻声而动，对我国进行大肆的栽赃抹黑。2021 年 7 月 27 日，欧盟创新、研究、文化、教育和青年委员，与澳大利亚、美国、日本的科技部门官员和顾问发表联合声明，策动组织世卫机构牵头开展针对中国的新冠病毒溯源第二阶段调查工作。[21]英国、澳大利亚多名议员、官员在公众平台谴责中国政府阻挠疫情溯源，掀起对华疫情溯源的舆论攻势。2021 年 10 月 29 日，美国国家情报总监办公室发布了《新冠病毒溯源报告》的解密版报告，为美方提出的对华“疫情溯源论”“疫情赔偿论”进行官方“背书”，短短 18 页报告中 51 次提及中国，报告在并无任何实质性证据的情况下，将全球疫情的暴发归咎于中国政府的不当处理和溯源过程中的“不合作”。[22]在密集的舆论渲染下，2021 年几项美国民调显示，近三分之二的美国人认为，中国政府“故意释放新冠病毒”，“应该为新冠病毒大流行病造成的破坏支付赔偿”。[23]

（七）无端指责中国防疫政策失当论

中国国内实施有效的防控新冠肺炎疫情政策并取得阶段性成功以来，美国政府一直污指中国政府在国内实施不当的防疫措施，恶意污蔑中国的防疫政策违反人权等。2022 年 4 月 11 日，美国务院下令强制非紧急美国政府雇员和其家属自上海总领事馆撤离[24]，指责上海防疫政策限制美外交人员行动自由，认为中国的防疫政策是失败的。美国流行病学专家安东尼·福奇（Anthony Fauci）随后通过媒体形容“上海防疫模式是灾难性的”。[25]同时，关于中国防疫政策不当的舆论在全球供应链领域和在华外企中不断发酵，形成“中国防疫措施严格，经商环境差”的舆论态势。美通过营造这样的舆论既可以诱导外资企业减少对华投资，又能营造出中国“防疫政策”是全球经济萧条重要原因的舆论导向。中国美国商会（AmCham China）于2022年5月9日发布调查，认为所有在华美资企业都受到中国防疫政策的影响，如果中国继续坚持现有防疫措施，外国企业将会评估其他地区作为替代。[26]此外，美国惠誉评级也在同时期发布报告指出，“中国上海的防疫封锁措施加剧了全球供应链压力和通胀担忧”[27]。西方多家媒体也集中发文，将中国的“动态清零政策”与全球供应链困境直接挂钩，渲染中国应为全球经济低迷负责的舆论。

（八）营造“中俄结盟论”

自2022年3月俄乌冲突爆发以来，美国政府便特别关注中国政府对冲突的态度与做法，试图通过炮制中俄联手、中俄结盟的舆论，为美国及其盟友塑造共同敌人，增强西方联盟的凝聚力。冲突爆发后，美国国内出现大量有关“中俄结盟对抗美及其盟友”的舆论，诸多美智库与媒体公开讨论中俄结盟可能对美构成的威胁。[28]美国多名官员都公开表示在乌克兰问题上，中国会向俄提供援助，白宫决策圈更是多次表达出对中俄结盟的担忧。2022年3月14日，美国国家安全顾问沙利文在与中国外交官杨洁篪进行会晤时向中方施加压力称，“如中国对俄‘入侵’乌克兰提供军事、经济援助，则会面临孤立与惩罚”[29]。2022年11月，美国国防部负责政策事务的副部长科林·卡尔（Colin Kahl）指出，中俄战略伙伴关系无上限意味着双方不再是表面上的伙伴关系，它们更愿意走向联盟。[30]值得注意的是，在美国主导的舆论攻势下，北约在其2022年战略报告中指出，中国和俄罗斯之间不断深化的战略伙伴关系以及它们相互加强破坏基于规则的国际秩序的企图与北约的价值观和利益背道而驰[31]。

三、对美舆论战的基本思考

美国运用舆论战的历史由来已久,如今在其国内早已形成一套从政府到智库、媒体，再到普通民众的立体宣传机制，在国际上则形成了以美国为中心、以西方盟友为第二层、以友好国家为第三层的内外联动攻击圈。在实际舆论战操作中，官方发声与媒体宣传、智库解读深度捆绑、互相配合，引导普通民众跟风附和，对华形成强大舆论攻势，占据了舆论战的制高点，掌握了主动权。

当前舆论战吹响了美中全面战略竞争的号角，是美开展对华“极端竞争”[32]的一种手段，这不仅有助于掩盖其内部尖锐的社会矛盾，也给我国造成持久的舆论压力，对我国国际形象和长远发展形成巨大的负面影响。我们应清楚，“难以叫醒装睡的人”，美西方肆意曲解中国的进步与发展的这种固守的敌视、对抗、偏见和歧视态度，在短期内被彻底扭转是不现实的。在应对美国舆论攻击的时候，我们需要做好持久战准备，设定合理、务实、可行的目标：既要有话题敏感性和警觉性，又要持之以恒；既要把握好重点，又要把握好节奏；既要敢于针锋相对、驳斥攻击与污蔑，又要注意避免落入对方设置的话语陷阱和理论预设。我们必须在这一前提限定下开展舆论工作。

综合当前中美两国的国内情况和国际形势来看，未来两年将是美国集中对华发起舆论攻击的时期，2024 年美总统大选年则将成为这一攻击的关键爆发节点。一方面，美国内国会中期选举结束，拜登所在的民主党只获得了参议院的控制权，在这样一种分立状态下，执政党会在与共和党的激烈斗争中寻求“反华”这一

“最大公约数”来弥合分歧，未来美国政府将会在对华“竞赢”战略上呈现出更多的“确定性”。另一方面，党的二十大召开后，中国国内开启了全面建设社会主义现代化国家的新征程，然而美国各界将中国解读成“中国不再满足于现状，美国应高度警惕中国的发展”。此外，美国国内政治、经济、社会问题的交织缠绕，国际格局的分化重组等都将为美加紧对华舆论攻击“创造条件”。届时，台湾问题、香港问题、新疆问题、南海问题、民族问题、人权问题、防疫问题、供应链问题、关税问题乃至国家制度、执政党治理等话题，都会成为美在其国内和国际社会引爆对华舆论战的突破口，我们面临的舆论和政策压力将持续增大，在这个节点我们做什么、怎么做，需要一个全盘规划，要有足够的积累。

美国赖以保持优越感的绅士风度已经荡然无存，这对于美国的国际形象和软实力是一种巨大破坏。与此同时，这也为中国揭批美国舆论不遗余力的弄虚作假提供了更多契机。早在 2016 年，习近平总书记就曾指出：“落后就要挨打，贫穷就要挨饿，失语就要挨骂。”[33]我们不能任由美西方对华开展系统性舆论围攻而束手无策，我们需要不断总结舆论战的经验和成效，分四步打好对美舆论反击战：第一步是澄清事实，纠正对方的不实之词；第二步是有效传播我方观点，讲好中国故事；第三步是说服并影响对方；第四步是逐渐形成有利于我方的舆论氛围。

基于舆论战定位的总体思考，特别建议以下几点。

第一，准确把握当前舆论态势，区分国际舆论战线敌友，提升自身对外宣传能力，最大限度争取国际舆论“友国”的合作。在国内，要建立一套政府、专家、媒体相互联动的立体对外舆论宣传机制，多渠道、多层面、多领域对外发声，增强总体对外传播能力，讲好中国故事。同时，更强调非官方机构、组织、人员在对外舆论宣传中的重要性，鼓励我国持正确立场的非官方媒体、自媒体、专家学者积极在国际社会发言，传播中国声音，鼓励我国新闻媒体、自媒体加大在海外的市场份额，争夺话语主动权。

第二，对美发起的舆论攻势针锋相对、坚决回击，揭批美国自身的问题，积极开展舆论引导。在国际舆论斗争中，毛泽东主张“让全世界都能听到我们的声音”，对于美国发起的舆论攻势，我们要掌握主动，做到有的放矢。针对美国在民族、人权、制度、政策等方面对我国的无端抨击，我方要在积极回应的同时，适时将话题引导至美国自身对应的问题上，努力揭露美国政府试图掩盖的自身困境。美国内存在金钱政治、阶级对立、政治极化、制度失灵、疫情失控、通胀率高、失业率高、种族歧视、暴力执法、枪支泛滥等诸多社会问题；在国际社会上，美国蔑视他国权益、唯我独尊、好战、人权双标、搞阵营对抗、不负责任，我方要在美这些劣迹恶行问题上设置舆论议题，积极引导国内国外的舆论走向。如美西方不断炮制新疆“人权”问题，我方应在澄清事实的基础上，对美国国内印第安种族灭绝问题、美国国内对有色人种的长期歧视问题、美国最高法院推翻“罗伊诉韦德案”难以保障广大女性的基本人权问题等进行坚决批驳；在美西方指责中国“好战”“咄咄逼人”“武统台湾”问题上，我们应揭批美国自建国以来参与和发起的战争、美国在阿富汗和广大中东地区开展的失败的战争等；在防疫政策问题上，我们可以对比两国防疫成效数据，揭批美国颠倒黑白的言论。

第三，坚持提倡中美合作共赢、对抗双输的原则，主动塑造我国开放包容、追求和平、负责任的大国形象，形成利我的舆论环境。大量的事实和数据已经表明中美合作将为双方带来实实在在的好处，而当前"一个稳定发展的中美关系，对双方都是有利的"[34]。在中美关系的舆论传播中，要强调中国积极沟通、致力于管控分歧、稳定大局的态度与行动，要摆事实、讲道理，区分一小撮政客和广大美国民众，争取美国普通民众的道义支持。在中美贸易问题上，我们应尽可能多地争取美国商界的支持，发挥美国商界在美国内的政策和舆论影响力；在国际热点问题的舆论宣传中，要重点强调中国致力于妥善、公平、公正处理危机的意愿和行动，呼吁在热点问题上，特别是在应对全人类共同威胁问题上，美国应摒弃冷战思维，与中国携手合作在国际舆论场宣扬中国负责任的大国行为，展现真实、立体、全面的中国，逐步形成利我的舆论环境。

注　释

[1] The Department of Defense, *2022 Report on Military and Security Developments Involving the People's Republic of China*, Nov. 29, 2022, https://media.defense.gov/2022/Nov/29/2003122279/-1/-1/1/2022-MILITARY-AND-SECURITY-DEVELOPMENTS-INVOLVING-THE-PEOPLES-REPUBLIC-OF-CHINA.PDF, 2022 年 12 月 7 日访问。

[2] The White House, "National Security Strategy," October 2022, https://www.whitehouse.gov/wp-content/uploads/2022/10/Biden-Harris-Administrations-National-Security-Strategy-10.2022.pdf, 2022 年 11 月 3 日访问。

[3] The White House, "Remarks by President Biden at the Summit for Democracy Closing Session," December 10, 2021, https://www.whitehouse.gov/briefing-room/speeches-remarks/2021/12/10/remarks-by-president-biden-at-the-summit-for-democracy-closing-session/, 2022 年 7 月 5 日访问。

[4] The White House, "Remarks by President Biden at the Summit for Democracy Opening Session," December 09, 2021, https://www.whitehouse.gov/briefing-room/speeches-remarks/2021/12/09/remarks-by-president-biden-at-the-summit-

for-democracy-opening-session/，2022 年 7 月 5 日访问。

[5] “Biden Signs Bill Banning Goods from China's Xinjiang over Forced Labor”, *Reuters*, December 24, 2021, https://www.reuters.com/world/us/biden-signs-bill-clamp-down-products-chinas-xinjiang-2021-12-23/, 2022 年 7 月 10 日访问。

[6] Ambassador, H. E., and Paul Bekkers, “Joint Statement on the Human Rights Situation in China-Item 2: Interactive Dialogue on the High Commissioner's Annual Report,” United Nations Human Rights Council-50th Session, June 14, 2022, https://www.permanentrepresentations.nl/documents/speeches/2022/06/14/hrc50_item2_jst_china, 2022 年 7 月 10 日访问。

[7] Silver, Laura, Christine Huang, and Laura Clancy, “Negative Views of China Tied to Critical Views of Its Policies on Human Rights,” Pew Research Center, June 29 2022, pp. 3-4.

[8] U. S. Mission Geneva, “UN Office of the High Commissioner for Human Rights Report on the Human Rights Situation in Xinjiang-Press Statement by Anthony J. Blinken, Secretary of State,” Sep 1, 2022, https://geneva.usmission.gov/2022/09/01/statement-on-un-human-rights-office-report-on-xinjiang/, 2022 年 12 月 3 日访问。

[9] Google Trends, https://trends.google.com/, 2022 年 12 月 5 日访问。

[10] The White House, “National Security Strategy,” October 2022, p. 24, https://www.whitehouse.gov/wp-content/uploads/2022/10/Biden-Harris-Administrations-National-Security-Strategy-10.2022.pdf, 2022 年 11 月 3 日访问。

[11] Office of the Secretary of Defense, *Military and Security Developments Involving the People's Republic of China 2021*, https://media.defense.gov/2021/Nov/03/2002885874/-1/-1/0/2021-CMPRFINAL.PDF; The Department of Defense, *2022 Report on Military and Security Developments Involving the People's Republic of China*, Nov. 29, 2022, https://media.defense.gov/2022/Nov/29/2003122279/-1/-1/1/2022-MILITARY-AND-SECURITY-DEVELOPMENTS-INVOLVING-THE-PEOPLES-REPUBLIC-OF-CHINA.PDF, 2022 年 12 月 7 日访问。

[12] Davidson, Helen, "Fearful but Defiant: Life Goes on in Taiwan Despite China's Threats," *The Guardian*, https://www.theguardian.com/world/2021/oct/22/fearful-but-defiant-life-goes-on-taiwan-despite-china-threats, 2022 年 7 月 8 日访问。

[13] Foy, Henry, and Demetri Sevastopulo, "NATO Holds First Dedicated Talks on China Threat to Taiwan," *Financial Times*, Nov. 20, 2022, https://www.ft.com/content/d7fa2d2b-53be-4175-bf2b-92af5defa622, 2022 年 12 月 3 日访问。

[14] United States Trade Representatives, *2021 Report to Congress on China's WTO Compliance*, February 2022, https://ustr.gov/sites/default/files/files/Press/Reports/2021USTR%20ReportCongressChinaWTO.pdf, 2022 年 7 月 7 日访问。

[15] United States Trade Representatives, *2022 National Trade Estimate Report on Foreign Trade Barriers*, March 2022, https://ustr.gov/sites/default/files/2022%20National%20Trade%20Estimate%20Report%20on%20Foreign%20Trade%20Barriers.pdf, 2022 年 7 月 7 日访问。

[16] U.S. Department of Defense, "Fact Sheet: 2022 National Defense Strategy," March 28, 2022, https://media.defense.gov/2022/Mar/28/2002964702/-1/-1/1/NDS-FACT-SHEET.PDF, 2022 年 7 月 7 日访问。

[17] U.S. Department of Defense, "Biden Announces DOD China Task Force," Feb. 10, 2021, https://www.defense.gov/News/News-Stories/Article/Article/2500271/biden-announces-dod-china-task-force/; "CIA creates new mission center to counter China," *The Washington Post*, October 7, 2021, https://www.washingtonpost.com/national-security/cia-china-mission-center/2021/10/06/fd477142-26d4-11ec-8d53-67cfb452aa60_story.html, 2022 年 7 月 5 日访问; Anthony J. Blinken, "The Administration's Approach to the People's Republic of China," *U.S. Department of State*, May 26, 2022, https://www.state.gov/the-administrations-approach-to-the-peoples-republic-of-china/, 2022 年 7 月 5 日访问。

[18] "Heads of MI5, FBI Give Joint Warning of Growing Threat from China," *Reuters*, July 7, 2022, https://www.reuters.com/world/heads-mi5-fbi-give-joint-

warning-growing-threat-china-2022-07-07/，2022 年 7 月 7 日访问。

[19] *NATO 2022 Strategic Concept*，29 June 2022，https：//www. nato. int/strategic-concept/，2022 年 12 月 3 日访问。

[20] The White House，"Statement by President Joe Biden on the Investigation into the Origins of COVID-19，" May 26，2021，https：//www. whitehouse. gov/briefing-room/statements-releases/2021/05/26/statement-by-president-joe-biden-on-the-investigation-into-the-origins-of-covid-19/，2022 年 7 月 6 日访问。

[21] "Spokesperson of the Chinese Mission to the EU Speaks on a Question Concerning the Statement of Officials from the EU，the US，Australia and Japan on the Second Phase of COVID-19 Origins Study，" July 28th，2021，Mission of the People's Republic of China to the European Union，http：//eu. china-mission. gov. cn/eng/fyrjh/202107/t20210728_9099636. htm，2022 年 12 月 4 日访问。

[22] Office of the Director of National Intelligence，*Declassified Assessment on Covid-19 Origins*，29 October 2021，https：//www. dni. gov/index. php/newsroom/reports-publications/reports-publications-2021/item/2263-declassified-assessment-on-covid-19-origins，2022 年 7 月 5 日访问。

[23] Waller，J. Michael，"Poll：Almost Two-thirds of Americans Believe China should Pay Pandemic Reparations，" Center For Security Policy，July 13，2021，https：//centerforsecuritypolicy. org/poll-almost-two-thirds-of-americans-think-communist-china-should-pay-reparations-pandemic/，2022 年 7 月 5 日访问。

[24] 美国驻华大使馆和领事馆：《美国驻华使团关于美国驻上海总领事馆命令撤离的声明》，2022 年 4 月 12 日，https：//china. usembassy-china. org. cn/zh/u-s-mission-chinas-statement-on-the-ordered-departure-for-u-s-consulate-general-shanghai/，2022 年 7 月 6 日访问。

[25] Agrawal，Ravi，"Fauci：China's COVID-19 Situation a 'disaster'，" *Foreign Policy*，May 4，2022，https：//foreignpolicy. com/2022/05/04/anthony-fauci-pandemic-china-lockdowns/，2022 年 7 月 6 日访问。

[26] "AmCham China Flash Survey on COVID-19 Business Impact，" *AmCham China*，May 2022，https：//www. amchamchina. org/wp-content/uploads/2022/05/

AmCham-China-Flash-Survey-Results-of-COVID－19－Business-Impact_FINAL. pdf，2022 年 7 月 6 日访问。

[27] “Economics Dashboard：Shanghai Lockdown Intensifies Global Supply-Chain Woes，” *Fitch Ratings*，May 22，2022，https：//www. fitchratings. com/research/sovereigns/economics-dashboard-shanghai-lockdown-intensifies-global-supply-chain-woes－10－05－2022，2022 年 7 月 6 日访问。

[28] Shepherd，Robin，“Dangerous liaison：U. S. and allies target China-Russia ties，” *Politico*，July 7，2022，https：//www. politico. com/newsletters/politico-china-watcher/2022/07/07/dangerous-liaison-u-s-and-allies-target-china-russia-ties－00 044380，2022 年 7 月 7 日访问。

[29] “U. S. Raises Concerns about China Aligning with Russia at Meeting it calls ‘in-tense’，” *Reuters*，March 15，2022，https：//www. reuters. com/world/us-warn-china-perils-aiding-russia-rome-meet－2022－03－14/，2022 年 7 月 7 日访问。

[30] “Pentagon：Xi and Putin ‘Edging toward an Alliance’，” *Defense News*，Nov. 9，2022，https：//www. defensenews. com/pentagon/2022/11/08/pentagon-xi-and-putin-edging-toward-an-alliance/，2022 年 12 月 3 日访问。

[31] *NATO 2022 Strategic Concept*，29 June 2022，p. 5，https：//www. nato. int/nato_static_fl2014/assets/pdf/2022/6/pdf/290622－strategic-concept. pdf，2022 年 12 月 3 日访问。

[32] “Biden：China should Expect ‘Extreme Competition’ from US，” *AP News*，February 8，2021，https：//apnews. com/article/joe-biden-xi-jinping-china－8f5158c12eed14e002bb1c094f3a048a，2022 年 7 月 8 日访问。

[33]《习近平在全国党校工作会议上的讲话》，2016 年 5 月 3 日，人民网，http：//dangjian. people. com. cn/n1/2016/0503/c117092－28320564. html，2022 年 7 月 9 日访问。

[34] 新华社：《习近平同美国总统拜登视频通话》，2022 年 3 月 18 日，中华人民共和国中央人民政府网，http：//www. gov. cn/xinwen/2022－03/18/content_5679795. htm，2022 年 7 月 9 日访问。

“一带一路” 背景下中国形象研究的现状、热点及趋势

——基于 CiteSpace 的知识图谱分析

刘东梅　郭婧怡*

摘要：“一带一路”倡议使中国逐渐走近世界舞台中央，如何在此背景下讲好中国故事成为重要的研究问题之一。本文以中国知网数据库为基础，借助 CiteSpace 软件绘制“一带一路”背景下中国形象研究的知识图谱。研究发现，该领域发展迅速，始终保持一定热度，研究者和研究机构已形成小范围合作网络，但仍然较为分散，热点流变符合各个时期的背景和发展需要。未来，该领域应重视新媒体与传统媒体融合发展，促进产学研结合，并开展国别区域研究，以更好建构新时代中国形象。

关键词：“一带一路”；中国形象；国家形象；CiteSpace；知识图谱

2013 年“一带一路”倡议的提出掀开了中国与世界发展的新一页。作为推动中国和世界合作共赢、共同发展的中国方案，

* 刘东梅，系《旅游》杂志执行主编、副编审；郭婧怡，系北京语言大学外国语学部博士研究生。本文系北京市宣传文化高层次人才培养资助项目“中国道路国际传播工作室”、北京市社科基金重大项目“北京形象境外社交媒体传播研究”（项目批准号：19JDXCA005）的研究成果。

“一带一路”成为展现中国形象的重要平台。在2021年中共中央政治局第三十次集体学习时，习近平总书记强调：“讲好中国故事，传播好中国声音，展示真实、立体、全面的中国，是加强我国国际传播能力建设的重要任务。”[1]国家形象作为国家的客观状态在公众舆论中的投影，是公众对国家所具有的情感和意志的总和，是存在于国际传播中社会公众对国家的认识和把握。[2]同时，国家形象也是“基于国家硬实力的一种软实力”[3]，在国际交往中发挥着不可替代的作用。

在“一带一路”倡议实施过程中，我国与各国的经贸往来和文化交流等无疑会遇到新的机遇和挑战，这些都会对中国形象的建构与传播产生直接影响，对此学者们开展了大量研究。本文利用CiteSpace，对中国知网上关于“一带一路”背景下中国形象的论文进行可视化分析，通过统计、回顾相关研究，梳理了该领域的热点及其演变，并预测研究方向，以期为未来研究提供参考。

一、数据来源及研究方法

本文以中国知网数据库作为数据来源，通过高级检索中的专业检索功能，输入检索式“SU=‘一带一路’*(‘国家形象’+‘中国形象’)”，即表示检索“一带一路”有关“国家形象”或“中国形象”的文献，并将时间限定为2013年9月10日至2022年10月31日，共得到639项结果。为保证检测准确性，通过人工筛选剔除了会议报告、报纸和其他与研究主题无关的论文，最终得到534篇文献，其中期刊文章279篇，学位论文255篇。

“CiteSpace是应用Java语言开发的一款信息可视化软件，它主要基于共引分析理论和寻径网络算法等，对特定领域文献（集合）进行计算，以探寻出学科领域演化的关键路径及其知识拐点，并通过一系列可视化图谱的绘制来形成对学科演化潜在动力机制的分析和学科发展前沿的探测。”[4] 本文采用 CiteSpace 软件对“一带一路”背景下的中国形象进行可视化研究，通过年度文献分布数量波动观察该领域研究热度，通过作者共现图谱和机构共现图谱研究学者之间以及机构之间的合作，再通过关键词词频、中心性、聚类和突现等分析热点问题和热点演变，并对未来研究方向进行预测和展望。

二、论文的时间分布与研究力量

（一）论文年度分布

年度发文量可以体现学术界对某一问题的关注程度。与此同时，学术论文的数量变化也是衡量某领域发展的重要指标，对其进行统计并绘制相应的增长曲线，为评价该领域所处阶段、预测发展趋势具有重要意义。[5] 根据图 1 所示，基于年度发文量的统计数据，可以将“一带一路”背景下的中国形象研究划分为三个阶段。

首先是上升阶段，即从 2013 年“一带一路”倡议提出到 2017 年。在这一时间段，政府制定并发布的《推动共建丝绸之路经济带和 21 世纪海上丝绸之路的愿景与行动》、2016 年以“中国自由贸易区战略下的‘一带一路’合作机会”为主题的世界自由贸易大会暨博览会和第一届“一带一路”国际合作高峰论坛的召开，引起了学术界对该领域的关注，以此为背景研究中国形象的论文数量也快速增长。其次是 2018 年到 2020 年，研究进入顶峰阶段，连续三年每年论文数量均超过 100 篇，其中 2018 年作为“一带一路”倡议提出的第五年，该年度发文量达到 109 篇，是截至2022年发文量最多的一年。在这一阶段，“一带一路”合作不断丰富中国形象，“但同时也因美国等西方大国的舆论绞杀面临严峻挑战”[6]。因此，国内学者十分重视该领域的研究，以为更好地塑造中国形象提供学界视角。最后是2021年至2022年10月，研究进入回落阶段，这主要受到新冠肺炎疫情的影响，但论文发表具有一定的滞后性，因此疫情影响在2021年开始显现出来。在这一阶段，因为疫情限制了跨国贸易等活动，国内学者逐渐将注意力转向分析新冠肺炎疫情背景下的中国形象，以及疫情对中国形象的影响，仅有少部分是结合双重背景进行研究，所以该领域论文数量减少，但研究仍保持着一定热度。

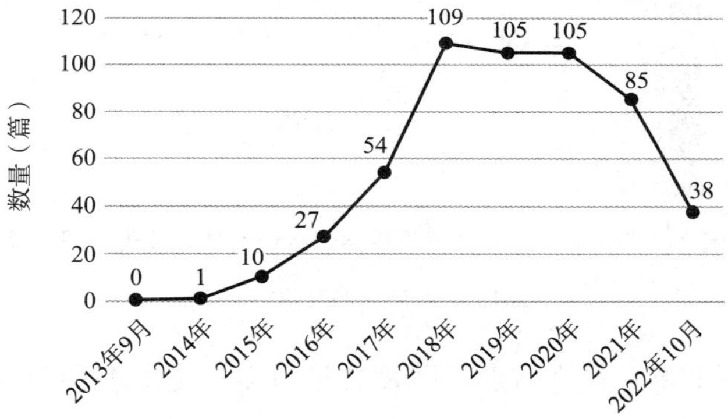

图1　“一带一路”背景下中国形象研究论文年度分布

（2013年9月—2022年10月）

（二）核心作者与合作网络

在利用CiteSpace软件绘制作者共现知识图谱（见图2）时，仅保留发文量在2篇及以上的作者节点，节点大小代表该作者发文数量，节点间连线代表作者之间的合作。根据左上角统计数据，534篇论文共涉及659位作者（包含第二、第三作者），连线数量为239条，密度为0.0011。

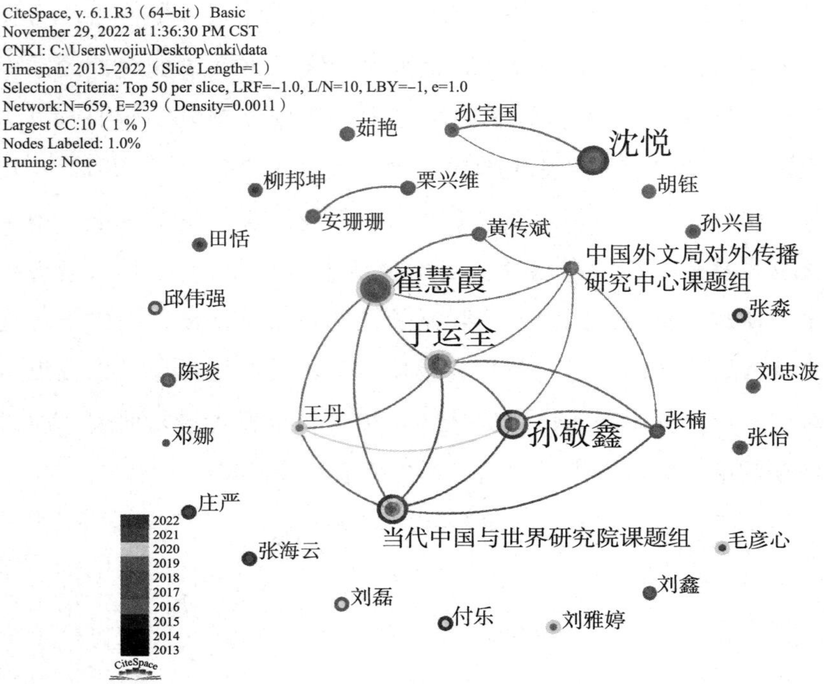

图 2　“一带一路”背景下中国形象研究作者共现知识图谱

（2013 年 9 月—2022 年 10 月）

在图 2 中，最大节点，即发文量最多的是上海师范大学的沈悦，共计 7 篇；其次是中国外文局国际传播发展中心战略研究部主任翟慧霞，共计 6 篇；当代中国与世界研究院课题组、于运全和孙敬鑫发文量为 4 篇；中国外文局对外传播研究中心课题组和孙宝国发文量为 3 篇。此外，有 23 位学者发文量为 2 篇，其余 629 位学者发文量均为 1 篇。由此可见，该领域发表论文 2 篇及以上的学者数量少，95%以上学者的发文量仅为 1 篇，表明该领域核心研究者数量少，不利于该领域的发展。

在学术合作方面，当前这一领域最大的合作网络是由中国外文局对外传播研究中心课题组、当代中国与世界研究院课题组和翟慧霞、于运全、孙敬鑫等学者构成的合作网络。当代中国与世界研究院是中国外文出版发行事业局所属事业单位，其前身为成立于2004年的中国外文局对外传播研究中心[7]，合作网络中涉及的主要学者翟慧霞、于运全和孙敬鑫等均就职于外文局的相关单位，曾合作发布中国国家形象全球调查分析报告和中国企业海外形象调查分析报告等。除该合作网络外，其他合作网络规模较小，且大部分为独立研究。

（三）研究机构与合作网络

在利用CiteSpace软件绘制该领域研究机构共现知识图谱（见图3）时，节点大小代表该机构发文数量，连线代表合作关系。由图3可知，机构节点共有388个①，节点之间的连线共有120条，网络密度为0.0016，研究机构之间缺乏紧密合作。为保证图谱的简洁和美观，图3中仅保留发文量在4篇及以上，以及与这些机构有合作的机构。

在图3中，最大节点为上海外国语大学，此单位发文量共计14篇，最早一篇发表于2016年，最新一篇发表于2021年。其次是北京外国语大学和吉林大学，发文量均为13篇。此外，单位发文量在7篇及以上的还有广西大学、中国传媒大学和湖南大学。可见，在这一领域的研究中，高校教师和数量庞大的硕博生成为主要研究力量。其中，外语类高校发文量较大，主要原因可能是此类高校可以利用多语种特色优势，从外文报道原文入手，利用文本细读等研究方法解读和研究中国形象在国际社会的建构和传播。

① 目前，CiteSpace软件还不能有效合并部分隶属于同一上级机构的次级机构，例如有些高校的两个学院会被默认为两个节点进行分析。

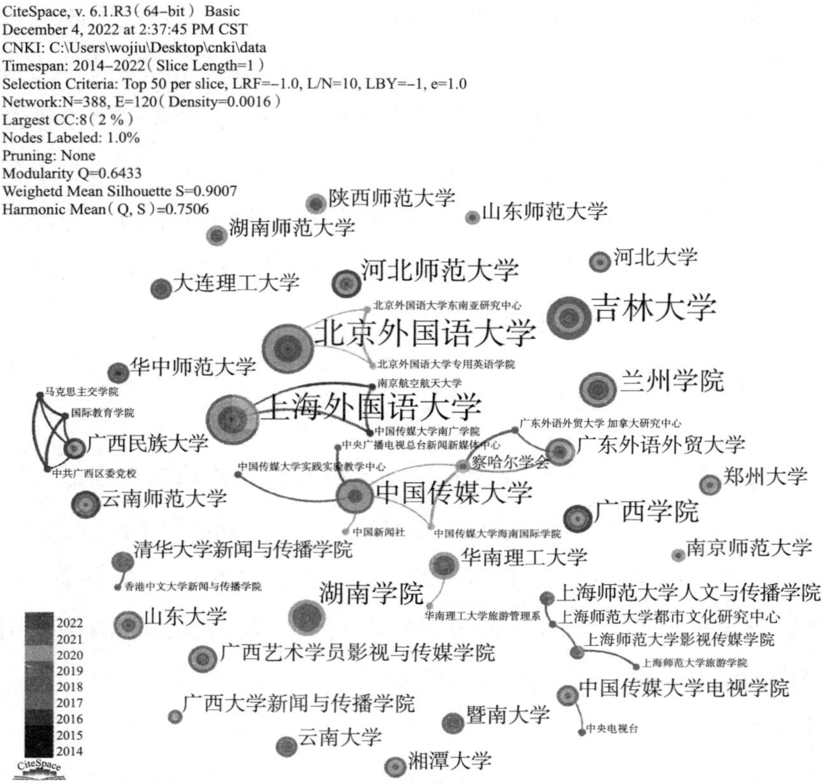

图 3　“一带一路”背景下中国形象研究机构共现知识图谱

（2013 年 9 月—2022 年 10 月）

在机构合作方面，目前涉及机构最多的合作网络是由中国传媒大学与中国新闻社、中央广播电视总台新闻新媒体中心，通过察哈尔学会与广东外语外贸大学等机构构成的合作网络，共涉及 8 个节点。中国传媒大学作为国家传播研究领域的学术重镇，经常与中国新闻社进行交流互访[8]，也与中央广播电视总台成立后组建的第一家台属一级企业央视频融媒体发展有限公司签订了战略合作框架协议，这为机构之间建立学术合作打下了良好基础。此外，其他合作网络多为 2—4 个节点。整体来看，高校之间以及高校和机构之间正在形成协同合作网络。

三、热点解读、演变与前沿预测

（一）关键词解读

关键词是论文的核心研究方向与主题凝练。利用 CiteSpace 软件统计“一带一路”背景下中国形象研究的关键词词频、中心性和年份后得到表 1。因检索后得到的是“一带一路”有关“国家形象”或“中国形象”的文献，所以“国家形象”一词出现频次最高，为 197 次，其他两个关键词紧跟其后。此外，根据表 1 可知，关键词基本遵循着词频越高、中心性越高的规律，因此词频较高的“对外传播”“纪录片”“公共外交”和“国际传播”等词在该领域的受关注度较高，同时其中介作用也比较明显，起到了举足轻重的作用。

表 1　前 15 位关键词词频、中心性及年份统计

排序	关键词	词频	中心性	年份
1	国家形象	197	0.83	2015
2	“一带一路”	105	0.44	2015
3	中国形象	61	0.35	2014
4	对外传播	25	0.10	2016
5	纪录片	25	0.10	2017
6	公共外交	24	0.08	2015
7	国际传播	22	0.05	2016
8	涉华报道	18	0.02	2017
9	中国	17	0.05	2015
10	框架理论	14	0.04	2017
11	文化传播	11	0.04	2015
12	新时代	11	0.03	2019

（续表）

排序	关键词	词频	中心性	年份
13	软实力	10	0. 04	2017
14	民心相通	9	0. 05	2017
15	主流媒体	9	0. 02	2018

随后，利用 CiteSpace 软件对数似然比（LLR）算法对关键词进行聚类，即“体现聚类间的结构特征，突出关键节点及重要连接”[4]，可得到 61 个聚类。图 4 中仅保留前 8 个聚类，即标签“#0”至“#7”（表 2）。由图 4 可知，Q 值（模块值）为 0. 6433，大于 0. 3，表明聚类结构显著；S 值（平均轮廓值）为 0. 9007，大于 0. 7，表明结果可信。根据各聚类关键词数量，本文仅对前 5 个类群进行分析。

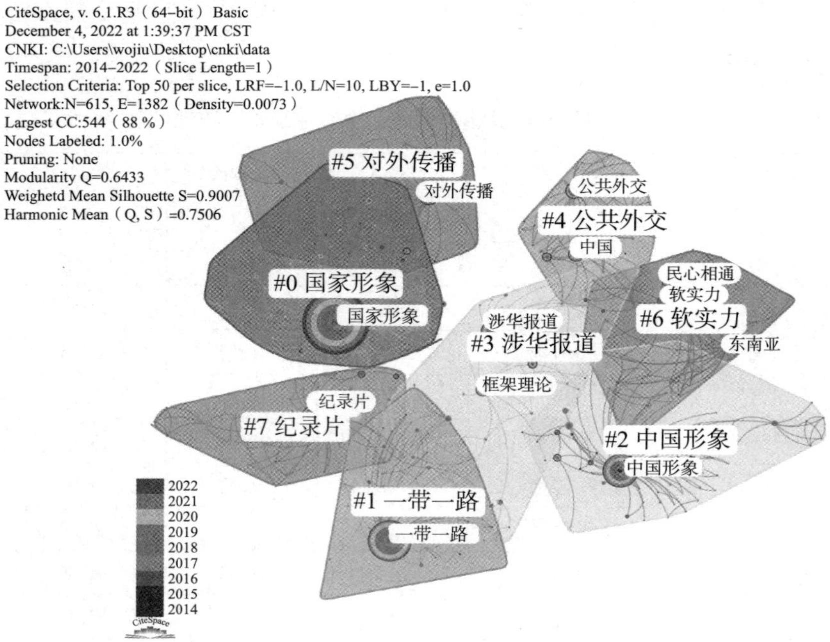

图 4　“一带一路”背景下中国形象研究关键词聚类图谱

（2013 年 9 月—2022 年 10 月）

表 2 “一带一路”背景下中国形象研究关键词聚类列表

聚类号	节点数量	S 值（平均轮廓值）	部分关键词（LLR）
0	82	0. 890	国家形象；话语；传播路径；中缅关系；社交媒体
1	66	0. 869	“一带一路”；中国故事；形象建构；话语分析；内容分析
2	62	0. 920	中国形象；语料库；态度资源；马来西亚；德国媒体
3	36	0. 907	涉华报道；框架理论；主流媒体；新冠疫情；报道框架
4	36	0. 842	公共外交；中国；东盟国家；新时代；体育外交
5	34	0. 935	对外传播；话语权；传播策略；南南合作；文化产业
6	34	0. 889	软实力；东南亚；民心相通；国家形象；国家宗教局
7	32	0. 910	纪录片；丝绸之路；叙事结构；文化消费；精准定位

聚类#0 国家形象是最大的聚类，共包含“话语”“传播路径”“中缅关系”和“社交媒体”等 82 个节点。国家形象对外传播的话语体系是塑造全面真实、立体多彩大国形象的重要课题。在这个聚类中，研究者聚焦于社交媒体上的国家形象，以及如何创新中国国家形象传播路径，提升国际话语权。此外，基于缅甸重要的战略价值，此次收集到的论文中有 9 篇对缅甸媒体[9]或缅甸留学生眼中的中国形象[10]进行研究，因此“中缅关系”也成为这一聚类中的重要节点。

聚类#1“一带一路”聚类包含“中国故事”“形象建构”“话语分析”和“内容分析”等66个节点。自2013年以来，习近平总书记在国内外诸多重要场合都对讲好中国故事进行了重要阐述，在这一背景下，研究者运用话语分析或内容分析等研究方法，对“一带一路”背景下有关中国的报道进行研究，或研究如何通过纪录片[11]、微视频[12]、档案[13]等讲好中国故事。

聚类#2 中国形象聚类包含“语料库”“态度资源”“马来西亚”和“德国媒体”等62个节点。研究者或基于语料库对“一带一路”话语态度资源进行分析[14]，或基于语料库从态度资源角度研究“一带一路”新闻语篇对中国形象的建构[15]，同时也有研究运用CiteSpace软件梳理相关文献，提出了语料库批评翻译学这一新视角[16]。此外，关于马来西亚华人[17]和媒体[18]，以及德国媒体的论文各有5篇，因此“马来西亚”和“德国媒体”两个词也成为重要节点。

聚类#3 涉华报道聚类包含“框架理论”“主流媒体”“新冠疫情”和“报道框架”等36个节点。框架“是一种认知，呈现事物的架构，经过对事物的选择和加工，凸显特定内涵，表达某种思想，而这些思想又反映了特定的文化价值”[19]。在这一聚类中，研究者对美国[20]、英国[21]、巴基斯坦[22]、俄罗斯[23]等多个国家主流媒体对中国的报道框架进行了分析。此外，还有部分研究聚焦于新冠肺炎疫情下的中国形象[24]，以及后疫情时代“一带一路”对外传播的治理框架建构[25]。

聚类#4 公共外交聚类包含“中国”“东盟国家”“新时代”和“体育外交”等36个节点。东盟是“双循环”新发展格局的有力支点，研究者关注新时代中国对东盟国家公共外交研究[26]，以及新发展格局下中国在东盟国家的形象[27]等。此外，基于“新时代体育外交具有政府外交与公共外交的二元属性”这一认知，也有学者研究体育外交在我国强国建设中的作用及实现路径。[28]

（二）热点流变与前沿预测

在关键词聚类图谱的基础上，运用 CiteSpace 软件突现词探测功能，可以清晰呈现某一话题在哪一个时间段突现为当时的热点。将 γ 设置为 0.3，默认 Minimum Duration 为 2，可以得到 20 个突现词，详见图 5。

公共外交	2015	3.3	2015
受访者	2015	1.77	2015
中国交建	2015	1.02	2015
俄罗斯	2015	0.84	2015
文化	2016	1.03	2016
大国形象	2016	0.98	2016
马来西亚	2016	0.9	2016
框架	2016	0.86	2016
软实力	2017	2.49	2017
中国外交	2017	0.77	2017
沿线国家	2017	0.77	2017
电视媒体	2017	0.77	2017
党媒	2018	0.77	2017
全球治理	2019	0.86	2018
新时代	2019	1.26	2019
传播策略	2019	0.91	2019
策略	2020	0.83	2019
同一	2020	0.7	2020
尼泊尔	2020	0.7	2020
话语体系	2020	0.7	2020

图 5　“一带一路”背景下中国形象研究前 20 个突现关键词（2014—2022）

根据图 5 可见，关于“一带一路”背景下中国形象研究的热点演变可以大致总结如下：2015 年至 2016 年前后，“公共外交”一词突现强度最高，达到 3.30，远超其他突现词，表明公共外交在当时备受重视。因为公共外交是建构国家形象、提升国家软实力的重要路径，中国企业是公共外交的重要力量，所以借助企业公共外交塑造国家形象[29]，以及“一带一路”公共外交战略[30]等有关话题成为当时的研究热点。同时，相关研究通过电话随机采访、在线问卷填答等方式展开，因此“受访者”一词突现。此外，以中国交建[31]、俄罗斯[32]和马来西亚[17]为研究对象的研究也突然增多。

2017 年至 2018 年，“软实力”“中国外交”“沿线国家”“电视媒体”和“党媒”突现，其中“软实力”一词突现强度为 2.49，在这一阶段突现最为明显。2017 年党的十九大报告提出，要“推进国际传播能力建设，讲好中国故事，展现真实、立体、全面的中国，提高国家文化软实力”[33]。因此，这一时期有大量研究聚焦于软实力发展的现状和问题[34]，以及如何在“一带一路”背景下提升软实力[35]等话题。总体来看，这一时期突现词数量较多，也表明这一时间段的研究发展迅速、具有活力。

2019 年至今，“新时代”“传播策略”“同一”“尼泊尔”和“话语体系”等词突现，特别是后三个词是从 2020 年突现至今。“同一”即肯尼斯·伯克提出的“同一”策略或者说“同一”论，即同情同一、对立同一和无意识同一①。梁冠华认为，中国国家身份建构的内容“同一”策略分别包含了以上三种实现路径。[36]此外，2019 年 10 月，国家主席习近平会见尼泊尔总统，两国元首共同宣布建立中尼面向发展与繁荣的世代友好的战略合作伙伴关系，因此 2020 年至今对于尼泊尔媒体的研究[37]逐渐增多。但总体来看，这一时期的研究活力有所减弱，特别是 2021 年至今，仅有三个突现词，且突现强度不高。

总体来说，当前，基于百年未有之大变局，以及开展国际传

① “无意识同一”一词有多种译法，也译为“误同”“误差同一”或者“不确定同一”等。

播和舆论引导的需要，对于国家形象的研究与建构不仅是现实之需，也是在为未来的国际传播和公共外交绘制美好图景。随着该方向的研究不断扩展和深化，在理论方面，除了目前多用到的软实力和框架理论外，建构主义、译者能动性和符号聚合理论等也逐渐为该领域研究所运用。“中国形象”不仅是宏观的，也有大量论文聚焦更加细化的方面，例如关注某一领域的形象（经济形象和体育形象等），或者分析某一城市的形象（北京形象和上海形象等），或者研究某一大型国企或央企在海外的形象等，它们可以为更全面、更立体展现中国形象和提升对外传播能力提供更有针对性的建议。在研究对象方面，除了国内外官方媒体外，电影、短视频、纪录片、脸谱网和推特上的数据也逐渐成为研究国家形象的媒介。在研究方法方面，除了访谈、调查问卷或者对国内外报道进行文本细读外，将大数据和软件分析等新技术应用于数据收集和处理也是大势所趋，例如利用知网可视化、CiteSpace 软件以及 ROST Content Mining 等软件进行辅助分析，处理大量人工难以计算的数据。

四、结论与展望

“国家形象是一个综合体，它是国家的外部公众和内部公众对国家本身、国家行为、国家的各项活动及其成果所给予的总的评价和认定。”[38] 习近平总书记曾强调：“展形象，就是要推进国际传播能力建设，讲好中国故事、传播好中国声音，向世界展现真实、立体、全面的中国，提高国家文化软实力和中华文化影响力。”[39] “一带一路”倡议的提出和推进使中国走近世界舞台中央，对“一带一路”背景下的中国形象进行研究有助于我们更好了解中国形象在国际舞台上的动态变化，及时洞察国内外媒体和民众的意识形态和思维导向，为更好提升我国文化软实力提供参考和借鉴。本文基于中国知网论文数据库，通过 CiteSpace 软件对“一带一路”背景下中国形象的研究成果进行可视化分析，得到以下结论并提出展望。

首先，关于该研究的年度论文数量经历了快速增长又逐渐回落，虽然目前仍保持一定热度，但需要新的动力。当前大量研究多依靠国内外官方媒体上的报道文本，但随着社会信息化、网络化的发展，传播不再是单向性的，相关研究应扩大研究范围，不仅注重传统媒体和官媒上的中国形象，同时也不应忽视较有影响力的新媒体、自媒体和微媒体，应重视技术发展以及新媒体与传统媒体的融合与发展。但此类信息较为零碎，研究者可利用数据抓取和分析软件对“数据海洋”进行分析，在崭新的话语场域中研究中国形象。

其次，目前高校是该领域的主要研究力量，其中外语类高校的教师和硕博生在这一领域发文量较大，但绝大多数研究者研究持续性不强。在学术合作方面，学者之间和研究机构之间已经形成一些小型合作网络，但整体较为零散，合作比较有限。应加强不同研究机构和学者之间以及机构与媒体、企业的交流合作，促进研究团队之间的交叉合作和跨学科协同研究。同时，应提倡产学研结合，根据媒体和企业需求，聚焦研究议题，推动国内外媒体开展人员交流和版面合作等，将研究成果转化为具有可行性的措施和方法。

最后，研究热点从公共外交特别是企业的公共外交逐渐转向提升软实力，再到全球治理和新时代话语体系建构等，热点的演变符合各个时期背景和发展的需要。为推进研究更好地服务于国家，后续研究可以针对国家形象具有多地区、多阶段、多学科的特点，开展国别区域研究，注重各国特殊性和复杂性，在系统研究不同地缘区域的媒介情况、受众差异和固有文化后，制定具有针对性的传播策略。与此同时，应科学合理地对宣传和实践成果展开评价，归纳和总结成熟的实践经验，并将其吸收、扩展为理论研究系统，以更好服务于国家发展的需要。

注　释

[1]《习近平在中共中央政治局第三十次集体学习时强调　加强和改进国际传播工作　展示真实立体全面的中国》,《人民日报》2021 年 6 月 2 日第 1 版。

[2] 刘小燕:《关于传媒塑造国家形象的思考》,《国际新闻界》2002 年第 2 期，第 61—66 页。

[3] 刘艳房:《全球化背景下的中国国家形象战略——基于国家利益的研究视角》，中央编译出版社 2016 年版，第 2—3 页。

[4] 陈悦、陈超美、刘则渊、胡志刚、王贤文:《CiteSpace 知识图谱的方法论功能》,《科学学研究》2015 年第 2 期，第 242—253 页。

[5] 杨思洛、韩瑞珍:《知识图谱研究现状及趋势的可视化分析》,《情报资料工作》2012 年第 4 期，第 22—28 页。

[6]《马丽蓉:“一带一路”合作让中国形象更丰富》，2019 年 5 月 14 日，环球网，https://www.huanqiu.com/a/de583b/9CaKrnKkt9B，2022 年 11 月 22 日访问。

[7] 当代中国与世界研究院网站，http://www.accws.org.cn/gywm/202111/t20211122_800263940.htm，2022 年 11 月 22 日访问。

[8]《访企拓岗丨王达品副书记带队赴中国新闻社开展座谈调研》，2022 年 4 月 26 日，中国传媒大学白杨网，http://by.cuc.edu.cn/2022/0426/c1382a193192/page.htm，2022 年 11 月 29 日访问。

[9] 徐增展、邹瑞祺:《交往、依赖与提防：缅甸媒体中的中国镜像》,《青年记者》2021 年第 4 期，第 121—122 页。

[10] 肖梅兰：《云南高校缅甸留学生中国形象认知研究》，云南师范大学硕士学位论文，2022 年 5 月。
[11] 白茹雪、孙黎明：《跨文化传播视角下纪录片对国家形象的塑造——以〈一带一路〉为例》，《中国电视》2019 年第 6 期，第 106—108 页。
[12] 丛芳君、周瑶：《小视频大传播：探索中国故事的国际化表达——以〈中国日报〉微视频为例》，《新闻世界》2018 年第 12 期，第 73—76 页。
[13] 王玉珏、吴一诺、许佳欣：《〈“十四五”全国档案事业发展规划〉解读：档案服务国际传播能力建设》，《山西档案》2021 年第 4 期，第 78—87 页。
[14] 许雅缘：《基于语料库的“一带一路”话语态度资源分析》，《福建农林大学学报（哲学社会科学版）》2019 年第 5 期，第 108—112 页。
[15] 马敬想、田婷婷：《从态度资源看“一带一路”新闻语篇对中国形象的构建——一项基于语料库的积极话语分析》，《河南工程学院学报（社会科学版）》2018 年第 2 期，第 66—69 页。
[16] 廖国海、韩戈玲：《中国形象研究的新维度：语料库批评翻译学》，《上海理工大学学报（社会科学版）》2020 年第 1 期，第 15—20 页。
[17] 胡春艳：《“一带一路”下的马来西亚华人与中马文化交流》，《暨南学报（哲学社会科学版）》2016 年第 4 期，第 27—32 页。
[18] 郑亚微：《马来西亚〈新海峡时报〉对中国形象的建构研究——基于“一带一路”报道分析》，广西大学硕士学位论文，2022 年 6 月。
[19] 孙彩芹：《框架理论发展 35 年文献综述——兼述内地框架理论发展 11 年的问题和建议》，《国际新闻界》2010 年第 9 期，第 18—24 页。
[20] 安珊珊、梁馨月：《美国新闻报道框架建构下的“中国形象”——美国主流媒体“一带一路”峰会新闻报道框架解析》，《哈尔滨工业大学学报（社会科学版）》2018 年第 2 期，第 82—88 页。
[21] 曾一珺：《英国主流媒体关于中国“一带一路”倡议的报道框架研究——以〈卫报〉〈每日电讯报〉〈泰晤士报〉为例》，北京交通大学硕士学位论文，2019 年 5 月。
[22] 吴明华、王丽帆：《巴基斯坦主流媒体“一带一路”报道探析》，《青年记者》2021 年第 10 期，第 104—105 页。

［23］臧小景：《俄罗斯对外宣传主流媒体在“一带一路”报道中的框架分析》，陕西师范大学硕士学位论文，2018 年 6 月。
［24］翟慧霞：《疫情背景下中国企业海外形象建设的思考》，《对外传播》2020 年第 7 期，第 13—15 页。
［25］沈悦：《后疫情时代“一带一路”对外传播的治理框架建构》，《云南社会科学》2022 年第 1 期，第 169—179 页。
［26］杨育杰：《新时代中国对东盟国家公共外交研究》，兰州大学硕士学位论文，2021 年 5 月。
［27］易文：《新发展格局下中国经济形象在东盟的重塑》，《对外传播》2021 年第 10 期，第 27—31 页。
［28］张德胜、张钢花、李峰：《体育外交在我国强国建设中的作用及实践路径》，《上海体育学院学报》2018 年第 1 期，第 27—32 页。
［29］米金升、田恬、冯晓莉：《以企业公共外交助力国家形象塑造——中国交建以“里子工程”打造“面子工程”的实践探索》，《中国记者》2015 年第 5 期，第 16—18 页。
［30］杨荣国：《“一带一路”公共外交战略研究》，兰州大学博士学位论文，2017 年 3 月。
［31］田恬：《企业公共外交支撑国家形象塑造》，《国际工程与劳务》2017 年第 6 期，第 33—39 页。
［32］王小溪：《“一带一路”语境下俄罗斯媒体建构的中国国家形象分析》，《东北亚外语研究》2017 年第 2 期，第 10—14 页。
［33］《决胜全面建成小康社会　夺取新时代中国特色社会主义伟大胜利》，2017 年 10 月 18 日，人民网，http://politics.people.com.cn/n1/2017/1028/c1001-29613514.html，2022 年 11 月 26 日访问。
［34］徐彦婷：《中国软实力发展的现状问题与对策》，《智库时代》2018 年第 34 期，第 1—5 页。
［35］陈奕平：《华侨华人与“一带一路”软实力建设》，《统一战线学研究》2018 年第 5 期，第 104—112 页。
［36］梁冠华：《国家话语对国家身份的建构及其修辞策略》，曲阜师范大学博士

学位论文，2021 年 3 月。

[37] 张昊：《2018 年〈新兴尼泊尔报〉涉华报道研究》，北京外国语大学硕士学位论文，2020 年 6 月。

[38] 管文虎主编：《国家形象论》，电子科技大学出版社 2000 年版，第 3 页。

[39]《习近平：讲好中国故事，传播好中国声音》，2021 年 6 月 3 日，光明网，https：//politics. gmw. cn/2021-06/03/content_34896196. htm，2023 年 2 月 21 日访问。

新军事变革背景下新闻舆论战的特征与媒介技术嬗变

——以媒介偏向论为视角

苏　岩　杨周锦*

摘要： 在新军事变革背景下的现代战争中，信息舆论战成为主导战争局势变动的重要作战方式，新闻媒介作为战争参与者被纳入现代军事行动体系，为新闻舆论战提供技术载体与媒介环境。不同新闻媒介的物质与符号特性、信息传播模式对战争新闻舆论态势及其在战争进程中发挥的作用存在影响。本文以媒介偏向论为理论视角，构筑“时空偏向”“感官偏向”“关系偏向”和“人的偏向”的分析框架，以 1991 年海湾战争及其后的高技术局部战争期间的新闻舆论活动为研究对象，辨析现代战争中新闻媒介的偏向及其流变，探索新闻舆论战的特征与媒介技术特性的潜在关联，进而基于媒介技术发展趋向探讨新闻舆论战的未来形态与战略意义。

关键词： 媒介偏向；沉浸传播；战争新闻；新军事变革

---

*　苏岩，系北京大学新闻与传播学院研究员、助理教授；杨周锦，系北京大学元培学院本科生。

一、新军事变革背景下的新闻舆论战与媒介

（一）新军事变革背景下的现代战争

20 世纪 90 年代以来，信息技术的高速发展及其在军事领域的全面应用，在世界范围内引致一场以信息化为核心特征的军事革命。以互联网的发明和普及为标志的第四次信息革命推动了人类社会形态由工业社会向信息社会转变，也推动了军事形态的信息化转型[1]。新军事变革（Revolution in Military Affairs，RMA）与社会变革彼此辐合，涵括了以武器装备的信息化与智能化为先导，在编制体制、作战计划、军事理论等方面引起全面质变的历史进程。这场军事革命以美苏冷战期间的军事科技发展为物质技术基础，发轫于美国对越南战争的反思及其对军队结构、作战理论信息化变革的初步探索，并自 1991 年海湾战争进入全面发展阶段，随后迅速波及全球。世纪之交密集爆发的四场局部战争，即海湾战争（1991）、科索沃战争（1999）、阿富汗战争（2001—2002）和伊拉克战争（2003），均反映了新军事变革背景下现代战争的典型特征：以“远程精确打击为主的非接触作战”为作战方式，以“高技术局部战争”为战争形态，以掌握信息优势、摧毁敌方精神意志为制胜关键。[2] 与信息时代战争形态之变革相适应，新闻舆论战由辅助军事武装斗争的战术层面上升至主导战争局势变动的战略层面，成为参战国家提振己方军民士气、瓦解敌方抵抗意志、营造有利国际舆论环境的重要作战方式。

（二）新军事变革背景下的新闻舆论战与媒介载体

美国学者阿尔文 · 托夫勒与海迪 · 托夫勒曾断言：“未来某些

重要的战争将发生在媒体战场上。”[3]在以信息技术为支柱、以信息优势为核心的现代战争中，信息空间（infosphere）日益成为各方力量对抗角逐的新型战争场域，作为信息载体的媒介技术成为夺取信息优势、占领舆论制高点的新型“武器”。新闻媒介作为战争参与者被纳入现代军事行动体系，成为除武器装备、战略战术、政治外交、天时地利四大要素之外的“第五种力量”[4]，其重要功能主要体现于以下三方面：其一，保障战争相关各方为战略谋划、战争行动所必需的信息流动；其二，作为舆论战、心理战的有力武器，干扰敌方军事决策，消解敌军战斗意志；其三，向国际社会传达本国的外交政策和军事斗争战略，争取国际社会的信任与支持。战争新闻贯穿战前、战时与战后，以战争本体及与战争相关的政治社会活动为报道对象，在世界范围引起公众关注并引导舆论风向。

现代战争中的新闻媒介呈现出新旧样态并存、多元媒介互补的特征。随着信息传播技术的快速发展，承载战争新闻舆论的主导性媒介历经了纸质媒介（传单、报纸）—电子媒介（广播、电视）—互联网媒介的迭代，呈现出传播速度加快、传播范围扩张、所营造的拟态环境日益逼真的总体趋势。不同媒介载体的物质与符号特性、信息传播模式对战争新闻舆论态势及其在战争进程中发挥的作用存在影响。本文以 1991 年海湾战争及其后的高技术局部战争期间的新闻舆论活动为研究对象，探索了新闻舆论战的特征与媒介载体技术特性的潜在关联。

二、理论视角：媒介偏向论

作为媒介环境学派的奠基人，哈罗德·英尼斯（Harold Innis，

1894—1952）在生命的最后三年笔耕不辍，为传播学界留下了丰赡的知识遗产。在探索不列颠帝国盛衰缘由的过程中，英尼斯意识到，对经济因素的穷究与执迷恰为西方文明的局限所在。为使其研究免受这一促狭视角的束缚和支配，英尼斯将目光投向传播媒介这一“伟大的转向”[5]，进而成为由三代学人接续躬耕而得以日益完备的媒介环境论之滥觞。

英尼斯依据传播媒介对文明和制度的影响，提出了时间偏向与空间偏向的二元划分：时间偏向型媒介（time-biased media）泛指适用于知识在时间维度上纵向传播的媒介，以较为稳固的羊皮纸、黏土与石刻为代表，具有耐久却笨重的特征；空间偏向型媒介（space-biased media）则是指适用于知识在空间维度上横向传播的媒介，以莎草纸和与之相伴生的书面传统为代表，具有轻便和不易贮存的特征。[6]38 作为“传播效果之指征”[6]40 的帝国及其文明，也基于时空偏向论被相应地划分为两个类别：倚重时间延续的宗教性帝国和倚重空间扩张的政治性帝国，前者需要石刻、羊皮纸与口语等时间偏向型媒介承传其宗教精神与集体记忆，后者则需要纸张、印刷制品与拼音文字等空间偏向型媒介辅佐其军事扩张与政治治理。

着眼于媒介特性制约信息传播与知识形态及其对人类心智和社会文化的影响机制，英尼斯及其后继者筚路蓝缕，探索着媒介技术与人类文明的互动共生之路。英尼斯的探索与尝试不仅将“传播”确立为独立于历史研究的领域和全新的视角，同时也为传播学开辟了历史分析的研究途径。以浩繁史料为温床，英尼斯试图培育后世学者对媒介技术的洞察与对知识权力的警觉。

建基于英尼斯的时空偏向论，后世媒介环境学者观察信息传播技术的嬗变演进后，概括出了媒介在更为宏阔、多元维度上的偏向性。马歇尔·麦克卢汉将媒介视为人体感官的延伸，提出以媒介“清晰度”与受众“参与度”为划分标准的“冷热偏向”[7]51-52，并依据媒介调动身体感官的方式与感知比率提出了媒介的“感官偏向”[8]。尼尔·波兹曼以媒介所承载信息的物质属性、符号特征、获取难易程度为划分标准，提出了媒介的五个偏向：思想与情绪偏向、感知偏向、内容偏向、政治偏向和社会偏向[9]31；波兹曼进一步指出，内嵌于媒介技术的“意识形态偏向”决定了媒介“用特定方式构建世界的倾向”“给一种事物赋予更高价值的倾向”，以及“放大一种感官、技能或能力的倾向”[10]。学者林文刚基于对前人理论的爬梳与反思，对“媒介偏向论”的本质予以诠释：传播媒介不是中性的、透明的和无价值标准的渠道，每种媒介独特的物质特性和符号决定了其固有偏向，媒介偏向往往促成各种心理的或感觉的、社会的、经济的、政治的、文化的结果[9]30-31。

媒介偏向论作为重要的理论视角与分析工具，被用以考察媒介技术何以形塑全新的感知模式、思维方式与关系形态，何以对社会结构乃至文明形态产生深广影响。现代媒介技术的积累、创新和演进呈现出一种“扩张的本性”[11]，即技术的规则模式天然地存在一种扩张渗透到人类生活各领域中的趋势。媒介技术超越了为人所使用的工具性存在，而成为人们的生活方式和生存环境，这也是新军事变革背景下的现代新闻舆论战所需要面对的技术现实。以媒介技术本身为视角进行研究，有益于突破传统新闻舆论战研究“传播主体—内容—渠道—受众—效果”的线性分析框架，从而对现代媒介环境中的新闻舆论战特征产生新的洞察。

本文将锚定“媒介偏向论”的理论框架，辨析现代战争中新闻媒介的偏向及其流变，考察媒介偏向对参战国的新闻舆论战策略、公众的战争认知与政治参与的影响，进而基于媒介技术的发展趋向探讨新闻舆论战的未来形态与战略意义。

三、现代舆论战的媒介偏向及其变迁

（一）时空偏向

1. 空间偏向的扩张

战争新闻的媒介载体天然具有寻求空间扩张的趋向。从纸质媒介、电子媒介到互联网媒介，传播者不断克服地理障碍、突破边境封锁，拓展着新闻舆论所涉疆界。作为传统心理战、舆论战中最常用的媒介，传单、报纸在电子媒介与互联网媒介普及率较低的海湾战争与科索沃战争前线仍是美军的重要宣传工具。然而，报纸、传单等纸质媒介难以真正突破敌方的封锁与查禁，在战争期间能够打入敌方展开军事宣传的报纸的数量有限，在开拓舆论战空间方面具有明显的局限性。

相较于纸质媒介而言，以无线电广播为代表的大众化电子媒介“跨越了曾经阻碍报纸传播的国境线”[12]。广播传输成本低、传播速度快、可覆盖范围广，广播舆论战在第二次世界大战后成为军事斗争领域广泛运用的战略战术手段。在 20 世纪 90 年代以来的高技术局部战争中，美国军方依托全球通信卫星与现代无线传输技术搭建移动广播系统——美军特种作战媒体系统-B（Special Operations Media System Bravo，SOMS-B），与车载、舰载、机载的无线电发射装置配合开展移动广播舆论战；美空军战机在战区投放大量专门收听美国电台广播的固定频率收音机，对敌方军民进行无孔不入的舆论包围与意识形态渗透。[13]

互联网使战时新闻的传播无远弗届，成为西方国家在全球范围内实施意识形态扩张的有力工具。TCP/IP 协议在全球范围内推行，不断加深世界各国对域名系统（DNS）的依赖。DNS 分级授权管理架构中最顶层的“根域”由 13 台根服务器构成，其中 1 台主根服务器与 9 台辅根服务器位于美国，其余 3 台辅根服务器分别位于英国、瑞典和日本。2003 年伊拉克战争期间，互联网名称与数字地址分配机构（ICANN）经美国授意，停止为后缀为“IQ”的伊拉克网站提供域名解析服务，致使伊拉克在互联网世界短暂“灭国”[14]。美国及其盟国通过垄断信息技术确立信息霸权，构筑起赛博世界的“中心—边缘”体系。

2. 时间偏向的式微

英尼斯对古希腊雅典时期的口语传统推崇备至，认为基于口语媒介的传播达成了时空偏向的平衡，将雅典文化推向了高度繁荣的巅峰时期。[15]33 口语形态的知识转瞬即逝，迫使传播者将其内化于心，口语媒介的时间性正源于其在人类观念中树立这种“存留”的意识。由此可知，英尼斯对媒介时空偏向的划分标准不仅考察媒介自身的物质特性，而且将该媒介对人类认知方式与意识形态的影响也纳入考量，媒介的时间性实际指向媒介所承载和传播的信息存留于人类意识中的持久性与稳定性。

战争新闻传播媒介不断寻求信息传播时效性的提升。电子媒介减少了印刷媒介在印制、运输与发行上的时间损耗，互联网媒介的应用与普及进一步实现了信息的即时传通与实时共享。然而，传播时效性的提升是以牺牲传播效果的持久性为代价，基于电子媒介的战争新闻传播必须在时效性与长效性之间做出取舍。战争期间，以报纸为载体发表的解释性报道、战争评论有利于读者建立稳定全面的战争认知，传播效果尚具有一定的持久性；以电子媒介为载体的新闻信息转瞬即逝，只能通过循环重播在受众认知中构建稳定印象；基于网络媒介的信息传播速度进一步提升，带来新闻信息迭代周期的缩短与信息的速朽性加剧，媒介的时间偏向性逐渐式微。

面对现代通信技术所承载的瞬息万变的海量信息，构建一个稳定的历史看法对大众来说成为一种挑战乃至奢望。也正因此，鲍德里亚有“海湾战争不曾发生”这一知名论断：“时间与空间的混乱感和无序性，让人难以维系历史感，各种其他重要事件接连不断地快速出现意味着，这场战争似乎发生于很早以前。”[16]当大众的注意力迅速被“移焦”于发生在波斯尼亚、卢旺达和海地等地的冲突时，海湾战争的媒体影响便已不复存在。基于现代媒介的新闻舆论环境呈现出“去历史性”特征，“整个当代社会体系逐渐开始丧失保存它过去历史的能力，开始生活在一个永恒的现在和永恒的变化之中”[17]。媒介信息的高速流动与频繁更新将其受众涵化为“即逝公众”（peculiar public）[18]，他们在战争新闻充斥全球舆论视野之际迅速集结，基于片面的战争信息与舆论煽动下的激愤情绪展开拥战与反战的撕裂；继而随着新的媒介事件不断涌现而迅速消散，难以维系对战争的持续关注与深层讨论。

（二）感官偏向

1. 对媒介的感官体验从单一、割裂走向多元、统合

英尼斯关于印刷媒介普及导致视觉文化垄断、广播媒介兴起带来听觉文化复归的洞察，启发麦克卢汉将媒介视作“身体和感官的延伸”[7]104，并对媒介调动身体感官系统的方式予以关注和考察[8]。媒介技术的感官偏向决定了受众在接收信息时调动感官的方式和不同感官的卷入比率。部分媒介倾向“将不同感官割裂开来”，而另一些媒介“倾向于增强某几种感官之间的互通联

系”[19]。例如，以电视为代表的电子媒介统合视觉与听觉，可能推动人类文明重返部落化时代的感官平衡状态。网络媒介作为“一切媒介之媒介”，集纳书籍、广播、电视各类媒介的功能和特性，实现了人类的视觉、听觉乃至中枢神经系统的全面延伸。报道战争新闻的媒介所提供的感官体验日趋统合与平衡，媒介的信息感知模式逐渐趋近人类感知模式，战争的媒介化呈现对战争实况的还原程度也因此不断提升。

2. 从媒介现实到拟像战争

随着媒介内容所带来的感官体验日益逼真，基于对战地素材的选择性报道而构建的“媒介现实”成为受众认知和理解战争并发表评论的重要参考。掌握媒体资源优势的参战方通过报道视角的选取与报道内容的审查，营造有利于己方的舆论环境。伊拉克战争期间，以美国有线电视新闻网（CNN）为代表的美国媒体对战况进行了全景、全方位、全天候的电视直播，“全球百姓真真切切地‘看’着从航空母舰上沸腾冲天的、巴格达耀眼的炮火和燃烧的建筑物，亲耳‘听’到巴格达刺耳的防空警报声”[20]，电视战争画面带来的强烈视听觉冲击让受众相信，自己所观看的媒介图景即为战争实景。此种逼真性巧妙遮蔽了“媒介现实”对“客观现实”的阉割与扭曲，而“嵌入”战争前线的随军电视记者受到部队指挥官的限制，其报道内容也受到严格管控，人们信以为真的战争画面实则是经过审查与筛选的对美军有利的信息。[21]即使媒介呈现世界的真实程度有限，此种过滤与筛选事实真相的媒介操纵手段，终将使趋近客观性的专业主义追求成为一枕南柯玄谈。

随着互联网与社交媒体成为战争新闻的主要传播媒介，诉诸多元感官的媒介技术更加致力于创造直接的、去时空壁垒的媒介体验，赛博空间中的战争也日益呈现出“拟像化”特征——借由媒介构造的战争“拟像”先于真实而存在，高度拟真的媒介技术致使虚拟与真实界限模糊，“虚拟威慑着真实的超真实逻辑”成为社交媒体舆论战的常态，也成为“后真相”时代的生动注脚。

俄乌冲突期间，“深伪技术”（deepfake）与虚拟视频合成技术被广泛应用于以短视频为主要信息模态的媒介平台，共同筑造了一场发生于赛博空间的“拟像战争”。“深伪技术”是指基于人工智能将人体图像进行转译、改造与拼合的合成技术。[22] TikTok上曾出现一则关于泽连斯基投降的视频，在广泛流传后旋即被证明系用“深伪技术”合成的假视频。2022年初的“基辅幽灵”视频事件则是媒介形塑战争拟像的又一例证。在俄乌冲突爆发早期，“推特”（Twitter）等社交媒介上开始流传一段一位乌克兰飞行员驾驶米格-29击落多架俄军战机的影像，甚至获得了乌克兰前总统的“背书”。这位飞行员被称为“基辅幽灵”，成为乌克兰人民心中捍卫国家领空的“空中复仇者”。不久之后，乌克兰空军司令部在脸谱网（Facebook）上发布了辟谣信息，表明所谓“基辅幽灵”乃为乌克兰普通网民所虚构，而在社交媒体广为传播的“基辅幽灵”战斗画面更系网友使用“DCS World”飞行模拟游戏软件制作的虚拟视频。

技术赋权之下，真伪难辨的战况信息成为这场战争蒙太奇的证据，在直播间与热搜榜围观战争的网民未对信息真实性进行核实，便在社交媒介展开了关于主战或反战的激烈论争，推动着态度撕裂与情绪极化（affective polarization），加剧着“后真相”时代事实真相的悬置状态（the truth is stranded）[23]，而此间公众，一如高尔聪等学者所言，“成为不自觉的战争贩子，喂养着这场笼罩着我们的虚张声势”[24]。沸反盈天的声浪渐息之后，对真相的揭露和对谣言的驳斥似乎无力迫使人们真正步出茧房，直面新闻为假的事实。乌克兰空军发言人尤里·伊格纳特（Yuriy Ignat）在辟谣后依旧声称，“基辅幽灵”并非仅指个人，而是每一位守护乌克兰的飞行员。这一辩称，无疑是“后真相”特征的鲜明例证。

（三）关系偏向

1. 从以内容为中心转向以关系为中心

Web 2.0 时代的重要特征之一是媒介技术交互性的增强和受众主体性的回归，每一个用户皆为兼具传者与受者身份的信息网络中的节点，“以关系为导向的对话式传播”成为新媒介环境中的主要传播模式[25]，“关系”日益成为媒介研究的研究对象与理论视角。帕洛阿尔托学派（Palo Alto Group）围绕传播过程中的人际互动展开研究，将传播区分为“内容”和“关系”两个层面，传播的内容层面关注信息本身的意义，关系层面则涉及信息如何被表达或解读。[26]学者张成良等基于偏向概念的二象结构，在时空融合、感官平衡的融合媒介环境中提出“内容—关系”的偏向划分方式[27]，在此基础上考察新媒介的关系偏向以及关系传播的模式与特征。

随着社交媒体的广泛应用及其逐渐成为新闻信息传播的主要载体，现代新闻舆论战的信息传播形态已由内容偏向的大众传播逐渐转变为关系偏向的人际传播。2008 年巴以冲突期间，以色列国防军曾在 YouTube 平台开设“idfnadesk”频道，并开通发言人博客和“推特”账号，面向全球实时发布战况简报，打响了社交媒体舆论战的第一枪。[28]时至 2022 年，国际社交媒体平台成为俄乌冲突在赛博空间中的主战场，网络社会中的人际交往成为战争相关讯息流通扩散的主要渠道，以建立和维护人际关系为基础的关系传播成为社交媒体舆论战的重要传播形态[29]。偏向关系传播的社交媒体成为乌克兰广泛影响西方民意、赢取国际社会支持与援助的舆论工具，基于社交媒体的战时新闻舆论活动也由以内容为中心的宣传劝服转变为以关系为中心的媒介互动。

2. 传播模式从单向撒播到多向互动

传统舆论战、心理战以传单、报纸、广播、电视等大众传播媒介为战争工具，形成了由点及面、单向撒播的信息传播模式。信息传播者试图通过精心设计的媒介内容输出对己有利的价值观，以期改变受众的认知、态度和行为。例如，阿富汗战争期间，美军派出 EC-130 心理战飞机进行空中广播，并利用战斗机向阿富汗地区空投大量收音机。面向阿富汗军民的广播节目分为两套模式：第一套针对塔利班武装士兵，以“小心点，美军的炸弹将落在你的窗户上”为标志性口号；第二套是针对阿富汗普通国民的节目，鼓吹“美军到这里来是为了摧毁恐怖组织，不会影响到你们的生活”。[30]美军以此在塔利班内部制造恐慌情绪，煽动阿富汗民众反抗塔利班的情绪，以期涣散斗志、瓦解军心，达到“不战而屈人之兵”之效。单向撒播的传播模式能够确保信息高效、广泛地抵达受众，然而由于受众反馈渠道的缺乏，无法衡量说服效果；传者中心的线性传播结构则导致掌握信息传播技术的参战国高度垄断国际话语权，而弱势国家因对外传播声量本就赢如蚊蚋，加之信息基础设施被摧毁，被迫处于受者的被动地位，无法开展信息的双向传播。

互联网时代，基于关系建构的网络社会空间构成战时新闻传播的媒介环境。大众传播时代始于传者、终于受者的线性模式被颠覆，信息在网络用户独立表达、多向互动的传播网络中流动和扩散。1999 年的科索沃战争作为“因特网上的第一场战争”[31]成为网络媒介全面介入现代战争之滥觞，标志着战争新闻由单向撒播至多向互动的传播模式的变革。在南斯拉夫联盟共和国遭到以美国为首的北约国家的军事打击与舆论封锁后，其民众与“黑客”涌入互联网，以电子图像、电子公告栏和网络袭击作为战争的武器，揭露北约的侵略行径，袭击北约主要成员国政府及新闻机构的网站，通过每日发送数以万计的邮件造成北约网络通信阻塞。[32]科索沃战争期间，参战各方不再具备对互联网的绝对控制权，在传统媒介单向、线性的传受关系中居于主导地位的政府与新闻机构逐渐成为多向、网状的信息扩散渠道中的关键节点。在这场人人皆为信息传播者与战争参与者的“全民战争”中，互联网作为“弱者抗争呐喊的载体”[33]为战时新闻宣传创造了多向互动、广泛参与、赋权于民的舆论阵地。

（四）人的偏向

1. 人的偏向成为媒介技术演进的未来趋向

长期以来，媒介偏向论因强调媒介技术对人类感知的影响与对形塑文明形态的决定作用而被划入“技术决定论”的范畴，其局限性在于对人的主体性以及复杂社会历史因素的忽视。立足于对“技术决定论”的否思，媒介环境学派第三代学者保罗·莱文森主张将“人的因素”纳入研究视野，指出“人是积极驾驭媒介的主人，对媒介拥有空前的自主选择能力”[34]。在人类的理性选择下，媒介技术在“补偿性”演进历程中呈现出“人性化”趋势：媒介的使用功能以趋近人类感知模式、创造愉悦的感官体验为总的演进方向，媒介的外形设计同样以实现人的具身在场与泛在传播为主导趋势，便于移动、携带和个人使用的轻巧化趋势纵贯于电脑、手机等电子媒介的演化进程。媒介技术在不断消弭传播的时空壁垒、仿拟现实世界的感知体验与交往场景、构建平行于现实世界的数字化生存空间的同时，亦推动了新闻舆论战的数字化与智能化转型。[35]

传感器与智能终端的普及、大数据技术与人机交互技术的长足进展，实现了人与万物的数据化同构，人成为彼此独立且关联的节点化存在，既是兼具信息收集、处理与发送功能的媒介中心，亦作为媒介本身，深度嵌入由移动互联网与物联网共同构成的泛在网络（Ubiquitous Network）[36]。沉浸传播成为万物互联、人机合一的媒介环境中的主导传播方式，“沉浸传播以人为中心、以连接了所有媒介形态的人类大环境为媒介而实现的无时不在、无处不在、无所不能的传播”[36]，人类文明由此步入以泛在网络为技术基础、以沉浸传播为特征的“第三媒介时代”[37]。学者李沁提出，沉浸传播媒介以人为偏向，拟像与真身互构、虚拟与现实融合、技术与人体合一是泛在传播时代的人类生存形态。

2. 对人心的争夺成为未来舆论战的目标

英尼斯指出：“一种新媒介的长处，将导致一种新文明的产生。”[15]28媒介技术作为社会文化发展变迁的动因与塑造力量，为文明形态与特征的研究提供了分析视角乃至分析方法。在以空间偏向的媒介为主导的文明时期，国家诉诸战争以实现领土的拓展，经济、军事与技术力量是支持帝国走向鼎盛的“硬实力”。随着以人为偏向的媒介成为主导媒介，对人心的争夺成为大国博弈的重要目标，文化价值、政治制度、外交政策等“软实力”成为决胜的关键。在泛在文明时代的未来战争中，“心理空间”将成为继“陆、海、空、天、电”后开辟的第六维战争空间[38]。

通过诉诸情感的叙事方式、极具感染力和煽动性的媒介内容引发公众的情感共振，从而影响民意、争夺民心的“共情传播”，成为社交媒体舆论战中的有效策略。俄乌冲突爆发初期，乌克兰总统泽连斯基凭借诉诸情感的人格化叙事，向国际公众展示乌克兰不畏强权的弱国形象，在跨国的情感属性议程设置上收到显著效果。其视频讲话中“我需要的是弹药，而不是顺风车”（I need ammunition, not a ride）等简短而充满张力的“金句”得到大规模转发、点赞与评论，一度赢得大量西方社交媒体用户的关注与支持。战争新闻从未如此即时而强烈地唤起全球公众的情感共振——智能手机等移动信息接收设备深度嵌入受众生活，全天候直播与逼真影像带来身临其境的观看体验，受众基于社交媒体平台的沉浸传播与广泛参与，让战争新闻真正触达“生活在情感生活（或其作为人的生活）的环境中”[39]的每一位平民。

与此同时，俄乌双方阵营的社交机器人（social bot）在社交媒体平台的“正面交锋”催生了“人+社交机器人”共生[40]的社交媒体舆论战形态。社交机器人是社交媒体中受到算法操纵、参与公众讨论的自动化程序。[41]相关研究显示，俄乌冲突期间，双方利用“推特”平台上的社交机器人推动标签活动（hashtag campaign）进行舆论造势，通过打造意见领袖型机器人，高频发布立场鲜明的推文或引用无关内容遮蔽中心议题，以及大规模发布特定信息塑造有利于己方、不利于敌方的叙事，达到了维护本国形象、贬损敌国形象以赢取国际社会支持的目的。[42]社交机器人仿拟真人用户的语用习惯和人格属性，有组织、大规模地发布特定信息，并与人类用户互动，与人类用户共同作为社交网络的中心节点，成为现代战争中参战双方操纵舆论、影响民意的无形利器。

四、结　语

信息技术的高速发展与广泛应用在军事领域引致一场“新军事变革”，推动现代战争形态与作战方式发生颠覆性变化。新闻舆论战在现代战争中上升至主导战争局势的战略层面，新闻媒介亦构成现代军事行动体系中的重要组成部分。现代媒介技术构成了人们的生活方式和生存环境，甚至塑造了全新的感知模式、思维方式和关系形态，这是新军事变革背景下的现代新闻舆论战所需面对的技术现实。媒介环境学派的“媒介偏向论”为舆论战研究提供了全新的理论视角，以英尼斯的“时空偏向论”为缘起，后继学者进一步提出了感官偏向、关系偏向和泛在时代人的偏向等媒介偏向的分析维度。

建基于上述分析框架，本文试探索现代新闻舆论战特征与媒介技术特性的潜在关联。在“时空偏向”维度，应用于战争新闻传播的媒介技术呈现出空间偏向无限扩张、时间偏向日渐式微的发展趋势；在“感官偏向”维度，随着战争新闻媒介所提供的感官体验日益多元、统合，战争的媒介化呈现也由“媒介现实”过渡为“拟像战争”；在“关系偏向”维度，随着社交媒体日益成为新闻舆论战的主战场，战争新闻传播的重点亦由以内容为中心的宣传劝服转变为以关系为中心的媒介互动，互联网技术赋权则推动传播模式由单向撒播到多向互动的转变；“人的偏向”作为媒介技术演进的未来趋向，预示着对人心的争夺是未来战争中大国博弈的重要目标。如何运用智能算法与沉浸传播技术在“心理空间”制胜，是在展望新闻舆论战的未来形态与应对策略时值得思考的议题。

注 释

[1] 王保存:《世界新军事变革新论》，中国人民解放军出版社 2003 年版，第 22 页。

[2] 贺瑞龙、谢成学:《现代高技术战争与现代雷达》,《现代电子》2000 年第 2 期，第 1—8 页。

[3] 阿尔文·托夫勒、海迪·托夫勒:《未来的战争》，阿笛、马秀芳译，新华出版社 1996 年版，第 11 页。

[4] 蔡惠福、刘亚:《谈谈加强军事新闻宣传事业发展战略研究问题》,《南京政治学院学报》2002 年第 3 期，第 106—110 页。

[5] 何道宽:《媒介环境学辨析》,《国际新闻界》2007 年第 1 期，第 46—49 页。

[6] 哈罗德·伊尼斯:《帝国与传播》，何道宽译，中国人民大学出版社 2003 年版。

[7] 马歇尔·麦克卢汉:《理解媒介：论人的延伸》，何道宽译，商务印书馆 2000 年版。

[8] 李诗、胡翌霖:《从身体出发重思麦克卢汉“冷热媒介”》,《青年记者》2021 年第 23 期，第 48—50 页。

[9] 林文刚编:《媒介环境学：思想沿革与多维视野》，何道宽译，北京大学出版社 2007 年版。

[10] 尼尔·波斯曼:《技术垄断：文化向技术投降》，何道宽译，北京大学出版社 2007 年版，第 7 页。

[11] 吴致远:《有关技术中性论的三个问题》,《自然辩证法通讯》2013 年第 6 期，第 116—121 页。

[12] Innis, Harold Adams, *Essays in Canadian Economic History*, Toronto: University of Toronto Press, 1956, p. 236.

[13] 蔡静平、何亚萍:《无孔不入的舆论尖兵——美军广播舆论战及其技术装备概观》,《国防科技》2007 年第 12 期，第 59—64 页。

[14] 段海新:《伊拉克域名 IQ 被删背后的故事》,《中国教育网络》2014 年第 9 期，第 39—40 页。

[15] 哈罗德·伊尼斯:《传播的偏向》，何道宽译，中国人民大学出版社 2003 年版。

[16] Stevenson, Nick, *Understanding Media Cultures: Social Theory and Mass Communication*, *London*: *Sage*, 1995, p. 194.

[17] 胡亚敏:《詹姆逊的文化转向与批评实践》,《华中师范大学学报（人文社会科学版)》2003 年第 2 期，第 83—90 页。

[18] Dayan, Daniel, "The Peculiar Public of Television," *Media*, *Culture & Society*, Vol. 23, No. 6, 2001, pp. 763-765.

[19] 胡翌霖:《媒介史强纲领——媒介环境学的哲学解读》，商务印书馆 2019 年版，第 173 页。

[20] 胡正荣:《看！人类历史上首次电视直播的战争》, 2003 年 3 月 28 日，新浪网，https://tech.sina.com.cn/other/2003-09-29/1912240119.shtml，2022 年 10 月 14 日访问。

[21] 魏超:《从伊拉克战争电视直播看电视直播的得与失》，2003 年 8 月 4 日，搜狐网，http://media.news.sohu.com/09/82/news211788209.shtml，2022 年 10 月 14 日访问。

[22] 张铮、吴福仲:《拟身链接：基于深度伪造技术的人机互动及其社会善用可能》,《苏州大学学报（哲学社会科学版)》2022 年第 2 期，第 164—173 页。

[23] 史安斌、杨云康:《后真相时代政治传播的理论重建和路径重构》,《国际新闻界》2017 年第 9 期，第 54—70 页。

[24] 高尔聪、郭棲庆:《记忆 · 幻觉 · 拟像——〈与巴什尔跳华尔兹〉中“大屠杀”历史的后现代书写》,《当代外国文学》2019 年第 4 期，第 75—82 页。

[25] 陈先红:《论新媒介即关系》,《现代传播（中国传媒大学学报)》2006 年第 3 期，第 54—56 页。

[26] 莱斯莉 · 巴克斯特、唐 · 布雷思韦特:《人际传播：多元视角之下》，殷晓蓉、赵高辉、刘蒙之译，上海译文出版社 2010 年版，第 444 页。

[27] 张成良、于海飞:《融合媒介环境中的传播偏向与关系传播的演进》,《学习与实践》2019 年第 4 期，第 133—140 页。

[28] 金苗:《War 2.0：重大事件新闻发布与社会化媒体的“初体验”——铸铅行动 YouTube 以军频道实证研究》,《国际新闻界》2009 年第 10 期，第 96—102 页。

[29] 王怡红：《关系传播理论的逻辑解释——兼论人际交流研究的主要对象问题》，《新闻与传播研究》2006年第2期，第21—26页。

[30] 安韦：《你搞电台广播我邀记者采访 美和塔利班大打心理战》，2001年11月2日，搜狐网，http：//news.sohu.com/73/27/news147082773.shtml，2022年8月22日访问。

[31] 吴为：《科索沃战争中的网络战》，《上海航天》1999年第5期，第28页。

[32] 张俊勇、刘恩亮、康永升：《战争新空间：国际互联网——从科索沃战争看国际互联网对未来作战的影响》，《现代军事》1999年第10期，第28—30页。

[33] 展江：《当代局部战争与新闻传播类型》，《中国人民大学学报》2000年第2期，第107—111页。

[34] 保罗·莱文森：《数字麦克卢汉：信息化新千纪指南》，何道宽译，北京师范大学出版社2014年版，第17页。

[35] 方兴东、钟祥铭：《算法认知战：俄乌冲突下舆论战的新范式》，《传媒观察》2022年第4期，第5—15页。

[36] 李沁：《泛在时代的"传播的偏向"及其文明特征》，《国际新闻界》2015年第5期，第6—22页。

[37] 李沁、熊澄宇：《沉浸传播与"第三媒介时代"》，《新闻与传播研究》2013年第2期，第34—43页。

[38] 褚振江：《戴旭：倾听未来战争的叩门声》，2017年1月24日，新华网，http：//www.xinhuanet.com/mil/2017-01/24/c_129459850.htm，2022年10月14日访问。

[39] 拉斯韦尔：《世界大战中的宣传技巧》，张洁、田青译，中国人民大学出版社2003年版，第23页。

[40] 张洪忠、段泽宁、韩秀：《异类还是共生：社交媒体中的社交机器人研究路径探讨》，《新闻界》2019年第2期，第10—17页。

[41] 郑晨予、范红：《从社会传染到社会扩散：社交机器人的社会扩散传播机制研究》，《新闻界》2020年第3期，第51—62页。

[42] 赵蓓等：《标签、账号与叙事：社交机器人在俄乌冲突中的舆论干预研究》，《新闻与写作》2022年第9期，第89—99页。

传播理论与专题研究

博物馆传播学学科建设中的若干问题

——学术历程、研究现状及其学科定位

曹芳芳　祝　帅*

摘要：本文通过历史回溯研究方法，首先梳理了博物馆传播学建立的基础，其次通过实证研究方法阐明了博物馆传播研究的现状和需求，最后借鉴新闻传播学领域的相关理论，对博物馆传播学这门中国特色传播学分支学科的内涵及其框架进行了初步阐释。博物馆传播学学科是中国博物馆事业发展到一定阶段的诉求，应作为一门学科独立发展，它既在应用层面回应了业界讲好中国故事、用现代传媒手段传播中华文明的现实需求，也在学理层面体现了中国传播学主体性学科理论建设自律发展的内在理路，具有广阔的理论和应用前景。

关键词：博物馆学；传播学；博物馆传播；史志传播；学科建设

1905年，张謇自费创建了中国第一座现代博物馆——南通博物苑，开创了中国现代博物馆事业的新纪元。张謇创办博物苑最主要的目的之一便是弥补学校教育的不足，将博物苑作为学校教

---

* 曹芳芳，系北京大学新闻与传播学院博雅博士后；祝帅，系北京大学新闻与传播学院研究员、博士生导师。

育的扩展延伸，使之变成传播科学和普及知识的场所。辛亥革命后，博物馆逐渐被纳入国家社会教育体系，并延续至今。自党的十八大以来，习近平总书记多次强调博物馆事业及文物的重要性，并指出："要加强文物保护利用和文化遗产保护传承，提高文物研究阐释和展示传播水平，让文物真正活起来，成为加强社会主义精神文明建设的深厚滋养，成为扩大中华文化国际影响力的重要名片。"[1]新时代、新环境要求各类博物馆突出其传播功能，为实现中华民族伟大复兴和中国梦助力，而这一伟大实践的可持续发展，也离不开理论研究的指导与学科建设的自觉。本文将从中国博物馆史与现实关联入手，在此基础上对作为一门学科的博物馆传播学的构建进行定位与思考。

一、从中国博物馆学发展史看博物馆传播学建立的基础

虽然早在19世纪下半叶的洋务运动、维新运动中，有识之士就不断提倡引进西方类型的现代博物馆，作为“开民智”的重要措施，但是由于办博物馆被视为“新政”之一，遭到清政府的反对，因此也就没有得到重视。1912年辛亥革命胜利，新建立的中华民国为了展示新气象、新面貌，宣扬革命成果，一改清政府对博物馆的抵制做法，开始注重博物馆及其社会教育问题。其一，中华民国明确颁布了建立博物馆的指令，这一时期不仅新成立了较多的博物馆，而且多数向公众开放。其二，中华民国将博物馆归属于社会教育司管辖，即表明博物馆是政府管辖的社会教育机关[2]，服务社会教育成为这一时期博物馆开办的主要目的。其三，中国博物馆和博物馆教育事业在20世纪30年代迅猛发展。

根据中国博物馆协会1936年编印的《中国博物馆一览》统计，从1928年至1936年，全国从各类博物馆17座发展到博物馆77座、美术馆56座、古物保存所98座，而且成立了中国首个博物馆专业学术团体——中国博物馆协会。为了保证博物馆的文化传播和教育目的，民国时期的博物馆已形成讲解服务为主的博物馆教育手段[3]。其四，民国时期博物馆学专业教育登上历史舞台。1941年国立社会教育学院成立图书博物馆学系，1943年开始兴办博物馆学教育[4]。1947年，北京大学在校长胡适的主持下，也开设了博物馆学专修科[5]。

1949年中华人民共和国成立后至1957年第一个五年计划顺利实现，全国博物馆数量恢复到1936年的水平，除了少数边远省份外，各省基本都建立了地方性博物馆。与此同时，博物馆的教育功能也得到相应的重视，并开始突出博物馆的政治使命[6]。1956年，全国第一次博物馆工作会议明确提出博物馆的基本性质之一是“文化教育机关”。1966年“文化大革命”开始，中国博物馆蓬勃的发展势头遭到沉重打击，博物馆的开放和教育工作基本陷入停滞状态。同时，博物馆学专业教育也一度遇冷。1951年2月，教育部召开专家座谈会讨论在高校设置博物馆学系，以便培养新的博物馆学专业人才问题。西南师范学院和南开大学虽有过相应的办学实践，但很快便偃旗息鼓。而北京大学博物馆学专业虽然从1947年设置以来未曾中断，但是随着1952年院系调整后与历史系考古组合并成立考古专业，博物馆学专业教育成为北大考古专业的附属，没有了独立的地位。

“文化大革命”结束之后，中国博物馆事业迅速恢复。1979年，国家文物局颁布了《省、市、自治区博物馆工作条例》，条例中再次强调博物馆是“文物和标本的主要收藏机构、宣传教育机构和科学研究机构，是我国社会主义科学文化事业的重要组成部分”，并指出“群众工作”是一项重要的工作条例，要开展陈列展览的讲解服务、举办讲座、配合教学编写宣传材料、组织流动展览、恢复和建立“博物馆之友”等宣传教育工作。[7] 博物馆教育的使命从狭隘的政治功能中解放了出来[8]，在回归原有文化教育使命的基础上开始强调博物馆的社会教育和爱国教育使命。之后，博物馆的展览和宣教工作大体按照这一要求和思路展开。但总体来讲，至 20 世纪末中国博物馆的工作重心依然是文物的收藏和研究，尚未将展示教育和开放服务放在博物馆工作的中心位置。在专业人才培养方面，1980 年教育部批准南开大学设立博物馆学专业。这是“文化大革命”后高等学校最早设立的培养博物馆专门人才的专业，之后上海大学、杭州大学、复旦大学、河南大学、吉林大学、北京大学等也先后开设了博物馆学专业。其中，北京大学于 1988 年正式开设独立的博物馆学专业方向。1993 年，国内高校第一所考古专业博物馆——北京大学赛克勒考古与艺术博物馆建成开幕，开了高校博物馆建立与研究的先河，也促进了新的博物馆分支学科（高校博物馆）的诞生。1998 年，北京大学在考古学系基础上建立北京大学考古文博院（又名中国文物博物馆学院，2002 年正式定名北京大学考古文博学院），“博物馆”的字样首次出现在北京大学院系名称中。截至 2020 年，在我国高等教育院校中，约 130 所高校在本科或研究生培养阶段设立了文博相关专业或培养方向，其中超过 60%是在 2000 年后设立的[9]。

进入 21 世纪，博物馆作为建设社会主义先进文化和精神文明的有效途径和中坚力量，得到党和国家的高度重视，由此博物馆界开始重视博物馆的宣传展示和社会服务工作，博物馆与社会、人民群众的联系越来越密切。2008 年初，多部门联合印发了《关于全国博物馆、纪念馆免费开放的通知》。同年，第十一届全国人民代表大会第一次会议审议通过的《政府工作报告》也提出："具有公益性质的博物馆、纪念馆和全国爱国主义教育示范基地，今明两年实现全部向社会免费开放。""免费开放"是中国博物馆事业发展的新纪元，人民群众得以零成本参与博物馆展览和活动，极大地促进了博物馆展览展示和宣教活动的发展与创新。这些举措都促进了中国博物馆事业的高速发展，使得 21 世纪的博物馆发展欣欣向荣，呈现多元化的格局，为我国的现代化建设、文化建设以及丰富人们的生活做出了重要的贡献，中国博物馆也迎来繁荣发展时期。至 2021 年，中国备案博物馆总数达 6183 家，举办展览 3.6 万个，开展教育活动 32.3 万场。虽然受新冠肺炎疫情影响，2021 年全国博物馆仍接待观众 7.79 亿人次，策划推出 3000 余个线上展览、1 万余场线上教育活动，网络总浏览量超过 41 亿人次。[10]在这一阶段，中国博物馆工作的重心开始从内部的文物转移到以观众为中心，力争实现"人"与"物"之间有效、开放、持续的互动。这就需要加强博物馆的传播功能以及博物馆传播学方面深入的探索与研究，从而实现博物馆在新时代背景下的使命。

综上所述，从博物馆学的发展历程来看，中国博物馆事业越来越重视展览展示、宣传教育、公众服务、文创开发等社会功能。由于这些社会功能服务的对象是广大人民群众，因此如何使人民群众更有效地感知与获得博物馆的各类文化信息与内容，并形成与博物馆之间的双向互动，是实现博物馆使命的重中之重。因而，博物馆这些社会功能便也转化为传播活动，它们的蓬勃发展和以观众为中心的导向为博物馆传播研究奠定了坚实基础。

二、博物馆传播学研究的现状与需求

随着中国博物馆繁荣期的到来，博物馆传播研究开始悄然而兴。最早的相关研究文章出现于20世纪80年代。1987年董小军的《博物馆传播学浅议》一文，概述了博物馆传播的作用、程序准备、途径、与大众媒介的关系以及传播的控制与反馈。囿于当时整个博物馆学状况，这篇文章谈及的博物馆传播学仍然主要限于陈列展览和讲解宣教等博物馆工作，所提倡的传播渠道主要是传统媒体和媒介。直至博物馆实行大规模免费开放之前，这一研究主题始终处于不温不火的状态，有关博物馆传播研究的文章内容大体都超不出这一框架。博物馆免费开放的实施，对博物馆各方面的核心业务都提出了严峻的考验，但同时也为我国博物馆事业快速发展提供了重要契机，尤其是涉及博物馆传播方面的策展规模与水平、博物馆公众服务、博物馆宣教活动、文创开发等研究也开始有所起色并快速发展，尤其是近五年来，发表的相关研究文章屡创新高（见图1）。

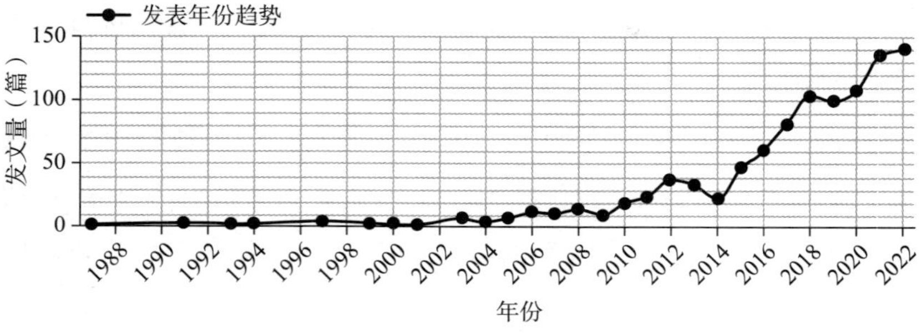

图1　中国知网“博物馆传播”研究文章发表年度趋势图

21世纪的博物馆传播研究，开始较多地将新闻传播学领域的概念、理论和方法引入博物馆陈列展览、宣教活动、文创开发、数字化建设、虚拟展览、成果出版等相关传播工作与研究。因此，研究主题涉及博物馆文化传播、信息传播、展示传播、展览策划、文创开发，以及传播主体、传播策略、传播模式与方式、传播路径、传播效果，同时强调新媒体、社交媒体、融媒体、移动互联网媒体等传播媒介的运用和研究（见图 2）。尤其是近十年来，博物馆传播研究不仅日益成为博物馆界的核心议题，同时也成为新闻传播学领域研究的热点之一。但是需要指出的是，目前大部分博物馆传播研究的层次还不高，较多的研究为应用和开发研究（见图 3）。这意味着这些研究还停留在自发的发展阶段，需要进行及时的历史梳理与理论反思，尤其是传播学、博物馆学自觉的跨学科研究方面的学术研究还有待深入建构。

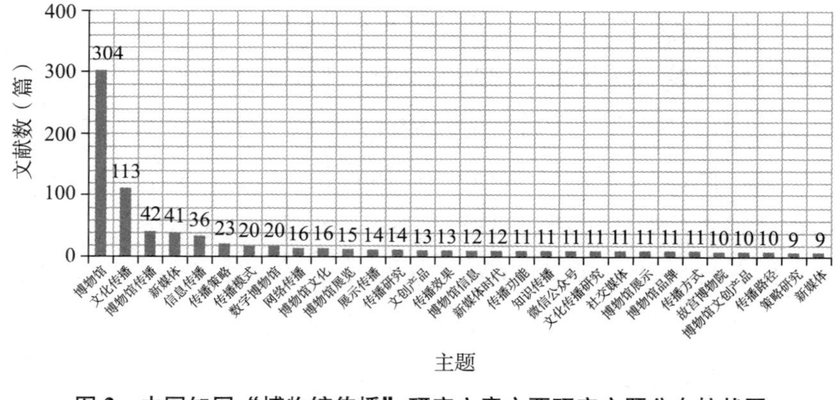

图 2　中国知网“博物馆传播”研究文章主要研究主题分布柱状图

“十三五”期间，我国博物馆事业如期实现了平均每 25 万人拥有一座博物馆的发展目标，并基本完成既定的主要任务、重大项目和定量指标[11]。在取得巨大成就的同时，2021 年，九部门联合印发了《关于推进博物馆改革发展的指导意见》（文物博发〔2021〕16 号）（以下简称《意见》）。《意见》要求：“加强考古成果和历史研究成果的转化与传播，为坚定文化自信、传承中华

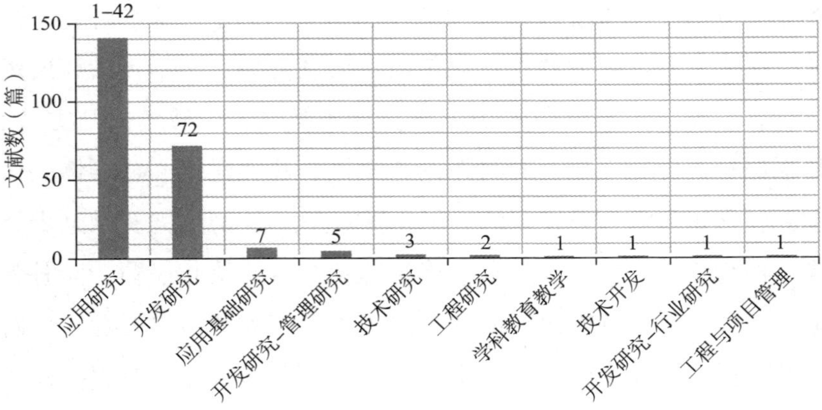

图 3　中国知网“博物馆传播”研究文章研究层次分布柱状图

文明、推动中国特色社会主义文化繁荣发展、满足人民美好生活需要、建设社会主义文化强国、实现‘两个一百年’奋斗目标和中华民族伟大复兴中国梦做出积极贡献。”很明显，《意见》赋予了博物馆发展的新使命，即坚定文化自信、传承中华文明、助力实现中国梦。那么，博物馆的新使命必然要求其努力做好文化与文明的传播，充当优质的媒介和广告推手。如此，则需要引入新的传播理念，创新传播的路径与方法，实现传播的最优化。

国家战略和学科发展要求博物馆学与传播学密切交融，事实上，当代考古学、博物馆学也正与传播学空前密切地在现实中发生着互动与结合。

在影视传播方面，各类媒体上越来越多地涌现出一系列与考古文博相结合的媒介传播案例。三星堆青铜面具上春晚，开创了“考古+文物+创意”模式的崭新节目类型。《国家宝藏》《中国国宝大会》《中国考古大会》等电视综艺节目纷纷登场，《千里江山图》、敦煌壁画等珍贵文物频频亮相于各种综艺节目，文物、考古现场等成为影视和纪录片关注的热点。新媒体平台上，各种文博类短视频、推送、直播活动、虚拟展览也如火如荼，积极拓展中华文明的传播渠道。这些新兴传播现象都引发了大众对于考古学、文物和博物馆空前的兴趣和关注。

在文创产业方面，从传统的大众媒体到新媒体，越来越多地将重大考古发现或博物馆镇馆之宝作为品牌“IP”，扩大传播影响力。一是各大博物馆拥有力推的形象和文创品牌。如故宫博物院的《故宫日历》、“朕知道了”胶带，三星堆遗址博物馆的“祈福神官”主题盲盒，苏州博物馆的“文徵明手植紫藤种子”。二是文创产品形式活泼。如各类形式的考古和文物盲盒持续引发热潮，甘肃省博物馆的“马踏飞燕”玩偶成功“出圈”，敦煌博物院的“敦煌诗巾”幻化为一款火爆的、可互动的设计游戏。这些经典的博物馆文创以人民群众喜闻乐见的形式让古典文化和传统文明得到了广泛的现代传播。文化创意产业已成为中华文明、中国元素国际传播的新平台、新载体。

在艺术设计方面，越来越多代表中华文明的中国元素符号被应用于国家形象传播和设计领域。如 2008 年北京奥运会会徽“中国印”和奖牌“金镶玉”、2022 年北京冬奥会奖牌“同心”等的设计灵感都源自中国传统的玉石文化。2022 年杭州亚运会的吉祥物“琮琮”的原型也源自良渚文化的玉琮。无独有偶，广告学界也提出了通过“中国元素”建树中国广告主体性的需求。

在专业教育方面，博物馆传播的相关内容也为传播学所重视。在新闻与传播专业学位教育中，博物馆传播活动是近年的热点之一。2019 年起，在本科专业招生目录中出现了设计学、博物馆学与新闻传播学交叉的专业“99J001T 会展”。尤其是，党的二十大报告中进一步强调要扩大中华文明的影响力，预计今后传播学的专业教育中将会涌现更多的关于中华文明传播的教学和探索。

在学术研究方面，中国印刷博物馆、中国电影博物馆、国家典籍博物馆、中国传媒博物馆、中国广告博物馆等新闻传播类的博物馆相继设立。2019 年，中国新闻史学会成立博物馆与史志传播专业委员会，宣告了“博物馆与史志传播学”在中国新闻传播学界的正式建立。该专业委员会成立四年来，为新闻传播学领域延伸出博物馆传播、史志传播等研究视角。博物馆与史志传播学作为传播学的一门下级学科也逐渐开始探索自己的研究对象、研究问题与研究方法。

综上所述，在现阶段，无论是从社会的现实需求还是就学界的内在理论而言，博物馆传播学都可谓呼之欲出。

三、博物馆传播学研究的学科定位

传播是人类通过各种有意义的符号和媒介进行信息沟通、交流活动的总称，也是一个沟通或分享的过程。传播学则是通过汇集各种观点和方法论来研究所有传播活动的学科。传播学成为一门独立的科学是在 20 世纪 30 年代、40 年代，作为跨学科研究的产物诞生于美国。之后，麦克卢汉的媒介理论学说为传播学的研究开拓了从媒介技术角度出发观察人类社会发展的角度，并且突出了媒介技术在社会历史中的巨大作用。[12]

麦克卢汉的媒介理论同样也适用于博物馆，博物馆本身就是一个传播文化的优质媒介。可以说，作为媒介，21 世纪的中国博物馆传达和传播文化与信息的能力与日俱增。综合国内外对于博物馆功能的定义和描述，“征集、保存、保护、研究、展示等应该是博物馆功能中最基本和最被广泛认可的”[13]。虽然联合国教科文组织和国际博物馆协会均将“传播”纳入博物馆功能构成的要素，但是这一要素仍未被中、美、英等国的博物馆法规条例或组织认可。这种状况与中国博物馆传播实务的蓬勃发展与时代使命严重不符，因此“博物馆传播学”的提出就势在必行。

基于上文对传播的定义，博物馆的一切开放、展示、宣传、教育、文创开发与营销、出版等活动都可以称为传播活动。顾名思义，博物馆传播学则是研究上述博物馆所有传播活动的学科。虽然博物馆的公众开放、陈列展览、宣传教育等活动自中国现代博物馆诞生以来即已存在，但是在21世纪之前这些并非其主要使命和工作重心。因此，博物馆传播学是博物馆事业发展到一定阶段的产物。目前虽然已有较多博物馆传播方面的研究，但大多研究仅以博物馆某种传播活动为研究对象，缺乏整体研究框架和系统性。传播是博物馆事业生态链的重要构成部分，也是博物馆最主要的功能、目的和使命之一。博物馆传播学的提出可以为今后的博物馆传播事业提供一个整体的清晰认知。

“开放包容的博物馆”“智慧通达的博物馆”“共享共建的博物馆”等未来博物馆发展导向理念[14]，无一例外地要求博物馆能更好地起到沟通和链接的作用。因此，博物馆传播学研究也要借鉴和引进传播学的相关理论与前沿，从被动的关注发展到自觉的理论体系和研究框架的建设。首先，传播学的研究链条可指导博物馆传播学研究链条的建设与完善。传播学研究存在清晰的传播链条，包括传播者、材料和内容（信息）、媒介、受众、反馈和效果等各个环节，它们之间相互联系，相互作用。因此，博物馆传播学的传播链条也大体如此，包括传播者、文物与文化信息、各种博物馆传播媒介、观众、观众反馈与传播效果研究等内容。对传播链条的梳理使博物馆传播活动整合成一个有组织、有系统的整体。其次，传播学领域在21世纪新提出的“新媒介赋权”

理论可为博物馆传播学链条中各环节的实施提供镜鉴和启发。“新媒介赋权”理论指出，新媒介技术是实现赋权的源泉，赋予了个体、群体、组织获取信息、表达思想的可能，从而促使他们采取行动。同时，新媒介赋权也是实现公共传播的基石。[15]因此，博物馆传播活动的开展不仅要拥抱新媒体，而且要重新考虑传播活动主体的权力与责任，群体的情感、趣缘与价值观，以及之后的表达与行动，促进传播活动的良性互动。最后，广告领域高度重视创意及其传播，尤其是创意传播管理理论（Creative Communication Management，CCM）可对博物馆传播学的链条进行有效管理。创意传播管理的架构是在对数字生活空间的信息和内容进行管理的基础上，形成传播管理策略，依托沟通元，通过多种形式，利用有效的传播资源触发、激活生活者参与分享、交流和再创造，并通过精准传播，促成生活者转化为消费者，进行延续的再传播，且在这个过程中，共同不断创造和积累有关产品和品牌的有影响力的积极的内容，形成品牌效应。[16]创意传播管理的提出面对的是由互联网、新媒体、云计算等新技术引起的日新月异的社会与生活空间的变化，因此它不仅对企业的产品营销具有很强的实践指导意义，同样也适用于博物馆传播活动的开展和管理。

基于以上对传播学领域理论与前沿实践的借鉴，可以归纳总结出博物馆传播学的研究框架。中国的博物馆传播学是由国家倡导、博物馆转型、技术发展所带来的传播范式变革，引发不同学科的众多研究者从博物馆学、考古学、传播学、新闻学、广告学、设计学、艺术学、教育学、心理学、语言学、法学等多学科和人工智能、大数据、元宇宙以及“AR”“VR”“NFT”“Web 3.0”等新技术中汲取理论与方法，以展览策划、展示设计、宣传教育、文创开发、考古与文物综艺、观众调查、数字化展览与展示、文物版权资源的开发与利用以及相关法律法规与政策等研究议题为重心，逐渐构建起以促进博物馆创意传播、讲好中国故事为目标的研究框架。

目前博物馆传播学的学科建制严重滞后于业界前沿实务。中国博物馆学学科命途多舛。直到 2011 年学科调整后，独立的“博物馆学”才成为“考古学”一级学科下的二级学科。2022 年最新颁布的《研究生教育学科专业目录》中，在“历史学”门类下新增了与其他一级学科并列的“博物馆”专业学位。虽然这是中国文物和博物馆事业发展到新阶段的标志，但是该专业仍无法授予博士学位。我们期待“博物馆学”最终成为与“考古学”并列的、可授予博士学位的一级学科，那么将“博物馆传播学”增设为其下辖研究方向将会在极大程度上充实此专业学位的内涵。与此同时，在现有的新闻与传播专业学位招生和培养环节增列“博物馆传播”的研究方向，也将为传播学人才培养打开新的天地。博物馆传播学的提出是中国博物馆和传播事业发展到新阶段的标志，体现了中国博物馆学、传播学研究的主体性发展和探索之路，也将对推动世界博物馆学和传播学的发展与变革做出中国贡献。

四、结　语

从1905 年至今，中国现代博物馆独立发展的进程已有百年之余，博物馆是揭示和阐释中国文明、中国文化、中国特色社会主义的重要阵地与重要载体。在中华文明现代传播、对外传播的过程中，博物馆将扮演越来越重要的角色，增强传播力也将成为博物馆现代化建设的必经之途。经梳理，中国博物馆的发展已经为博物馆传播学的建立奠定了较为坚实的基础，而且博物馆的新使命、博物馆学与传播学正空前密切地发生着互动与结合的现状，也遇到前所未有的传播诉求。但是，目前博物馆与传播的关系还缺乏理论指导，博物馆传播大多停留在应用、实务领域的自发探索层面，还缺乏自觉的理论建构与学科建设。与此同时，关于博物馆传播的研究也大多来自博物馆学或传播学单一视角，缺乏跨学科的交融互渗。这些都呼吁具有交叉学科性质的博物馆传播学的提出，以及这一学科清晰的研究框架与理论指导。现阶段，在跨学科研究视角的基础上加强博物馆传播学理论和研究框架建设，是将中国文明、中国文化与中国特色社会主义更好地传播给当代大众和国际社会，唤起民众的民族自信和文化自信的应有之义，也是博物馆学、传播学两门学科回应现实需求、服务国家战略的当务之急。

注　释

[1] 新华社：《习近平主持召开中央全面深化改革委员会第二十二次会议强调：加快科技体制改革攻坚建设全国统一电力市场体系 建立中小学校党组织领导的校长负责制》，2021 年 11 月 24 日，中华人民共和国中央人民政府网，http：//www. gov. cn/xinwen/2021-11/24/content_ 5653171. htm，2022 年 6 月 5 日访问。

[2] 李心雨：《中国近代博物馆学研究——博物馆的性质、定义与功能》，天津师范大学硕士学位论文，2020 年 3 月。

[3] 胡铖：《民国时期博物馆社会教育研究》，江西科技师范大学硕士学位论文，2019 年 6 月。

[4] 夏桐郁：《我国文博专业干部的培养》，《中国博物馆》1989 年第 1 期，第 12 页。

[5]《北大文学院增设两专科》,《中华图书馆协会会报》1948 年第 3—4 期，第 17 页。

[6] 徐玲:《中国博物馆学学科发展的回顾与反思》,《东南文化》2014 年第 5 期，第 103 页。

[7]《省、市、自治区博物馆工作条例》,《江西历史文物》1980 年第 1 期，第 2—4 页。

[8] 郑奕:《博物馆教育活动研究——观众参观博物馆前、中、后三阶段教育活动的规划与实施》，复旦大学博士学位论文，2012 年 4 月。

[9] 张昱:《我国高校文博教育现状及发展对策分析》,《东南文化》2020 年第 3 期，第 38—43 页。

[10] 文宣:《2022 年 5 · 18 国际博物馆日中国主会场活动在湖北武汉开幕》, 2022 年 5 月 18 日，国家文物局网站，http://www.ncha.gov.cn/art/2022/5/18/art_722_174346.html，2022 年 6 月 6 日访问。

[11] 魏峻、钱滢樱:《构建高质量可持续发展的中国博物馆事业——2021 年度中国博物馆发展综述》，2022 年 1 月 28 日，国家文物局网站，http://www.ncha.gov.cn/art/2022/1/28/art_722_172872.html，2022 年 6 月 6 日访问。

[12] 威尔伯 · 施拉姆、威廉 · 波特:《传播学概论（第二版）》，何道宽译，中国人民大学出版社 2010 年版。

[13] 魏峻:《关于博物馆定义和未来发展的若干思考》,《中国博物馆》2018 年第 4 期，第 5 页。

[14] 魏峻:《中国博物馆的发展新导向》,《东南文化》2019 年第 2 期，第 107—112 页。

[15] 师曾志:《新媒介赋权视阈下的国家与社会关系》,《北大新闻与传播评论（第八辑）》，北京大学出版社 2013 年版。

[16] 陈刚等:《创意传播管理——数字时代的营销革命》，机械工业出版社 2012 年版。

缘何修改叙事身份：新冠疫情下大学生群体的结构性焦虑研究

——基于对典型个案的参与式观察

朱政德　牛　静*

摘要：新冠疫情暴发以来，大学生群体的焦虑尤其明显。为了在压力情境下恢复意义感，流动性受阻的大学生频繁遁入虚拟社区，借意义制造来修改叙事身份。本文对典型个案“98five 引进计划”展开四个月的参与式观察后发现，大学生的“疫情焦虑”杂糅了疾病焦虑、结构性焦虑，后者的影响更显著：它缘于信任、效率、尊严被现代瘟疫嵌含的结构暴力威胁，诸多大学生因此把叙事身份从准精英修改为“five”这一犬儒型身份符号。疗愈结构性焦虑须用结构正义消弭结构暴力。

关键词：新冠疫情；大学生；叙事身份；结构暴力；结构性焦虑

2020 年 5 月 10 日，豆瓣用户“已注销”在新建小组内输入了以下文字：“春招碰上疫情，找不到其他 offer，估计要去教培

---

*　朱政德，系北京大学新闻与传播学院博士研究生；牛静，系华中科技大学新闻与信息传播学院教授。本文系国家社科基金后期资助项目“多元视角下社交媒体中的自我表露与意见表达研究”（项目批准号：19FXWB008）的研究成果。

了，跟男朋友毕业季分手。想想毕业前的大学生活，一场梦和一团糟。”

117天后，这个名为“98five引进计划”，以“失学失业者的新校园，分享失败故事，讨论如何脱困”为主题的小组成员突破了10万人，组员身份已不限于“985”“211”高校学生，普通院校学生也多有加入。他们借自叙帖互诉经历，令“我是five”成为流行全网的模因。此时距新冠肺炎疫情暴发近一年，2020年全国GDP损失29 726亿元，就业岗位锐减2322万个[1]，大学应届毕业生总量高达874万人，待业者占75.0%[2]。迫于就业压力，考研者人数增长10.6%，总计377万[3]。如此背景下，横断面调查普遍显示，大学生受情绪疾痛侵扰，缺乏物质、精神依托和求助策略，对学业、生计尤感焦虑[4-6]，他们的境遇见诸“98five引进计划”内众多疫情主题自叙帖。

大学生何以焦虑？现有调查似已给出答案：病毒和次生危机。但如罗洛·梅（Rollo May）所言：焦虑是个体在某些价值受威胁时浮现的疑惧，个体视这些价值为人格之本。恐惧会随个体逃离恐惧物而消退，但焦虑对人格之本的攻击使个体无法避走其外或将其客体化。[7]显然，病毒和次生危机只是大学生焦虑的必要不充分条件，唯有当它们作为环境信号被感知，进而被估测为威胁价值体系时，焦虑方能发生。该过程中有生物性，但更多地呈现了社会性，它触动人格之本，使个体产生自我瓦解感，借意义制造（meaning-making）将压力体验纳入“自我”概念，形成被修改的身份（revised identity）[8]。“98five引进计划”十万余组员的自称“five”正是被修改的身份，如组内自造词表所言：“five”是表示某类人的可数名词，他们经过“fiverize”的过程变成了“five”。

“five”作为身份符号含两个所指：第一个近乎汉语词“废物”，其特质对应组内自造形容词“fiverable”，即无存在感、非良性、不讨喜；第二个表面是指启动“985 工程”精英教育的1998 年 5 月，实则是指高等教育向大学生承诺的准精英身份。“five”将“无存在感、非良性、不讨喜”和“准精英”矛盾地拼贴在一起，展现出大学生无法认同准精英身份后，不知认同何类身份的焦虑。通过疫情主题自叙帖检视“five”的建构过程，或难尽述以上焦虑的成因，却能有针对性地从疫情这一关键背景中窥斑见豹。身份建构的历时性使之难以被横断面调查测量，若要探究疫情以焦虑为中介催生“five”的机理，须回归身份本身。叙事心理学认为，“身份”是涉及自我理解的特殊品质和组织自我的方法，它呈现为内化自传，像叙事一样记录意向变迁，可被同义替换为“叙事身份”(narrative identity)[9]。“人用讲故事造意义。我无法理解你是谁，你的生命意味着什么，除非我获悉你正在将生命演绎为历时情节的故事……故事赋予我们身份。”[10]14因此，疫情主题自叙帖不是符号的堆砌，而是大学生叙事身份的同构。细读自叙帖，利于我们和大学生自称“five”的焦虑共情，进而解答以下问题：(1) 疫情威胁了大学生的什么价值？(2) 这些价值如何被疫情修改？

一、叙事身份与新冠疫情下的结构性焦虑

叙事身份重建了自传式过往并感知当下、想象未来，使生命获得统一性、目的和意义，它以故事形态在自叙、共叙过程中与他人互相言说，使众多自我与众多故事造就彼此。[11]大学生普遍处于 18—25 岁的成年初显期，面临着从青年向成年过渡的含混

态，最大特征是充满波折地独立探索身份、大幅删改童年信仰[12]。所以，尽管大学生的叙事身份在青年后期显露出因果与主题连贯性，但仍善变。该特征在日常生活里已较显著，遇到灾难时会被放大并加速叙事身份修改，因为个体倾向将极端经历作为析出意义、组编生命故事的要素[13]。当灾难诱发强烈焦虑并扰乱生命故事时，个体将产生罪感、抑郁或丧失身份，甚至让自我在瞬间改变[14]，由此催生前文所言的“被修改的身份”。这正是“98five 引进计划”内多数疫情主题自叙帖所呈现的状态。

无疑，新冠疫情是诱发个体焦虑、引致身份修改的灾难，但它比地震、飓风等其他灾难特殊。医学人类学家保罗·法默（Paul Farmer）将疾病、不平等合称现代瘟疫构件，因为“疫情面前人人平等”的朴素正义极难成立——不平等比病毒更能决定人的易感与否。[15]223 所以，法默将现代瘟疫的内核称作“结构暴力”：妨害多数公民达到应得需求层次和社会位置的社会安排。它表征为资源、规则在不同社会位置的不公平分配，以及符号后盾支持的压制性社会机器。它嵌入社会结构，被规律性习俗与实践正当化，造成以单一路径攻击免疫系统的疾病被无关病理学的社会力量决定其感染效果。[16]

法默未涉足心理领域，但医学人类学已将结构暴力理论引入情绪研究，揭示出弥散社会的结构暴力对焦虑的不均衡分布、扩散难辞其咎[17]。反观新冠疫情下的大学生，不难发现，他们的“疫情焦虑”杂糅了疾病焦虑、结构性焦虑，二者统一又相对独立。疾病焦虑仅在生命价值受威胁时显现，结构性焦虑则出自结构暴力威胁生命价值外的关键价值。当结构暴力驱动疫情破坏日常生活时，个体从环境信号里感知结构暴力，估测其可能被结构暴力抛向的社会位置。个体在该位置上虽不致死，但会丧失曾经珍视的关键价值，这使个体疑惧。结构性焦虑无固定生成路线，它随疾病焦虑嵌入结构暴力，然后嵌入疫情下的社会结构；它被人们间接促成，却被惯习归咎于个体，法默称该现象为结构出错却看似无人得咎[18]。现有研究过于关注疫情焦虑中易被观察的疾病焦虑，忽视了看似无人得咎的结构性焦虑。事实上，疾病焦虑在疫情暴发期占据前台；结构性焦虑却随驱动疫情的结构暴力加剧，暴发期之后就跃居为疫情焦虑的主要形式。本文试图裨补现有研究缺陷，还原结构性焦虑在大学生的疫情焦虑中的真实地位。结构性焦虑难以被测量，须细读焦虑者的叙事身份才能理解，细读的重点是指向“被修改的身份”成因的自叙转折点：它反映了结构以环境要求的形式向个体施压，令个体接受新的角色的社会化过程。个体在转折点后重叙的身份呈现了个体在身份危机中顺随压力以求生存的意向。此番转折貌似心理活动，实为个体与环境做交易[19]，它始终被结构暴力影响，因为结构暴力既在人体留痕，亦在精神中落迹[20]。综上，细读“98five 引进计划”内疫情主题自叙帖建构的叙事身份，利于围绕大学生在疫情这一自叙转折点前后的身份变迁来理解其结构性焦虑，使“five”从被修改的身份变成诊断结构暴力的样本，为疗愈青年心态提供线索。

二、研究方法

叙事身份既连贯又善变，于实有据但被传奇性重释，且在我—他对话中互构，故研究叙事身份应细读研究对象的自叙文本，把握文本演化和传播中的对话性。[21]要满足上述条件，须考察“98five 引进计划”的自叙、补叙、评论帖并参与互动，基于个体与社区尺度理解结构性焦虑对“five”身份建构的影响。笔者采用参与式观察法，于2020年5月14日成为“98five引进计划”组员，随后4个月沉浸于撰帖、更帖、互评，每日通读新增内容，并收藏、分析了兼具四类特征的帖文：（1）自叙体（否则难以表明帖文反映了建构叙事身份所需的自我意识）；（2）包含生命故事的完整要素：人生章节、关键场景、挑战、正/反面人物、未来期待、个人信念与价值、人生主题[10]97（否则帖文近似情绪碎片，不足以合成叙事身份）；（3）疫情是自叙转折点（否则难以表明叙事身份在疫情影响下发生修改）；（4）50%的篇幅涉及相对贫困、权利受侵等结构暴力表征（否则难以表明帖文关乎结构性焦虑）。为提高研究效度，笔者剔除了貌似示弱实为炫耀的“凡尔赛帖”和被组员举报的“咪蒙体软文”。收藏的1279篇帖文被追踪至无更新。

三、研究发现

与疫情暴发期不同，本研究开展时，威胁生命价值的疾病焦虑已不显著，大学生主要受次生危机的情境压力影响，通过反思疫情前后的个体与社会关系来制造意义、修改叙事身份的失序情节。因为情节结构的核心是困境和尝试性对策[22]，所以身份修改伴随个体选择性回忆、强迫性重复疫情前后的极端体验，迫使个体追问社会问题成因，主动接收大量环境信号，从中感知结构暴力威胁生命价值外的关键价值，产生结构性焦虑。本研究发现，“five”被威胁的关键价值是：信任、效率、尊严。

（一）身份幻灭之焦虑：疫情破坏两类信任

修改叙事身份的前提是否认旧生命故事，途径是个体觉察到越来越多令人痛苦的证据——它们与重要且持存的价值、目标出入巨大，个体遂开始重估自我。对“98five 引进计划”内的大学生而言，令人痛苦的证据最初来自疫情破坏信任，他们由此开始焦虑。信任是对个人或系统可依赖的肯定把握，表达出对他人诚实友爱和对抽象原则（技术知识）正确性的信念[23]。在这些大学生原有的生命故事里，最受珍视的人际、系统信任指向家长和教育系统，他们出生后的人生章节围绕同一主题展开：读书改变命运。他们长期信任家长决策和教育促进社会流动，但这一切随疫情暴发而瓦解：“疫情在家发现家里比我想得穷，父母工农，接下来几年面临失业……同学很多保研，家境比我好……村里人都觉得考这么好的学校以后不得起飞？但我知道飞不起来。”（“天气晴”，2020-06-18）

大学生自知“飞不起来”后，向其灌输读书改变命运的家长便成为其不信任的对象。此时，疫情用漫长的“居家隔离”增加了亲子冲突频次，推动大学生对父母的态度从不信任变为反感。但疫情阻碍大学生逃离家庭，他们只能在亲子冲突后的独处时间反思“眼界”对家长和自身的框限，觉察塑造“眼界”的地区、阶层、经济、文化不平等，在宏观尺度感知结构暴力，把对家长的不信任扩张至教育系统和社会结构。他们发现，疫情平等地破坏了人们追寻自致地位的流动节奏，但结构暴力使不同阶层的大学生不平等地继承亲代资本，继承了优质资本的少数人比多数同侪更有韧性去抵消疫情对社会流动的阻碍，此类源于结构暴力的韧性差被教育系统巩固。该事实在日常状态下被同学/师生情等意识形态遮蔽，疫情则祛魅日常意识形态，令大学生直视结构暴力，深刻怀疑教育能否促进社会流动：“朋友圈晒保研考研至清北复交浙等名校，或腾讯、阿里、字节的 offer……疫情下，大浪淘沙提前把狼狈的我淘出来。家庭教育，人格、性格、习惯培养，信息资源供应统统没……起跑线不一样，跟他们比是我没逻辑。”（“窗台学习的小 y”，2020-06-19）

“起跑线”即结构暴力据亲代资本为大学生暗设的等级线，令出身不同的大学生接受同等学校教育却不能形成相近的竞争力，这种竞争力在疫情下表现为借亲代资本克服次生危机的韧性。此时，亲代资本的重要性超越了学校教育提供的文化资本，“同学”这一平日看似同质的群体迅速两极分化，让“被淘出来”的大学生觉察了教育系统再生产阶层结构并用中立的外表进行掩饰。最终，他们对教育系统的态度变为不信任：“疫情影响下就业竞争更激烈，触碰到社会真实棱角……寒窗苦读追不上人家几代人为后代攒下来的实力。”（“我选择匿名”，2020-06-01）

信任是保全本体安全的基础，当作为“社会真实棱角”的结构暴力借疫情摧残“社会容我向上流动”的执念时，大学生的叙事身份在结构性焦虑中幻灭了（深固且受重视的假设、期望被证伪后，个体丧失意义框架的失措状态）[24]。此时，疫情防控措施用地方空间制约流动空间，在封控区强化内循环型生活节奏，向渴望阶层流动的大学生释放“固化”的心理暗示，助长了“结构性焦虑—幻灭”的恶性循环：“家务烦琐日日重复会磨掉人的热情……因为疫情长时间待家，心态变化，看不到命运改变的希望。”（“静水深流”，2020-05-27）

在“结构性焦虑—幻灭”的恶性循环下，大学生从叙事身份中削减人际与系统信任，将信任对象移入自身，把信任这种利他性价值改为自私：“疫情在家常思考想要的生活，改变了原来很多想法包括一些价值，直视自己的自私懒惰并接受。”（“皮皮鲁”，2020-05-26）

自私源于个体在叙事身份幻灭后渴求得到些什么的补偿心理，是个体迫于结构性焦虑采取的防御机制：既规避系统信任作为道德价值的公共性，又压缩人际信任本就有限的利他性。其内核是自我保存的本能和应对结构性焦虑的权宜之计。

（二）身份进程受阻之焦虑：疫情压低加速效率

修改叙事身份的第二步是重建生命故事，它指向当下的身份进程：个体为适应环境变化而吸收新信息、制定新身份标准并践行。只有这些环节衔接顺畅，个体才能重拾自我效能感。扰乱任一环都会引发焦虑，若失去效率则会造成身份进程更多中断，将加剧压力。[25]经历身份幻灭的大学生急于再造意义、摆脱焦虑，但他们对效率的倚重使之适得其反："生存意义找不到，焦虑，疫情期间无穷放大。答辩，找工作，事业，公考，文职都报了，感觉只剩这些选择。想喘口气，但总告诉自己别停啊。"（"铁柱"，2020-08-17）

"告诉自己别停啊"呼应着加速时代的心态："追赶他们在社会世界与科技世界感受的变迁速度，以免失去任何有潜在联系价值的可能性，并保持竞争机会。"[26]41从"做题家"阶段起，大学生就将效率奉为关键价值，对加速主义的异化习焉不察；当疫情作为减速机制压低身份进程效率时，即"当自我与世界间的共鸣'安静下来'时，这种异化就出现了"[26]143。不能继续加速的焦虑属于结构性焦虑，因为加速主义隶属结构暴力，源于当代社会的分配模式，即竞争原则，强迫个体按资本增值逻辑调整步调。被加速主义支配的结构之所以暴力，是因为缺乏加速优势者将被社会排斥，个体害怕输掉竞争而持续焦虑，"对那些起步时就已吃亏，又不积极追上的人来说，状况就更糟了。这群吃亏又没优势的人甚至变成一种被称作‘朝不保夕族’（precariat）的新社会群体，被认为没救了而被社会排除在外”[26]85。为避免沦为“朝不保夕族”，大学生陷入了畸形效率崇拜，力求每一秒都输出最多业绩。被加速主义异化的效率失去了服务人性的手段善，它僭居目的，使大学生“以束缚于功名的形式屈从内心的自我强迫，向自己发起侵略”[27]2，“没有使被剥削者成为革命者，而是使他们意志消沉”[27]9。因疫情减速作用收获额外假期的大学生未感放松，而是在身份进程丧失效率后陷入了“减速—焦虑”循环：“疫情待家因为家庭矛盾，抑郁发作……分数和排名的洗脑在大学前两年根深蒂固。根本不会满足，焦虑和超我形象能把人压垮……价值空虚就是黑洞。”（“急需雷切”，2020-07-04）

以上自叙昭示了“减速—焦虑”的循环机制：疫情压低身份进程效率，大学生因不满足于低效率而焦虑，遂加速自我侵略以求推动身份进程，但疫情再次将身份进程减速，又引发焦虑。该循环修改了效率在大学生叙事身份中的价值取向：“短视一点……疫情告诉我长期计划没用，大事来临时帮你的 panic 升到顶。新规矩，只做未来一个月规划。”（“想要正能量”，2020-09-05）

“长期计划没用”说明，大学生经历减速—焦虑循环后，悬置长期效率、独尊短期效率，即为避免从当下身份进程低效这一近忧转而陷入对未来幻灭的远虑，割裂近忧和远虑的联系，试图聚焦前者、忽视后者，以便从解决近忧的实践中重获效率感。这说明，被疫情教会活在当下、定小目标的大学生未否思加速主义：他们改变的是生命线上的目标密度，不变的则是尽快看到欲望变现的效率崇拜。对独尊短期效率的大学生来说，小目标非目标，而是更快出产效率感以抚慰效率饥渴的工具，它将人生理想的整体叙事解构为碎片化游戏：“有特殊时间性，无须超过这段时间就能收获成功和奖励……人们游戏的同时，已屈从环境威力法则。”[27]67-68独尊短期效率难以让大学生打碎加速主义桎梏，还可能产生副作用：“暗示自己享受当下、活好现在而不是忧虑明天，很多时候轻易陷进空虚娱乐……不如人意的结果揭晓后，更深陷进自贬……目标的意义是什么？”（“林覃”，2020-09-04）

“空虚的娱乐”和再次迷茫于目标的意义说明，独尊短期效率使大学生懈于自律并被消费文化俘获，把身份进程推向“娱乐至死”，无法将碎片化小目标整合为主题、因果连贯的生命故事，令身份进程陷入意义速朽。这些副作用均指向价值虚无，使大学生的结构性焦虑有增无减。

（三）身份选择之焦虑：疫情威胁就业尊严

修改叙事身份要在重构历史、诠释当下后想象未来，由此涉及身份选择，它同样令大学生焦虑。在“98five 引进计划”中，身份选择之焦虑源于大学生认为疫情加剧了社会内卷化，令其在就业市场的身份选择沦为被迫努力、徒劳无功、无技术含量的恶性竞争。这种焦虑是大学生预期的就业尊严被结构暴力促逼后产生的结构性焦虑。此处，结构暴力既是指恶性竞争使同侪压力膨胀，又是指劳动使劳动者感到自我否定与不幸。尊严最明显的含义是自我掌控和自主权，使人感觉自己是目的而非工具，能否维护尊严不仅取决于我们的行为方式如何、是否有人尊重我们，还取决于我们是否有别人认为是基本和正常之物。[28]具体到大学生，其就业尊严可概括为不受结构暴力促逼地从事别人和自己眼里的“好”工作（二者往往重合）：“疫情让很多人学业/工作/计划耽误。看了看近期新闻 and 这几年各行业发展，越来越卷。世俗意义正确的专业就几个，开三个学院即可：金融、计算机、公务

员。”（“bandou”，2020-07-22）

“世俗意义”即大学生在社会化过程中习得的就业等级观，它决定了大学生对精英/非精英工作的评价。当疫情催化经济下行时，被框限于高等级的“好”工作供不应求，大学生发现自己缺乏与同侪竞争的资本，在社会比较后觉察其弱势，产生了被鄙视的耻感，难以再认同高等教育培养的准精英身份的尊严观。但某些“好”工作之所以更受大学生青睐，其原因不仅与鄙视链有关，也涉及它们能赋予个体抵御疫情和次生危机的韧性，这让大学生感知到了就业尊严底线：自我掌控与自主权，而非随时被疫情激起的结构暴力支配。对照以下自叙，不难发现为何大学生纷纷转向“体制内”：“父母都是临时工，疫情不开工，他俩工作也没了。年初打算考研，结果遇到疫情……活着再说吧。”（“秋峰”，2020-08-31）“因为疫情也看开了，承认自己‘five’本质。安稳日子变奢望……能进‘体制内’就进‘体制内’吧，市面上工作越来越少，而且朝不保夕。”（“茗笙”，2020-09-09）

“秋峰”全家供职于“体制外”，处于社保安全网外。当疫情搅动内卷时，他们被结构暴力轻易地逐出了就业市场，尊严底线在结构性焦虑下崩解。“茗笙”为避免失去尊严底线，放弃了精英主义尊严观，希望在“体制内”逃避恶性竞争对尊严底线的侵蚀，但他无法把握进入“体制内”的奢望能否在内卷中如愿，遂产生用“five”这一身份符号传达不认同准精英身份后，不知认同何类身份的结构性焦虑。

综上，大学生对身份选择之焦虑中，包含因就业尊严受威胁而生的耻感和自主权丧失感，二者均与结构暴力有关。耻感是由于“精英制（meritocracy）使尊严不是原初权利而必须去挣。支持精英制的分层社会使工薪阶层日常颓丧，产生建构有尊严自我的专注”[29]，它长期存在并被疫情放大，却不如自主权丧失感更助长焦虑。因为，大学生尚能借“承认自己 five 本质”、放弃多数曾属意的工作逃避耻感，说服自己接受原先认为的低尊严待遇，但自主权丧失感让主体自认为变成受结构暴力操持之物，这种结构性焦虑比生命价值受病毒威胁产生的疾病焦虑更有历时性，它持续瓦解着大学生原有的精英制尊严观，使“稳”跃升为最高尊严，将未来叙事身份的主题从争夺精英地位切换至求稳：“公务员抗风险力强，疫情让太多人明白稳对普通人多珍贵。但你无从得知，这个稳会不会是你的枷锁。”（“一个栗子”，2020-09-11）

不过，“稳”变成枷锁的担忧似乎告诫我们：当结构暴力将身份选择引向唯“体制内”的恶性竞争时，大学生可能非但未因“求稳”获得保持尊严的自主权，反倒为此“主动”割舍个性与专长，抛弃全面发展的可能，也就无从真正感知尊严了。

四、讨　论

本文基于参与式观察“98five 引进计划”，深描了新冠疫情如何在结构暴力驱动下，以结构性焦虑为中介威胁信任、效率、尊严，从而令大学生感知往昔身份幻灭、当下身份进程受阻、未来身份选择失控，强化自私倾向、独尊短期效率，将“稳”擢升为最高尊严，把曾认同的准精英身份改写为“five”。准精英身份体现了家庭、学校启蒙教育的影响，“five”则体现了犬儒理性：从愤世嫉俗到玩世不恭。“five”通过疫情看到了结构暴力，但不相信个体能改变结构，遂收缩其亲社会意愿以求自私，避谈远大理想以求从小目标汲取“小确幸”，为“求稳”叛离初心、裁剪自我。该叙事身份属于理性病变：怀疑主义和实用主义结合，把对既成秩序的不满转化为不拒绝的理解、不反抗的清醒、不认同的接受[30]。它验证了法默把现代瘟疫称作社会病的判断：社会病使人未等到改善处境的改革产生时就已无力招架[15]179。

那么，如何疗愈结构性焦虑？筛选信息塑造正面形象是一种疗愈，但易陷入“塔西佗”陷阱（组织失去公信力后说什么都会被认为是谎言），唯有结构正义方能根治社会心态[31]。结构正义特指作为公平的正义，它调控的是社会基本结构，要求制度去公平分配权利、义务和利益，遏制“赢在起点”现象的泛滥。[32]用结构正义才能消弭现代瘟疫依托的结构暴力，弥合地区发展、阶层贫富和职业地位差距，直到差距能保证全社会因贫困、无知、缺乏门路而难以落实权利的受惠最少者获得最大利益。此举可整体增强大学生应对疫情和次生危机的经济、心理韧性，让他们在即便被压低加速效率时也不会滋生“掉队”的朝不保夕感，即便在“体制外”也能有尊严地生活。否则，多数大学生将徒有教育、就业领域的形式正义，很难不在下一轮危机涌现时继续被结构性焦虑所俘。

注　释

[1] 高文书：《新冠肺炎疫情对中国就业的影响及其应对》，《中国社会科学院研究生院学报》2020 年第 3 期，第 26 页。

[2] 李春玲：《疫情冲击下的大学生就业：就业压力、心理压力与就业选择变化》，《教育研究》2020 年第 7 期，第 7 页。

[3] 叶雨婷：《疫情之下的考研季》，《中国青年报》2020 年 12 月 28 日第 5 版。

[4] Liu, Shengyi, et al., “Somatic Symptoms and Concern Regarding COVID-19

among Chinese College and Primary School Students: A Cross-sectional Survey," *Psychiatry Research*, Vol. 289, 2020.

[5] Wang, Zhenghe, et al., "Prevalence of Anxiety and Depression Symptom and the Demands for Psychological Knowledge and Interventions in College Students during COVID-19 Epidemic: A Large Cross-sectional Study," *Journal of Affective Disorders*, Vol. 1, No. 275, 2020, pp. 188–193.

[6] Chen, Rongning, et al., "Mental Health Status and Change in Living Rhythms among College Students in China during the COVID-19 Pandemic: A Large-scale Survey," *Journal of Psychosomatic Research*, Vol. 138, 2020.

[7] May, Rollo, *The Meaning of Anxiety*, New York: W. W. Norton & Company, 1996, p. 61.

[8] Park, Crystal, "Making Sense of the Meaning Literature: An Integrative Review of Meaning Making and Its Effects on Adjustment to Stressful Life Events," *Psychological Bulletin*, Vol. 136, No. 2, 2010, pp. 257–301.

[9] McAdams, Dan, "The Psychology of Life Stories," *Review of General Psychology*, Vol. 5, No. 2, 2001.

[10] McAdams, Dan, *The Redemptive Self: Stories Americans Live By*, New York: Oxford University Press, 2006.

[11] McAdams, Dan, and Kate McLean, "Narrative Identity," *Current Directions in Psychological Science*, Vol. 22, No. 3, 2011.

[12] Arnett, Jensen, "Emerging Adulthood: A Theory of Development from the Late Teens through the Twenties," *American Psychologist*, Vol. 55, No. 5, 2000, pp. 469–480.

[13] Murphy, Sean, and Brock Bastian, "Emotionally Extreme Life Experiences Are More Meaningful," *The Journal of Positive Psychology*, Vol. 15, No. 4, 2020, pp. 531–542.

[14] Dugan, Bridget, "Loss of Identity in Disaster: How Do You Say Goodbye to Home?" *Perspectives in Psychiatric Care*, Vol. 43, No. 1, 2010, pp. 41–46.

[15] Farmer, Paul, *Infections and Inequalities: The Modern Plagues*, Berkeley: University of California Press, 2001.

[16] Farmer, Paul, "Structural Violence and Clinical Medicine," *PLoS Medicine*, Vol. 3, No. 10, 2006.

[17] Roberts, Jane, "Structural Violence and Emotional Health: A Message from Easington, a Former Mining Community in Northern England," *Anthropology & Medicine*, Vol. 16, No. 1, 2009, pp. 37-48.

[18] Farmer, Paul, "An Anthropology of Structural Violence," *Current Anthropology*, Vol. 45, No. 3, 2004.

[19] Wethington, Elaine, "The Relationship of Turning Points at Work to Perceptions of Psychological Growth and Change," *Advances in Life Course Research*, Vol. 7, 2002, pp. 111-131.

[20] Galtung, John, "Cultural Violence," *Journal of Peace Research*, Vol. 27, No. 3, 1990.

[21] Ezzy, Douglas, "Theorizing Narrative Identity: Symbolic Interactionism and Hermeneutics," *The Sociological Quarterly*, Vol. 39, No. 2, 1998, pp. 239-252.

[22] Sarbin, Theodore, "The Narrative as A Root Metaphor for Psychology," in Sarbin, Theodore, ed., *Narrative Psychology*, Westport: Praeger, 1986, p. 3.

[23] Giddens, Anthony, *Consequences of Modernity*, Cambridge: Polity, 1990, p. 34.

[24] Maher, Pauln, et al., "Brexit, Trump and the Polarizing Effect of Disillusionment," *Social Psychological and Personality Science*, Vol. 9, No. 2, 2018.

[25] Burke, Peter, "Identity Processes and Social Stress," *American Sociological Review*, Vol. 56, No. 6, 1991, pp. 836-849.

[26] 哈特穆特·罗萨：《新异化的诞生——社会加速批判理论大纲》，郑作彧译，上海人民出版社 2018 年版。

[27] 韩炳哲：《精神政治学》，关玉红译，中信出版社 2019 年版。

[28] Sayer, Andrew, "Dignity at Work: Broadening the Agenda," *Organization*, Vol. 14, No. 4, 2007.

[29] Collinson, David, "Identities and Insecurities: Selves at Work," *Organization*, Vol. 10, No. 3, 2003.

[30] 汪行福：《理性的病变——对作为"启蒙的虚假意识"的犬儒主义的批判》，《现代哲学》2012 年第 4 期，第 5 页。

[31] 成伯清：《心态秩序危机与结构正义：一种社会学的探索》，《福建论坛（人文社会科学版）》2016 年第 11 期，第 130 页。

[32] Rawls, John, *A Theory of Justice*, Cambridge: Belknap, 1999, p. 7.

向死而生：1型糖尿病患者的量化身体与自我重构

黄楚涵*

摘要：在移动互联的媒介情境之下，技术的发展和进步赋予了糖尿病患者自我管理教育变革的潜能。对于1型患者而言，这一变革不仅限于可穿戴设备、血糖监测动态系统、胰岛素泵等嵌入式技术的更新与突破，更在于“共在性生存”场景对日常实践的渗透以及自我与社会关系的多重解构。从1型糖尿病患者的自我管理教育出发，结合网络民族志与深度访谈，以某一技术分享群为对象，本文观察发现，智能数字媒介的连接与具身化重构着患者的身体状态、自我认知与社会关系，从生存与发展两大取向使得自我关注、主体间性不断拓展。“昨日”的视角为“重新审视更接近‘人’本身的力量”提供了一定的现实基础和理论资源。

关键词：糖尿病患者自我管理教育；1型糖尿病；量化自我；自我技术；身体与媒介

从古希腊时期人们对饮食及性等欲望的控制和监测，到数字时代身体成为更为智能、技术具身化的机器，依托环境—身体—

---

* 黄楚涵，系北京大学新闻与传播学院2020级硕士研究生，现为北京大学餐饮中心综合办公室科员。

媒介所形成的开放性循环回路，量化自我代表着自我技术悠久历史的延续。尽管今天人们已经很难保持古希腊人的自我审视和自我修炼[1]，但动态血糖监测设备、胰岛素泵闭环系统等新兴的媒介技术，可以通过与智能数字媒介连接向患者提供实时数据以反映身体状态，从生存与发展两大取向提供了新的自我关注与创造的可能：借助植入器或发射器，身体内部血液的葡萄糖浓度被量化，不仅能"最优化"血糖把控，也能在预估血糖走向的基础上提供反馈回路，据此调整个体行为。不论是1型患者对技术的工具性使用，还是动态、闭环等技术呈现的具身化都表明，量化自我不仅是表层日常的构成部分，还与前人学者的理论相互照应，重新定义了技术媒介与身体、与"我"的关系，从另一重视角推动着我们重新思考身体、自我与日常生活。

基于此，本研究以1型糖尿病患者的微信群"××技术分享群"为个案，通过网络民族志和深度访谈对患者自身的技术表达进行分析，试图为各种情境下的1型糖尿病患者个体的量化自我提供更多的可见空间，也为媒介技术实践在生物医学范式之外提供一种新的理解与阐释路径。

一、量化自我：技术是起点还是终点？

人类对数字的利用有着悠久的历史，从某种意义上说，每个人都是一个自我追踪者（quantified-selfer）。伴随着大数据和智能媒介时代的到来，各种工具和应用程序，包括情绪追踪、食物记录和计步器等类型，为人们提供了一个直观且深入的机会来量化和监督检查各项行为，从而了解和评估自己的身体、思想和日常生活。"量化自我"（quantified-self）这一概念是由美国《连线》

(*Wired*) 杂志作家盖里·沃夫 (Gary Wolf) 和主编凯文·凯利 (Kevin Kelly) 在2007年提出的，是指利用技术和设备追踪、探索自我身体，也称“自我监视”(self surveillance) 或“生命黑客”(life hacking)。[2]

从哲学角度而言，量化自我是以笛卡儿二元论的本体论为前提，即思想支配身体，其本质是通过定量评估将自我构建为客体化、可凝视的对象，以智能技术作为利器“认识自己”(know yourself) 并“更好地审视自己”。“自我技术使得个体能够通过自己的力量或者他人的帮助，进行一系列对自身身体及灵魂、思想、行为、存在方式的操控，以此达成自我的转变，以求获得某种幸福、纯洁、智慧、完美或不朽的状态。”[3]54 但是被量化的身体，真的能被更好地认识或照顾吗？媒介技术是起点还是终点？这是不是真实的自我？在抹去不安全感所带来的恐慌之时，液态数据化的自我监视似乎也将真实的身体感受剥离开来，并由此衍生出了另一重“失控”。不论是身体的“媒介化”还是媒介的“身体化”，都使得自我、身体与媒介技术的关系变得日益多元而复杂。

二、血糖监测与远程媒介：1型糖尿病的技术呈现

（一）血糖监测技术与1型糖尿病自我管理

“人人享有糖尿病健康管理”是2021年11月14日第15个“联合国糖尿病日”的主题。对于1型糖尿病患者在现阶段医疗水平下仍无法完全治愈、需要外源胰岛素终身治疗的情况，日常化的自我管理是保证患者尽可能地接近正常生活的前提与关键手段。过去的100年里，一系列创新技术与应用带来了血糖监测技

术的进步：自我血糖监测（self-monitoring of blood glucose，SMBG）、动态血糖监测系统（continuous glucose monitors，CGM）、胰岛素持续皮下输注（continuous subcutaneous insulin infusion，CSII），等等。自21世纪以来，CGM的研发使得患者能够根据当前葡萄糖水平和变化率趋势，立即做出反应以减轻症状或预防急性血糖风险，并在药物需求等其他领域实现更有效的自我管理，例如与亲人朋友或护理人员共享葡萄糖数据，提示血糖风险警报等。[4]目前，CGM各类模式都能够以智能手机或手环、车载设备等为载体，实现从简单的日志记录和剂量提醒，到注射计算器和碳水化合物计数，综合性的应用程序提供了广泛的功能和辅助。

但是，牺牲生活质量的负面影响也随之而来，技术使用所带来的额外工作量和对血糖控制的过度关注，增加了许多患者的负担。患者对技术不切实际的期望可能还会导致降低信任甚至放弃。因此，患者自我与媒介技术的关系在糖尿病技术的实践呈现中起着重要的作用，但目前，我们对相关因素还知之甚少。[5]

（二）远程媒介技术：自我管理的新范式

1型糖尿病自我管理教育的研究显示，持续的自我管理教育支持，包括解决问题和共享决策技巧、简单且具有成本效益的教育干预措施开发等，是未来慢性病保健发展的重中之重。[6]因此，许多学者开始探讨远程技术和数字化在糖尿病自我管理教育计划中的作用和益处，尤其是针对年轻化人群。

在使用电话、电子邮件或手机短信[7]辅助健康管理的初期，患者通过这些媒介接收知识信息与随访提醒。部分医生会提供联系方式使得患者能够随时咨询，而病人将自身血糖水平、饮食运动等情况细节反馈给指定医生以获取优化建议。PC时代到来后，部分专业组织或护理机构开发了门户平台，为患者提供电子健康记录（patient web portal），比如荷兰的“Digitaal Logboek”，在登录后，患者可以访问医疗咨询内容，查看正在使用的药物清单，上传血糖水平等数据后在线联系护理人员进行讨论，等等。[8]

移动互联时代，技术不单是满足受众需求、适配信息与感知的手段，更成为重构社会关系、调整赋权模式的全新范式。[9]在视频会议等远程干预之外，网络中的健康信息共享、行为支持、交流对话生成了变迁的结构性动力。代表性的案例是“NightScout”项目①，如图 1 所示。使用者能够从设备中提取血糖值，连接到云端并查看数据。从关于技术合作、代码开源的讨论中衍生出了私人的 Facebook 群组——“CGM in the Cloud”，成员通常在其中发帖请教技术难题，并通过评论、私信、电话或视频来获得帮助。在不断发展的过程中，这一虚拟群组从技术协作论坛演变为成员共享糖尿病经验、相互提供实时情感支持的社区，在某些情况下也融入了线下的面对面交往，搭建了自我效能提升的新桥梁。对于缺乏线下支持资源的年轻患者而言，社交媒体发挥着重要作用。

网络提供了新的媒介，使得公众、患者以及健康领域的专家能够跨越物理空间与社会身份的界限，进行广泛而及时的沟通。[10]但目前，关于糖尿病与新兴媒介技术的研究仍较多以媒介为依托对教育效果进行考察，如探索利用微信群管理患者的价值[11]，分析患者生成的健康数据，量身定制教育促进活动和个性化反馈[12]等。基于此，本文所提出的问题是：在自我管理教育的

① 该项目源于 2013 年，由美国一名 4 岁 1 型患者的父亲约翰·克斯蒂克（John Costik）创建。

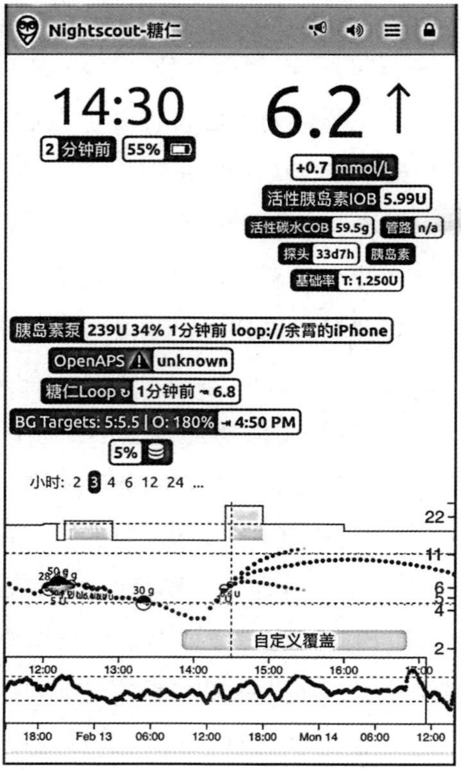

图 1　NightScout 糖仁使用示意图①

表层生理问题之下，1 型糖尿病患者个体运用了何种现代技术，使身体以实践的方式参与规训与互动？患者的支配技术与自我技术是如何共同建构的？患者对于疾痛的身体与自我又有着怎样的认知思考？

不囿于应用型研究，我们应从更为多元深入的视角为数字技术与糖尿病等后续探讨提供参考。例如，拥有十余亿用户的微信，从信息传播平台变成了可随身携带的移动场景，它在糖尿病自我管理教育过程中所发挥的作用绝不仅仅限于信息传递、知识

① 项目网址为：http：//www. nightscout. info/，2022 年 7 月 15 日访问。

共享或同伴互助；与论坛、贴吧、微博等网络公共领域最为不同的是，它呈现了人类前所未有的“在场方式”，通过日常生活的重复性实践，创造了人类社会的一种崭新的“共在”感。[13]综上所述，正如当下的新兴研究所表明的，公共卫生及健康传播领域应使用一套新的知识经验与理论工具，以解决人们在日益复杂并相互联系的社会世界中所面临的重要问题。[14]

三、自我技术：量化身体与重构媒介

网络情境的生成，不仅让我们看到了这个空间所具有的新的特征，而且让我们意识到了其间形成的新的社会实践、交往及其形态，更为注重文化过程（cultural process）[15]。相比于信息过于零散及驳杂、难以寻找研究重心的其他平台媒介，微信已形成了独特的日常叙事和文化书写空间，有利于笔者基于具体情境对 1 型糖尿病患者的技术表达进行观察研究，并进一步建立联系，深入探索其自我变迁。因此，笔者选择微信群“××技术分享群”作为个体案例。这里注重相关技术性信息的沟通和分享、没有广告等过多冗余信息干扰、用户活跃度较高、代表性成员突出等特征，为研究提供了重要基础。在网络民族志研究过程中，深度访谈是极为重要的途径，同时“被动叙事”的倾向明显，因此二者结合有利于更为完整地探讨 1 型糖尿病患者的技术表达。在 2022 年 1—4 月，笔者进行了为期 4 个月的微信群内线上观察，抽取联系 10 名用户进行了半结构式线上访谈①，并做了针对性的深入追问，以便了解他们的身体具体状况、技术实践等深层信息。

① 根据患病年限、发言频率、年龄、性别等特征进行了一定区分，保证性别比例均衡，涵盖多年龄段，以及包括患者和“糖爸”“糖妈”等多类主体。

基于以上背景，笔者借助明娜·鲁肯斯坦（Minna Ruckenstein）的研究结论框架，即透明度（transparency）、最优化（optimization）、反馈回路（feedback loop）、生物黑客（biohacking）[16]等四大主题划分，考察1型糖尿病患者的量化自我实践。但不囿于量化层面的探讨，不停留于技术赋权等过往传统的研究视角，基于麦克卢汉的身体媒介研究及福柯的自我技术理论，笔者也试图通过“身体的主与客”“媒介与量化身体”“自我关心与自我技术”等维度探讨媒介、身体与自我更深层次的复杂关联。技术所带来的变革固然鼓舞人心，但个体对自我的感知永远具有更能打动人的力量。

（一）自我的书写：工具性生存与具身化发展

对于常人而言，死亡是令人恐惧的生命终点的象征，但海德格尔认为，人的一生即贯穿着走向死亡的整个过程，死亡始终保持着不显现的状态，存在于每一生命个体的日常之中。正是在走向死亡的整个过程中，我们能够强烈地体会到自我的在场，即“向死而生”（being towards death）[17]。对于1型患者而言尤为如此，疾痛叙事之外的媒介技术与身体的细密联结给患者提供了生存与安定的极为有力的补充。每一时刻都需要监测的血糖、每一餐都需要注射的胰岛素，是存在的更为具体化的凸显。如群内“糖友”说：“无论是瞬感、硅基还是德康，都是当下不少糖友正在使用的帮助大家了解自己血糖状态及趋势的有力工具。它们改变了我们的生活，变得心里有底。”

所有事物都可以被量化、都必须被量化，透明度是1型患者的生存性需求。阿拉伯数字或中文数字是在“××技术分享群”中最常出现的内容类型之一。它们或直接以文本呈现，或出现在图片中，呈现了不同个体的各个生活方面，比如：“吃饭第一口开始计时之后的第一个小时和第二个小时，是‘餐一’和‘餐二’”；“米饭100克，碳水含量25，胰岛素2.5单位”；“吃火锅通常前低后高，需要用熟香蕉来垫一垫，一节25克刚好5个碳水”；“运动或其他情况导致的低血糖，一般先服用15克葡萄糖，15分钟后再监测血糖”；等等。

相较于主观感知而言，大部分情况下，传感媒介和追踪数据所带来的是更确定、可信的真实。媒介技术的发展使得身体内部的状况能够被探知，通过植入身体的方式将纯主观性、不可见的身体心理体验转化为外在视觉化的数据符号和图像，把揭示出的“真相”化约为一串数字。据此，“动态”成了患者的延伸，传感器、发射器、接收器和智能手机所连接形成的媒介成为控制性的有机体，带来了新的认知。长久以来，患者都以因果关系或分类法作为判断血糖问题的标准，“今天的血糖可能是昨天惹下的祸”，但实时、丰富、可随时查看的动态数据提供了基于相关性的事实逻辑，数字的变化、趋势的波动反映着与年龄、消化、性别、情绪把控等因素的相关程度，这也为最优化的实现奠定了基础。如受访者N教授所说：“有些人追求直线，有些人追求TIR①，但控糖的最终目的其实在于尽可能保证生活品质的情况下延长寿命……血糖的数据指标对于我来说是提供医疗决策的参考，它为我更好、更健康地生活而服务。”

依托媒介技术的数据驱动，尤其是动态血糖追踪和监测，人体最优化不仅成为可能，而且是可取的，它建立在1型患者将饮食营养、运动、睡眠等各类规范性自我意识和行为投射于技术的基础上。“直线”既是最优化的视觉性呈现，也是最优化以“确切目标”“解决实际问题”为导向的直接反映。受访者F认为：

① TIR，即“time in range”，表示葡萄糖在目标范围内的时间。

“什么样的投入会带来什么样的产出，如果要保持血糖还有糖化在框内，就必须把日常的所有都考虑到……包括很多人可能认为我们就是听医生的话，但其实大部分时候都是我们自己或糖友互助，平时会关注非常多的国外文献，然后把自己认为可靠的国内信息发在群里，也不是为了别的，就是希望能多学、多维护好血糖。”（见图 2）另外，最优化还涉及技术的使用，例如是选择打针还是采用胰岛素泵，药物是使用甘精还是德谷等，“隐糖”与否、是否运动甚至个体体质的不同都会产生重要影响。因此，最优化既反映了广泛社会规范下的“数据主义”价值概念，即人体是可被调控操作的“机器”，应当适应外部（包括大脑）给定的固有尺度，也依赖个体的场景化、差异化，毕竟要获得有效可靠的反馈，只有患者自身的实践才是“检验真理的唯一标准”。

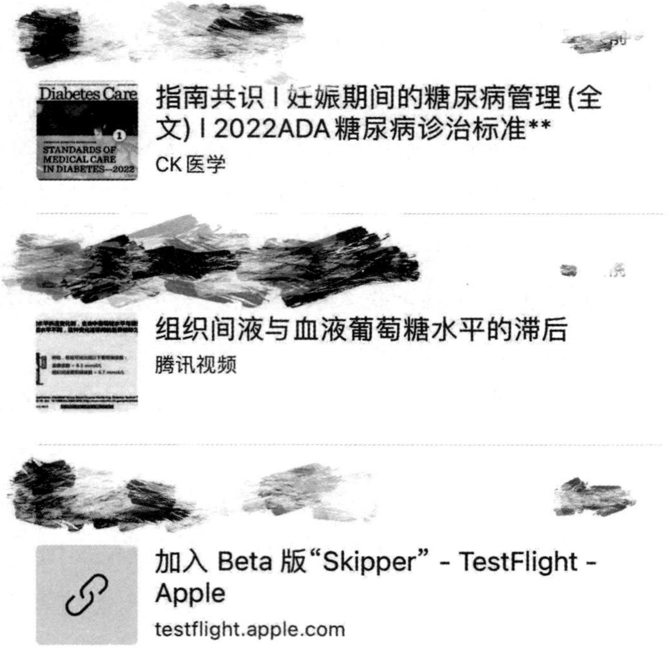

图 2　群内糖友互助分享的部分链接

而技术从身体中来，最终复返于身体，形成一个反馈回路。外在的环境压力和内在的生物局限共同促使身体延伸，产生了创造新环境的新媒介，不仅重塑了人的感官比率（ratio of the senses），而且让身体成为媒介的伺服机制。[18]52-55透明度与最优化已说明了媒介对身体的调节作用，而反馈回路更强调的是对身体和行为的修正，包括对感官的重塑与对习性的培养。原本对于血糖的感知更多来源于身体的反应机制（比如低血糖时会头晕手抖），但技术性延伸打破了感官的平衡，患者更多地通过动态走势来预判血糖的高低，身体的感知退而成为其次。患者的经验与其说是现实本身，不如说是对现实的“拟像”。而一旦如此，个体认知也将产生潜移默化的偏向。从呈现上来看，技术与身体形成了“规则框定—数据生成—影响行为—提供反馈—产生更多数据”的循环有机体。我们不否认技术所带来的高度统一性与重新整合，但更深层次及辩证的另一面在于，在这样的线性偏向系统中，身体的切实感受让位于数据，个体的细微体验被量化统一的标准所忽视，这似乎与麦克卢汉所提出的“麻木性自恋”① 不谋而合。受访者 R 表示：“其实没有或者不知道瞬感、硅基、德康这些（动态技术）的时候，大家也能过，但血糖控制得不一定能那么好。现在动态相当于给所有人提供了身体里的镜子，能够有数据看到、有趋势能预判，我们肯定就离不开了……有些糖友还没有意识到动态有些时候反而控制了他们，毕竟就摆在那儿，你不在乎会比较难。”

---

① 麦克卢汉指出，电力时代急速发展的科技在人体之外活生生延伸出一个中枢神经系统，过强的刺激与社会经验使得人体被迫自我截除，导致整体麻木；但同时，人们也在不断发展的技术延伸中对“自认为是自我”的材料产生迷恋。二者相互作用，形成了“麻木性自恋”。参见马歇尔·麦克卢汉：《理解媒介：论人的延伸》，何道宽译，译林出版社 2019 年版，第 117—126 页。

线性偏向、反馈回路等特性，即动态技术的可供性（affordance）[①]，为个体能否做以及如何做提供了框架。其敦促每一个患者保证血糖不出现大幅度波动、避免高低血糖的发生。通过反复操演与经验积累，身体行动或者自我意识自然而然地形成了一套无意识的、流畅的潜在逻辑，如动态血糖仪每隔约 14 天需要更换探头（传感器）。但考虑到经济成本，不论是重启还是更换，都有可能导致不稳定的血糖，因此“糖友”们早已对探头的使用机制形成了习惯：“重启后偏高还能用，说明探头还是活的，偏低就没用了”，“让德康知道有误差，慢慢会修正”，等等。这或许可作为注脚，体现了媒介技术对身体、个体所产生的隐秘而强大的影响。

或许前文的叙述展现了媒介技术所具有的“控制性权力”[②]，但在 1 型糖尿病患者的书写历程里，更为重要的是每一独特个体通过技术与数据而不断生成的创造性实践。患者挑战着平均化、同一化的标准，将饮食、运动等一切日常生活维度根据自我需求重新配置，使其保持开放、透明与可修改性，这也就是生物黑客所体现的自我观。受访者 M 坦言：“人才是目的，科技只是辅助工具，每个人都不一样，还是要理解食物、胰岛素、运动的匹配……我们控糖是为了生活，而不是相反，24 小时盯着血糖，就本末倒置了，它永远不是‘1+1=2’，要驾驭它，而不是它驾驭你。”

---

① 超越传统的功能主义视角及结构能动性框架，可供性并不仅限于指代“媒介技术可提供某些功能的属性”，而是更多强调媒介互动的具身性、物质性与主客对称性。参见孙凝翔、韩松：《“可供性”：译名之辩与范式/概念之变》，《国际新闻界》2020 年第 9 期，第 122—141 页。

② 媒介或技术决定论这一理论认为，媒介技术具有决定性与控制人类行动的力量，包括人类感知世界的方式。

（二）身体与媒介：重返“自我构成”

饮食运动管理、血糖波动或动态的视觉化是身体在空间当中的具身化呈现，归根结底，身体是它们共同在场与定位的场域。而所谓“重返”即意味着，不论是身体本身还是以其为对象的考察始终都存在。但相对而言，这一话题如同“房间中的大象”，较为隐形并处于边缘状态，或多关注身体作为工具性的载体而忽略媒介的“身体化”，遮蔽了二者之间互融互构、互嵌共生的关联情境。

作为具备客观属性的存在，身体既是患者自我管理教育的传播载体，也是感知的媒介，而它往往受到物理时空、生理限制等多重约束，如“没有办法在外人面前直接掀开衣服打针”“好的血糖来自没日没夜的付出”。因此，某种程度上而言，患者的“病体”是维持正常生活所需要克服的障碍、被迫固定的消极因素。这一层面通过将自身及环境客体化，为媒介技术的产生与设计提供了充分条件。例如，“××技术分享群”的群公告均为群主N教授在“蒲公英”平台免费分享的动态血糖App的下载链接。1型患者通过动态与闭环等媒介，重新组织、塑造并全面介入身体、自我及多者之间的关联。“再媒介化”的过程令主体的角色模糊，“本我”“自我”“超我”被同构，边界日益消弭。

但身体的“再媒介化”并不等同于“去身体化”，相反它建立在身体的物质性、可感知、可移动、可嵌入的基础上。“身体是历史进程的生成器，如何展开对身体的理解构成，不能单向度考虑外在条件如何形塑了身体”[19]；作为媒介技术的“源泉”，身体既是主体也是客体，是二元乃至多元的融合。并且更为重要的是，或许我们无法完全理解他人，但正是因为相同的人体构造与生理病情，我们才能设身处地地对他人的病痛产生“第一人称式”的感知与共鸣（“移情”）。据此，身体构成了主体间性（inter-subjectivity）① 达成的基础，从另一角度说明，“××技术分享群”中的疾痛叙事也是媒介“身体化”的呈现与缩影，媒介技术成为感知感官的一部分。

显然，当我们熟练地借由媒介来规划身体、量化反馈与对外界的感知时，技术不断内化，随之衍生出一系列命题：传感数据是否比我们的主观感知更有说服力？被量化的身体是不是更真实的自我？我们能否更好地认识自己？……事实上，答案似乎不言自明，这些问题的提出依然是以数据主义为基本前提，数据被外在和客体化，与身体的感知割裂开来，人造媒介与真实的生命始终是“控制与被控制”的二元体系。按照通常的观点，我们对真实及其准则怀有一种崇拜，然而当下之悬念全部集中于此：我们崇拜的对象到底是真实还是真实的消失呢？[20]或许打破“异化”才是我们真正需要面对的处境。有机体与人造物、真实与虚拟之间早已不再泾渭分明，人将永远不断受到技术的修改，反过来人又不断寻找到新的方式修改技术[21]，“历史表明，技术已经根植于习俗、秩序与社会结构，似乎已经将自身铭刻在具身性个体的行动和特性/身份/认同上”[18]55。因此，情境、身体、媒介已形成了开放的循环回路，互相形塑，周而复始。

此外，“认识你自己”中所隐含的强烈的个人主义预设更是亟待破除的“框”。在血糖把控、自我管理的必要性之外，当健康、幸福、更美好的生活被数据所创造，不断被从自我、他人及

① 胡塞尔认为，世界不只是个人的产物，更是交互主体性的世界。主体间性在“主体”与“主体”之间形成，强调交往与对话。参见埃德蒙德·胡塞尔：《笛卡尔式的沉思》，张廷国译，中国城市出版社 2002 年版。

社会的角度进行审查时，更广泛和隐蔽的权力技术①与自我技术之间日渐模糊。毫无疑问，“认识你自己”的存在遮蔽了“照顾好自己”（take care of yourself），关于自己的知识成为一种根本准则。但不论是疾痛的书写或是数据技术的呈现，对自我的新的关注中都包含着一种与以往不同的自我体验，人们关注饮食点滴、情感波动的细枝末节，自主、自由地控制欲望与生活，在这样的自我把控中，自由从被赋予转化为主动获得，自我没有臣服于快感与欲望，相反成了它们的掌控者。一切的一切正如福柯所提出的，生命的力量恰恰在于个体能够“自我构成”，而不仅是“被构成”。[3]221-246

四、结　语

“病残和死亡逼迫我们重新思考人生和周围世界，人类内在的转化，或者超越升华的可能性，有时就是在这令人不安的洞察中启动的。”[22]基于对微信群“××技术分享群”的个案考察，本文从微观及中观等多层面，围绕“量化自我”探讨了技术身体和自我技术在1型糖尿病患者微信群中的作用与表达。在社交媒体所提供的“对话”情境下，智能数字媒介的连接与具身化以新兴的方式重构着患者的身体状态、自我认知与社会关系，从生存与发展两大取向使得自我关注、主体间性不断拓展：植入技术将不可见的身体内部透明化，以“一切可被量化”的数据符号形式呈现身体，“动态”成为人的延伸，并通过实时、丰富的数据波动

① 福柯认为，在自我技术之外还存在三种技术，分别是生产技术、符号系统技术和权力技术。权力技术将主体客体化，决定其行为，并使其屈从。参见米歇尔·福柯著，汪民安编：《自我技术：福柯文选Ⅲ》，北京大学出版社2016年版。

与预测令人体达到“最优化”，形成“反馈回路”，重塑了感官与习性。或许，媒介所具有的控制性权力在其中反复操演，其具有的高度整合和统一的能力使得患者的经验与身体感知成为次要的，但技术可以决定我们使用的起点，却无法决定我们使用的终点。辩证地来看，不论是身体的“媒介化”还是媒介的“身体化”，每一独特个体的创造性实践所体现的，都是破除二元视角、以人为最终目的的自我书写，“照顾好自己”，而不仅仅是“认识你自己”。

本文的局限性在于，囿于个案所获得的文本资料或许难以从更为宏观和整体性的角度窥见这一群体的全貌，无法避免的问题则存在于依赖主观判断的研究方法本身。此外，本文对于 1 型糖尿病患者与其他主体关于技术的深层身份权力及意义协商的呈现与探讨还较为缺乏，仍需更多思考。尽管存在不足，作为对 1 型糖尿病患者的一种个案的探索、深层次的呈现，以及对“身体”与空间的观照，本文仍具有重要的公共价值与启发意义。世界在符号意义中不断敞开，人类的未来将愈加与自我的生命体验与认知相关[23]，希望本文能够为后续探究的方向提供一定的基础与思想资源。一切都在被打破，一切都尚待生成。

注　释

[1] 彭兰：《自拍：一种纠结的“自我技术”》，《新闻大学》2018 年第 5 期，第 46 页。

[2] 朱启贞、胡德华、张彦斐：《量化自我理论在健康领域的应用》，《图书馆论坛》2018 年第 2 期，第 17 页。

[3] 米歇尔·福柯著，汪民安编：《自我技术：福柯文选Ⅲ》，北京大学出版社 2016 年版，第 54 页。

[4] Galindo, Rodolfo J., and Grazia Aleppo, “Continuous Glucose Monitoring: The

Achievement of 100 Years of Innovation in Diabetes Technology," *Diabetes Research and Clinical Practice*, No. 170, 2020, p. 108502.

[5] Barnard-Kelly, Katharine D., et al., "Suicide and Self-inflicted Injury in Diabetes: A Balancing Act," *Journal of Diabetes Science and Technology*, Vol. 14, No. 6, 2020, pp. 1010–1016.

[6] Beebe, Christine A., and Sam Schmitt, "Engaging Patients in Education for Self-management in an Accountable Care Environment," *Clinical Diabetes*, Vol. 29, No. 3, 2011, pp. 123–126.

[7] 熊真真、胡秀英：《利用手机短信对糖尿病患者进行自我管理健康教育的研究进展》,《华西医学》2017 年第 8 期，第 1308—1312 页。

[8] Ronda, Maaike C., et al., "Correction: Patients' Experiences with and Attitudes towards a Diabetes Patient Web Portal," *Plos One*, Vol. 10, No. 7, 2015.

[9] 喻国明、梁爽：《移动互联时代：场景的凸显及其价值分析》,《当代传播》2017 年第 1 期，第 12 页。

[10] 宫贺：《公共健康话语网络的两种形态与关键影响者的角色：社会网络分析的路径》,《国际新闻界》2016 年第 12 期，第 111 页。

[11] 冯小芬等：《微信群管理糖尿病患者的短期观察》,《中国糖尿病杂志》2017 年第 2 期，第 149—153 页。

[12] Greenwood, Deborah A., et al., "A Systematic Review of Reviews Evaluating Technology-enabled Diabetes Self-management Education and Support," *Journal of Diabetes Science and Technology*, Vol. 11, No. 5, 2017, pp. 1015–1027.

[13] 孙玮：《微信：中国人的"在世存有"》,《学术月刊》2015 年第 12 期，第 5—18 页。

[14] Moukarzel, Sara, et al., "Breastfeeding Promotion on Twitter: A Social Network and Content Analysis Approach," *Maternal & Child Nutrition*, Vol. 16, No. 4, 2020.

[15] 孙信茹：《线上和线下：网络民族志的方法、实践及叙述》,《新闻与传播研究》2017 年第 11 期，第 7 页。

[16] Ruckenstein, Minna, and Mika Pantzar, "Beyond the Quantified Self: Thematic Exploration of a Dataistic Paradigm," *New Media & Society*, Vol. 19, No. 3,

2017, pp. 401–418.

[17] 马丁·海德格尔：《存在与时间》，陈嘉映、王庆节合译，生活·读书·新知三联书店 2006 年版，第 295—302 页。

[18] 刘婷、张卓：《身体—媒介/技术：麦克卢汉思想被忽视的维度》，《新闻与传播研究》2018 年第 5 期，第 52—55 页。

[19] 孙玮：《交流者的身体：传播与在场——意识主体、身体—主体、智能主体的演变》，《国际新闻界》2018 年第 12 期，第 86 页。

[20] 让·鲍德里亚：《为何一切尚未消失?》，张晓明、薛法蓝译，南京大学出版社 2017 年版，第 45 页。

[21] 马歇尔·麦克卢汉：《理解媒介：论人的延伸》，何道宽译，译林出版社 2019 年版，第 125 页。

[22] 阿瑟·克莱曼：《疾痛的故事：苦难、治愈与人的境况》，方筱丽译，上海译文出版社 2010 年版，第 61 页。

[23] 师曾志、潘聪平、仁增卓玛：《一切尚待生成：作为跨媒介叙事的互联网超文本世界》，《西南民族大学学报（人文社会科学版）》2020 年第 12 期，第 143—148 页。

中国户外广告产业发展现状、特征及问题研究（2001—2020）

曾　腾　高腾飞*

摘要：2001—2020年是中国户外广告产业发展的重要时期。本文系统回顾了这一时期户外广告产业的发展现状，通过对比分析的方式洞察了产业发展特征，并基于发展广告学理论框架明确了存在的问题及未来发展建议。研究发现：2001—2020年间，我国户外广告产业结构不断调整创新，数字化、程序化、智能化已成为重要趋势，以数字技术为核心的技术变革更是重构了产业发展模式；但我国户外广告产业在制度、市场、资本、公众等层面仍存在诸多问题，包括监管能力有待健全、市场秩序仍需完善、创意品质亟待提升、资本因素冲击较大、公众影响未得到充分重视等；未来，我国户外广告产业需要在发展中创新，在创新中突破，进而成为驱动我国广告产业乃至经济高质量发展的重要动力。

关键词：广告；户外广告；发展广告学；数字化

2001年，中国开启了融入全球经济的新阶段，也拉开了我国户外广告产业高速发展的序幕。二十年来，互联网、数字技术等

* 曾腾，系北京大学新闻与传播学院博士研究生，北京大学教师教学发展中心高级工程师；高腾飞（通讯作者），系北京大学新闻与传播学院博士后、讲师。

加速变革，驱动户外广告产业更趋数字化、程序化、智能化，国内外金融资本、互联网资本不断涌入，掀起了一波又一波户外广告企业资本化运营浪潮，城镇化建设的持续推进则拓展了广阔的增量空间，市场机制的不断完善使得户外广告市场经营与竞争更加规范，监管制度的持续健全为产业健康发展提供了重要支撑，公众意识与社会力量的崛起又促使户外广告产业不断创新与转型。在这些历时、共时又复杂、多元的背景下，2001—2020 年是中国户外广告产业极具代表性的发展时期，在呈现出差异化特征的同时，内外部变革交织重叠也带来了诸多问题。为此，本文重点对这期间中国户外广告产业发展的基本情况进行深入分析，厘清发展现状，提炼发展特征，明确发展问题，探寻发展路径，以清晰地了解这一时期中国户外广告产业发展的外在表现和内在规律。

一、中国户外广告产业发展现状（2001—2020）

（一）中国户外广告产业规模在跌宕中持续增长

根据北京中天盈信咨询服务有限公司（CODC）的监测数据（如图 1 所示），2001 年，中国户外广告投放刊例花费规模仅为 80 亿元，但在 2020 年增长至 1486 亿元[①]，复合年均增长率达 15.73%，高于同期中国广告产业的整体增长水平。其中，2003 年规模明显缩小主要是因为受“非典”疫情的冲击，2009 年主要因为受金融危机的影响，2012 年来的波动变化主要因为技术变革导致短期内数字广告快速发展，冲击了户外广告的传统市场空

---

① 数据来源：根据北京中天盈信咨询服务有限公司（CODC）发布的历年数据整理。

间；但随着户外广告数字化程度的不断提升，以及线下流量和价值的不断凸显，户外广告的发展水平又开始了新的持续稳定提升。此后，2020 年新冠肺炎疫情对户外广告的冲击仍需跟进观察。总体来看，2001—2020 年，户外广告在广告产业整体规模中的比重不断提升，表明户外广告对促进我国广告产业发展具有积极作用。

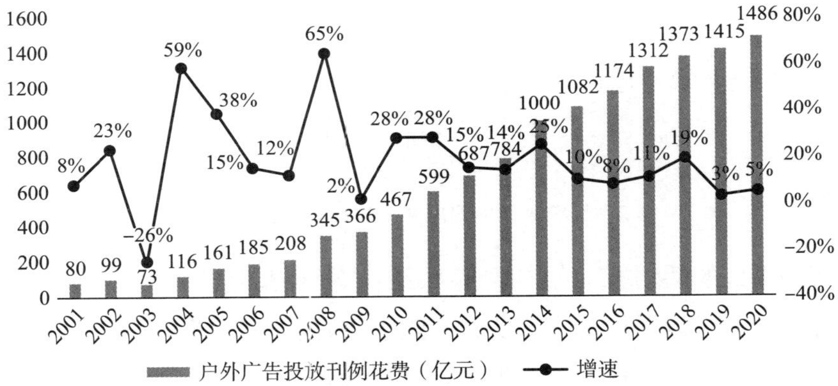

图 1　2001—2020 年中国户外广告市场发展趋势

（二）中国户外广告产业结构不断调整创新

传统时代，户外广告的产业主体主要包括媒体资源商、媒体运营商、媒介购买公司和第三方服务公司，它们和广告主之间的关系如图 2 所示。

第一，媒体资源商和媒体运营商是户外广告产业的核心主体。它们掌握着重要的户外媒体资源，如楼宇电梯媒体、户外路牌、灯箱、海报等，可以链接上游广告主，直接承接广告投放业务，满足广告主的需求。同时，它们与媒介购买公司存在紧密联系，可通过它们间接与广告主产生业务交易。此外，它们还与第三方公司紧密沟通，可在创意生产、发布执行、效果监测等环节

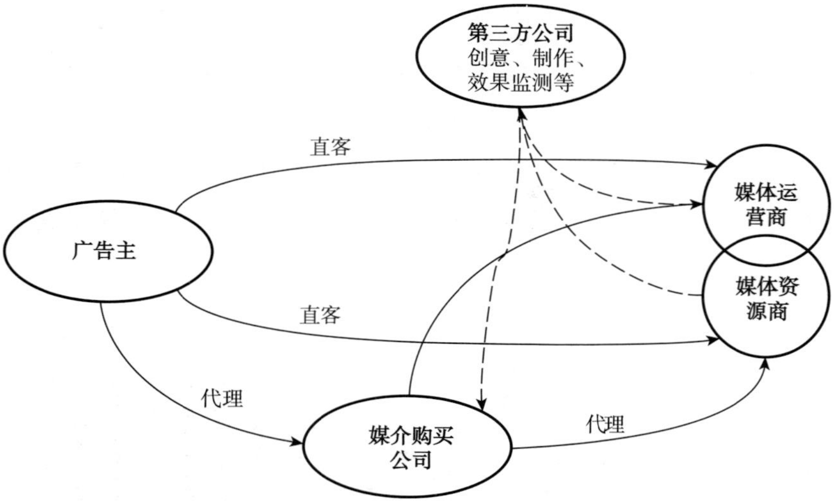

图 2　传统时代中国户外广告产业结构关系图

获得更大的话语权。第二，媒介购买公司承担户外媒介信息研究、购买、策划与实施等功能，除了在媒介资源获取上具有一定优势，还可以满足不同广告主对于投放策略、创意制作和渠道拓展等方面的差异化需求。第三，在户外广告产业链中，第三方公司的业务包括创意、制作、效果监测、材料、市场研究等内容，是促进户外广告产业发展的重要力量。拥有足够实力的媒介购买公司、第三方公司、广告主，可能具备自主制作创意、发布创意、监测广告效果等能力，但广大中小企业广告主、中小型户外媒体运营商和媒体资源商，只有与第三方建立紧密的服务合作关系，才可以获得更加专业的支撑，能够更有效地满足户外广告的相关需求。

数字时代，户外广告产业的结构与发展模式也在不断调整创新。[1]相比于广义的广告产业，户外广告产业具有显著的资源型特征，很多企业仍在不断获取更多的线下媒体资源。但产业发展与技术变革等催生了数字户外广告新业态，也促使产业价值创造模式逐步向线上与线下资源结合转变，与传统结构的显著区别就是增加了数据层面的部分，如图 3 所示。

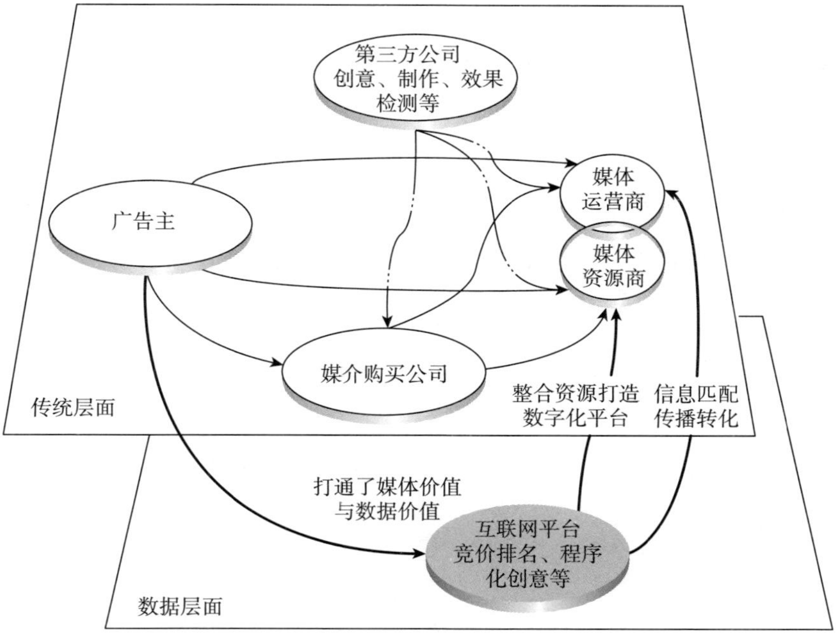

图 3　数字时代中国户外广告产业结构关系图

第一，互联网平台削弱了传统结构下媒介购买公司的价值，使得广告主在传统的直客、代理路径以外，可以通过互联网平台更高效地达成广告需求。它解决了市场供需链的对接问题。新兴的产业主体一般是由互联网头部企业和户外媒体资源优势企业共同主导，并利用自身大数据优势，与需求端的广告主以及供应端的户外广告媒体商或运营商进行对接，稀释甚至替代了原来媒介购买公司、第三方公司等的中介作用。这就使得广告主、媒介购买公司、第三方公司对于互联网平台具有高度依附性，使互联网平台逐步占据了主导作用。第二，这些互联网平台通过信息匹配、销售转化、打造程序化平台等方式，正在重新整合媒体资源商和媒体运营商的资源与优势，使得传统结构下的核心主体地位逐步向互联网平台迁移。第三，互联网平台最重要的作用是打通了媒体价值和数据价值，通过大数据、程序化、智能化等技术支撑，满足了广告主更加个性化的投放需求。它不仅能为不同品牌选择相同的户外广告位发布广告，提高户外广告资源的投放效率和价值，也能为同一品牌选择相同的个性化广告位发布广告，提高户外广告投资收益率。第四，这三个方面导致传统视角下广告主与媒体资源商、媒体运营商、媒介购买公司等主体的关联程度，在数字时代经过调整创新后的产业结构中的关系逐步变弱，并由此带来户外广告产业运营模式的重构。

二、中国户外广告产业发展特征：基于国内外对比视角

中国户外广告的发展既有独特的发展逻辑与特点，也与全球范围内户外广告的发展态势与特征存在同步与交互的关系。本文重点选取户外广告产业发展较好的美国、日本作为代表性国家，进行产业发展特征对比，以更深刻地把握中国户外广告产业的发展规律。

（一）美国户外广告产业发展的基本特征

根据美国户外广告协会（OAAA）数据（如图4所示），以2009年和2020年为分界点，2001—2008年和2009—2019年市场规模均呈现稳定扩大态势。但2009年受到金融危机的影响，市场规模从69.9亿美元跌落至59.0亿美元。而2009年以后，美国户外广告规模持续增长，主要是因为户外广告在一定程度上放大了

行业及品牌移动、在线及社交媒体的效应，尤其是数字户外广告让广告主更有机会和移动互联网消费者互动。2020 年的断崖式下降主要是由于新冠肺炎疫情的冲击，同比大幅下滑 29.0%，与我国同期 5.0%的增幅形成明显对比。

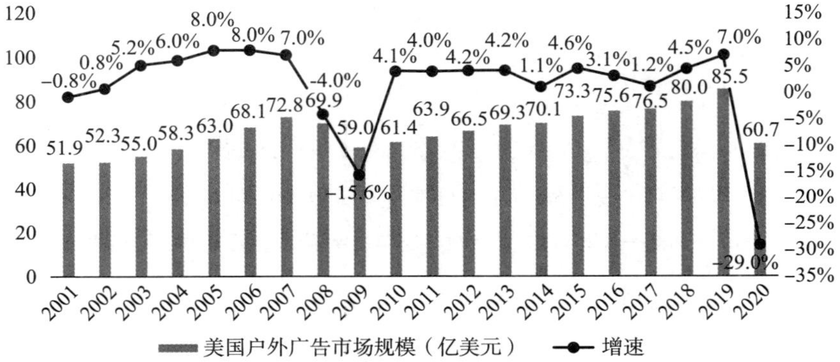

图 4　2001—2020 年美国户外广告市场发展趋势

在市场份额方面①（如图 5 所示），美国户外广告占广告市场总份额的比重在 2001 年为 3.8%，这一数据经过波动变化后，在 2019 年保持不变，但在 2020 年明显下滑至 2.8%。与此同时，2001 年数字媒体在美国广告市场中的占比仅为 5.2%，而 2020 年这一比重大幅增长至 65.4%，表明数字技术已经成为美国广告发展的重要动力。

此外，美国户外广告协会数据显示，2020 年，美国有 5742 个街道数字户外展示，7847 个数字交通展示，5830 个数字购物中心位置广告单元，以及 9600 块数字广告牌。美国户外广告市场已经较为成熟，未来数字户外广告将逐步取代传统的实体广告，数

① OAAA，MAGNA，Bureau of Labor Statistics，"Total Core Media Market Share 1980-2021 Percent-Dollars，" 2022 年 4 月 12 日，https：//20337516. fs1. hubspotusercontent-na1. net/hubfs/20337516/OAAA% 20 -% 20Total% 20Core% 20Media% 20Market% 20Share% 201980-2021%20Percent-Dollars. pdf，2022 年 8 月 4 日访问。

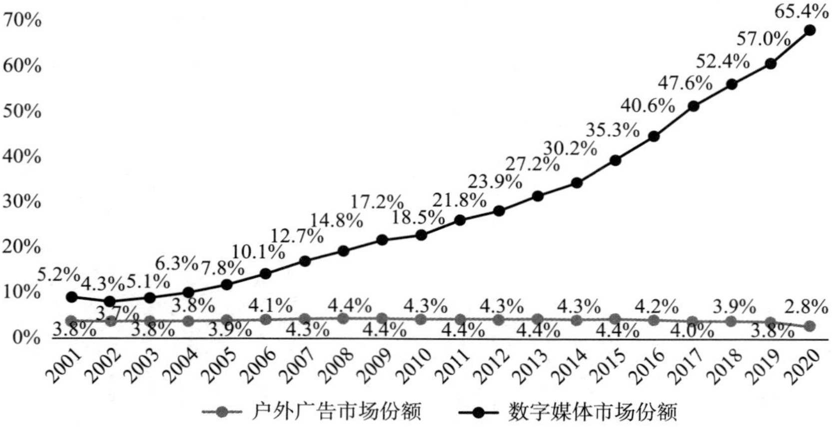

图 5　2001—2020 年美国户外广告与数字媒体市场份额变化趋势

字化进程也为数字户外广告提供商带来了更多的经济效益。可以发现，数字技术对美国户外广告产业发展的影响越来越突出。

总之，数字技术已经成为当前推动美国广告产业以及户外广告产业发展的核心动力；而美国户外广告也正变得更加数字化和基于数据驱动，数字户外广告在美国户外广告中的比重也在持续增长。

（二）日本户外广告产业发展的基本特征

根据日本电通公司发布的报告，因测算口径发生过调整，在可比时间范围内（2008—2020），日本户外广告产业支出规模从 3709 亿日元下滑至 2715 亿日元，年均变化为-2.37%，导致户外广告在日本广告产业中的占比也从 5.5%下滑至 4.4%。即使不考虑 2020 年新冠肺炎疫情的冲击，近年日本户外广告产业占比也基本呈现波动下滑的态势。①

比较来看，日本户外广告增长主要源于数字户外广告使用量

① 数据来源：根据 Dentsu 发布的历年 *Advertising Expenditures in Japan* 报告整理。

的持续增加、3D户外广告牌的创新发展等，这也表明，数字技术已经成为驱动日本户外广告发展的重要引擎。同时，从整个产业结构来看，日本户外广告产业规模在2008—2020年间下滑了1.1个百分点，说明日本户外广告与广告产业总体呈现出较为同步的变化趋势。但数字媒体在整个广告产业中的比重不断增加，从2008年的10.4%增长至2020年的36.2%①，虽然增幅与美国相比仍然较小，但也说明数字技术及其驱动下的广告形态逐步发展成为日本广告产业的重要趋势。

由于日本户外媒体都与规模较大的企业、媒体等关系密切，因此户外广告业务通常集中在如电通、博报堂这类广告集团内设的机构中运作。也正因如此，包括户外广告在内的日本广告市场份额高度集中在少数几家日本大型广告集团手中，形成了日本广告企业在日本广告市场占据绝对主导地位的行业发展特点。而且，日本的户外广告市场基本是在本国企业发育成熟后才逐渐允许外资进入，跨国媒体集团很少有实质性参与。

可以看出，近年，日本户外广告支出规模和占比波动下滑，数字户外广告逐步成为日本户外广告产业发展的重要动力，日本户外广告市场高度集中于大型企业。

（三）中国户外广告产业发展的基本特征

根据发展广告学理论框架可知，广告产业对广告主具有天然依附性，因此广告市场被划分成“消费市场”和“广告主市场”，这两者共同构成了影响广告产业发展的市场因素，并促成了中国广告市场长期存在的规模化、多元化、分散化的市场特征。[2]这些特征也显著地在户外广告领域得到了体现。中国户外

① 数据来源：根据Dentsu发布的历年*Advertising Expenditures in Japan*报告整理。

广告市场在规模化发展的同时，也呈现出地区发展不平衡、市场多元化和分散化的共时性特征。但总体来看，2001—2020 年间，中国户外广告产业呈现出五大特点，具体如下。

第一，中国户外广告产业发展速度明显高于美国和日本的增速。如前所述，中国户外广告市场在 2001—2020 年间的复合年均增长率为 15.73%，美国同期仅为 0.79%，日本户外广告市场增速则为负。这一结果与这二十年间中国宏观经济的高速发展、城镇化建设的加速推进等息息相关，也与我国广告产业、户外广告产业的制度体系不断建设，市场机制持续完善，资本市场持续支持户外广告企业规模化发展等综合因素紧密相关。

第二，相比于其他传统广告媒体，我国户外广告利用金融资本的效能最佳。一方面，户外广告具有典型的空间属性、建筑属性、文化属性[3]，市场化机制的作用发挥比较充分，但市场经营层面也会受到制度因素影响。另一方面，在金融资本的介入下，中国户外广告企业可以通过上市融资或并购重组等资本运营方式，实现对某种户外媒介资源的垄断化经营、商业模式的可复制以及投资价值的可持续等，以此实现户外广告企业规模化发展和集团化经营的目标。这主要有两个原因：一是，通过金融资本实现户外广告企业规模化发展，融资与并购的目标既是实现资本的增值也是为客户增加服务价值。二是，金融资本对户外广告企业的经营结构产生了重要影响，如户外媒体经营企业内部组织结构、人员结构、资产结构以及市场经营策略的重新组织等资本运营，在本质上是促使户外广告企业在资本层面上优化该企业的资源配置，为创造更多价值奠定基础。

第三，多元化的资本交替推动中国户外广告产业发展。以 2001 年加入 WTO 为契机，国际资本进入我国广告产业的制度约束不断减少，国际资本通过股权投资和上市并购得以进入我国户外广告领域，传统户外广告的资金和区域位置的局限性也通过国际资本得以化解，实现了规模化和集团化的发展目标。资本的青睐实际上体现了国际金融资本对中国户外广告价值的认可。但随后几年，直接利用资金投资媒介资源型企业以实现其规模化发展的资本运营方式迅速失去了活力。此外，金融危机的来临造成广告主的广告投放预算显著减少，国内对于户外广告频繁的整治行动也导致户外媒体企业出现经营困难。2010 年以后，资本推动户外广告产业与互联网深度融合的趋势逐渐明显，中国互联网头部企业及其他金融投资机构纷纷把目光投向线下户外媒体，并通过股权投资和战略经营合作的方式注入巨资，打通线上与线下边界，使互联网线上业务和线下连接，客观上也导致线下户外媒体沿着互联网科技的逻辑进行延伸和发展，这本质上反映出国内金融资本对于户外数字媒体传播价值的认可。

第四，技术重构中国户外广告产业发展模式。对传统的传播活动来说，技术带来的替代性变化大于补偿性变化，这种技术变革对户外广告的影响也越来越深刻。[4] 在中国户外广告产业数字化过程中，数字技术、程序化创意也对户外广告产业发展产生了重构式影响，数字化也已经成为重要趋势。在具有显著资源优势的前提下，户外广告的数字化、程序化趋势愈加明显。在此基础上，新型广告技术及其技术生态对于中国户外广告产业的生产模式、经营模式和竞争格局都产生了重构。在打破了原有产业规则和秩序之后，新兴技术不仅重构了产业规则和秩序，也重构了商业传播模式，不仅重构了媒体测量方式，也重构了数字受众。

第五，程序化成为中国户外广告产业变革的核心，这种影响体现在广告内容生产、广告交易投放、广告效果监测等整个生态系统方面[5]。一方面，在广告内容生产过程中，通过程序化创意技术平台，对广告素材元素进行降维化处理，并基于大数据、算法和智能化技术等进行重新组合，从而实现广告内容的自动化和批量化生产；另一方面，在广告交易与投放环节，利用供应端、需求端、交易端和数据端这些定向的程序化平台，可以实现对广告主和户外媒体商的双向服务，并将这些平台进行连接，实现户外广告投放和交易过程的自动匹配；此外，广告效果监测的方式也在不断改善，可以对投放效果进行数据实时监测和投放策略的实时调整，同时也具有互联网广告所不具备的效果优势，即可以形成基于线下的真实流量数据。以上这些过程，均是以移动互联网、大数据、算法等为基础的人工智能技术的运作逻辑。在当前中国户外广告产业与数字技术深度融合的发展格局下，传统户外广告作业模式向程序化作业模式的转型具有一定的必然性和必要性，也是中国户外广告产业数字化进程的必然结果。

三、中国户外广告产业发展中存在的问题与建议

2001 年以来，中国户外广告产业经历了持续的高速发展，取得了很多成就。但应认识到，在这一过程中也存在诸多问题需要解决。基于发展广告学理论框架，可以从四个方面进行审视。

（一）制度层面：针对户外广告的监管能力和制度体系尚未完全建立

我国户外广告产业在快速发展的同时，也对监管能力与制度体系建设提出了更高的要求，但这两方面目前仍需进一步完善：一方面，缺乏统一的管制主体，监管能力有待提升。对户外广告

进行有效的监管是必需且合理的，但关于户外广告监管的相关要求，目前却缺乏明确的界定。针对户外广告的管理由多个部门共同进行，这就导致了没有明确的责任主体的现象。户外广告涉及城市建设、公共交通、工商部门、城市管理、文化宣传等多个部门，这也是户外广告自身复杂的属性决定的。但在具体监管执行过程中，不同部门有着各自的监管标准，非常容易出现管理混乱的现象。为此，未来需要进一步提升针对户外广告的监管能力，加大对产业和企业的支持力度。另一方面，针对户外广告的法律法规体系有待进一步完善。相关法律法规的制定时间都较为久远，已经难以适应户外广告领域的最新发展趋势。比如，户外广告牌有时被看作一种“标志”，有时被认为是“建筑物”，不同的界定必然导致不同的管理方法和职责权限，进而导致差异化的监管结果。未来，可以基于《中华人民共和国数据安全法》《中华人民共和国个人信息保护法》等，结合营销、传播、广告等相关领域的最新动态，进一步完善针对户外广告的法律法规体系。

（二）市场层面：户外广告市场秩序仍需完善，创意品质仍需提升

经过多年发展，我国户外广告市场持续繁荣，但在创新能力、市场监测等方面仍有进一步提升的空间。

第一，户外广告创新能力较弱，创意质量仍有待提升。虽然技术逐步成为我国户外广告创新发展的主要驱动力，但我国户外广告在技术研发、创意制作等方面仍然存在一定不足，创意的水平与质量也仍需进一步提升。一方面，传统户外广告如大幅宣传图片、海报、屏幕、展板等，在创意设计、制作、发布等环节多遵循传统模式，在应用数字技术等方面仍存在不足。另一方面，

即使是一些所谓的新形态户外广告媒体，可能也只是把其他的广告形式、广告技术、创意理念等应用到了户外广告领域中，而在真正的户外广告创意方面缺乏创新。未来，如果想通过户外广告获得更多消费者的关注，就必须在创意层面寻求真正的创新。

第二，户外广告产品的价值空间没有得到充分发挥。高品质的户外广告创意不仅可以收获极好的传播效果，对城市发展也具有重要影响，因为户外广告本身也是城市形象的一种体现。可是，在城镇化加速的进程中，许多城市对户外广告建设缺乏总体规划，没有充分合理地将其与城市发展环境进行统一协调，没有最大化地发挥户外广告对城市形象的提升作用，造成了部分资源的浪费。

第三，针对户外广告的市场监测与评估机制仍需完善。广告效果的监测与评估一直是广告产业发展中的重要问题，户外广告产业也不例外。传统户外广告的监测存在评价主观、数据不准确等问题。即使现在的数字化户外广告、程序化户外广告有点击率、转化率等指标作为参考，但仍然存在诸多不确定性。所以，市场监测与评估机制是整个户外广告行业发展必须解决的重要问题，这需要整个行业的共同努力。

（三）资本层面：资本的进入给户外广告发展带来较大冲击

户外媒体的资源开发具有周期长、成本高等特点，本应精耕细作，但很多户外广告企业受到资本逐利性的影响，事实上，常常为了追求投资溢价和资本增值，通过多种资本运作方式来实现自身账面上的业绩增长。资本的进入给户外广告发展带来了以下方面的冲击。

第一，户外广告企业规模总体较小而且相对分散。我国户外广告行业也经历过资源主导的发展阶段，这导致其具有门槛低、发展模式简单、经营模式易复制等特点。虽然目前已经处于技术主导的阶段，数字化、智能化是行业发展的典型特征，但这一领域仍然具有显著的资源属性，行业发展初期遇到的问题在当前仍然产生着一定影响，即率先进入的企业更容易获得先发优势，能够快速获取更多的户外广告资源，而后进入者则面临较大的竞争压力，特别是资源获取方面的压力。因此，除了少数一线城市较容易出现几家规模较大的户外广告企业、市场相对集中之外，在更多的二三线城市中，户外媒体资源主要分散在中小型户外广告企业中，形成了巨大的长尾市场。所以，户外广告企业规模小、市场集中度不高、技术水平差异较大等是制约行业发展的重要问题。

第二，资本的进入导致户外媒体资源一度泛滥。2001 年来，国内诸多户外广告企业开启融资、上市之路，但在资本的驱动下，很多户外广告企业跟风或盲目开发户外媒体资源，导致整个行业资源的泛滥，使得不同户外媒体企业在相似或相同的细分领域加大投资和开发力度，造成了资源浪费和竞争加剧，大幅拓展户外媒体资源而忽略了后期的维护成本和经营发展。部分户外广告企业持续购买或者拓展媒体资源，希望短期吸引更多资本进入，从而达到上市的目的。这种不健康的拓展方式，对于整个行业的发展产生了不利影响，也扰乱了正常的市场竞争秩序，最终导致户外广告价格迅速上涨，超出了广告主的接受水平。而户外广告企业又由于需要承担更高的户外资源维护成本，企业经营负担沉重。

第三，资本逐利性的天然特征削弱了户外广告的专业价值。户外广告的价值主要包括空间位置的稀缺性和媒介形态的丰富性。相对来说，专业价值不仅体现在对新型户外媒介资源渠道的拓展和垄断经营方面，更重要的是未来经营服务模式的转型和商业传播方式的创新，但这些诉求仅依靠金融资本难以得到满足。面对这样的压力，媒体经营者就有可能难以专注经营自身媒体业务，而过多地关注利用资本进行资源整合。为此，未来应针对资本与户外广告产业发展的问题展开更深入的分析。

（四）公众层面：公众因素对户外广告发展的影响尚未得到充分重视

通常在讨论国家、产业或企业的发展问题时，更多研究者是从经济、社会、文化等层面进行分析。发展广告学理论将公众作为重要的影响因素，重点探讨广告产业之外的影响和制约问题。广告产业作为国民经济的重要环节以及社会系统的组成部分，必然受到社会发展的影响和制约。公众因素代表了社会对广告产业的约束性力量。但截至目前，公众对广告产业的影响，包括对户外广告产业的影响，尚未得到充分关注。一方面，公众因素对产业的影响可能并不突出，研究者更倾向从文化、意识形态等角度探讨公众对经济、产业等方面的影响。另一方面，在广告学领域，关于“公众”的概念、内涵等尚未达成共识，对“公众”“大众”“受众”“政府”“社会”等概念之间的关联也缺乏足够有效的探讨。但是，随着互联网的发展、数字化的持续渗透，公众意识不断增强，公众因素对于整个国民经济行业的影响正在凸显。对户外广告领域而言，这一作用也正在加强。针对这一问题展开深入分析，不仅是学界，也是业界未来应重点关注的领域之一。比如，对户外广告产业发展与公众诉求、社会进步、文化道德等方面的关联，目前就缺乏足够的研究。

四、结　语

回顾21 世纪前二十年，我国户外广告产业发展呈现出许多值得分析的现象与问题，但尚未得到有效解答。随着传统媒介技术的不断革新，数字技术等前沿科技不断发展，加速推动了户外广告产业数字化转型进程，进而改变了现有的传播格局。传统媒体日渐式微，传统运营模式与新的发展环境难以匹配，导致户外广告的生产模式与传播方式亟须重构，即需要遵循数字时代的发展逻辑，实现整体产业结构的优化升级。为此，未来需要重点围绕技术变革、制度建设、市场竞争、资本驱动等因素对我国户外广告发展进行全面深入的研究。本文仅针对近二十年来我国户外广告产业发展的整体概况进行了初步分析。但作为广告研究中的一个重要领域，户外广告产业发展中仍有诸多问题需要解答，未来可以更进一步地扩展与深化。这对推进我国户外广告产业转型升级以及广告产业高质量发展都具有重要意义。

注　释

[1] 曾腾：《技术资本驱动下中国户外广告的数字化转型》，《新闻与写作》2021 年第 4 期，第 59 页。

[2] 陈刚：《发展广告学的理论框架与影响因素研究》，《广告大观（理论版）》2013 年第 1 期，第 8 页。

[3] 李婧：《从户外媒体属性谈户外广告的发展策略》，《新闻界》2009 年第 6 期，第 165 页。

[4] 陈刚：《户外广告的变化与发展》，《中国记者》2014 年第 6 期，第 71 页。

[5] 王苗、谢佩宏、陈刚：《程序化户外广告研究：模式、特征与要素》，《新闻与传播评论》2020 年第 5 期，第 82 页。